실록(實錄)

검농일지

劍農日誌

김재일 지음

한국 검도의 산증인이 펼치는
검도인 무인들의 필독서

제 1 권

실록(實錄)

검농일지
劒農日誌

김재일 지음

한국 검도의 산증인이 펼치는
검도인 무인들의 필독서

제 **1** 권

채은재

검
농
일
지

서 문

    목적지를 잘못 알고 떠난 배가 어느 난데없는 항구에 도착하여 우왕좌왕한다면 그 항해는 완전 실패이다. 그러나 그 목적지보다 더 긴요한 항구에 도착했다면 더없이 큰 행운이다. 이를 테면 컬럼브스가 인도로 간다는 것이 잘못하여 중남미로 가게 된 숙명은 꽤나 당혹했을 것이다.
    그러나 그곳도 사람이 정착하여 살 수 있는 곳이었다.
    한 사람이 자신이 가야할 길을 선택함에 사려(思慮) 깊은 선택이어야 할 것이다.
    필자는 열심히 검도를 수행하고 열심히 보급하고 그 발전을 위해 선수로, 지도자로, 학론가로 행정가로 나름대로 최선을 다 해왔다. 현재 공식적 대회 출전기록으로 기준한다면 필자의 선배는 단 한 사람도 없다. 66년간의 검도 수행의 마지막 동굴을 빠져나와 한숨 내쉬려 하니 난데없는 난관이 앞에 나타나 있다. 해방 전 일제 강점기에 태어나 영문 모르고 심취해서 걸어온 그 외길이 철저하게 일본 것이었다는 사실에 봉착하고 말았다. 그간은 막연하게나마 우리 것이 건너가서 발전된 모습으로 되돌아 왔다는 일말의 안도로 지나 올 수 있었다. 그러면서 확실하게 검도 근세사를 정리해 본즉 1594년 선조가 훈련도감에 일본 항장(降將) 여여문(呂汝文)을 사범으로 초치(招致)하고 숙종 때 김체건을 일본검술을 배워오게 했다. 그리고 일제 식민지 시절 일본 검도, 무도가 더욱 깊은 뿌리를 내리고 무성하게 자랐다. 그리고 해방이 되고 그대로 일본 무도가 남게 되었다. 선조가 일본 검도 사범 채용이후 424년이 지났다.

전쟁이란 인간 최대의 살생, 살상의 기능이다. 그 기능으로 침략해 오는 왜국 검술에 놀란 나머지 택한 방법이 바로 살인도의 극치인 왜검을 유입 정착하게 되는 계기가 된 것이다. 이때에 유린당한 우리의 전통무술은 함몰되고 정신없이 일본검도 유도, 가라데를 열심히 익혀 온 현실을 직시할 때가 되었다.

그 포악한 침략의 무력은 별수 없이 따를 수밖에 없어 그것에 빠져 동화되고 말았다. 그러나 그런 경험은 그로 인한 패해, 피해로 입은 손상 손실을 복구해야 하는 깨달음을 가질 때, 그 방법을 도출하는 생각과 각오를 하는 계기도 된다.

컬럼브스가 인도인 것으로 알고 잘못 간 그 서인도, 지금의 중남미 땅을 만났을 때 얼마나 허망했을까? 그 일본 검도가 그 기능을 가지고 저지른 이 나라 찬탈의 만행은 까마득히 잊어가고 있는지도 모른다. 독립지사를 목 베고 민비 시해까지 자행한 그 검도를 숭상하다시피 해 왔으되 남 앞질러 이 길을 달려온 것이다. 검도로 긴 인생여정을 지나 그 굴을 빠져 나오니 그런 달갑지 않은 유입과정을 보고 눈뜨

검농일지

서 문

는 당혹한 순간을 맞는다. 그 긴 시간 일본의 침략 행위로 깊이 뿌리내린 여러 왜색은 사고(思考), 사상(思想) 문화 등 여러 면에서 일본화 되어 "한국은 아직도 식민지 사회"라 하기도 한다. 사실이 그렇다.

남북분단도 그 왜국 때문이기도 하다. 이 절망적 순간에 깨달음은 이제 정상적 그 탈출과 왜색을 탈색해야 되는 각오를 다지게 되는 것이다.

그리고 오히려 그 처참한 왜(倭)검도 수행은 그 검을 알게 되고 그 지식이 우리 검술을 찾게 되는 의욕과 방법 도출에 도움이 되는 과거사가 되기도 한다.

그 작업에 앞서 그간의 추상적 지식이나 혹은 모르는 채 따라오는 후학 후배들을 위하여 소상하게 기록해온 자료로써 실증적 공개를 하는 것이다.

근세사를 보면 일본은 한, 중, 일 사이에서 무력으로 그 중심에 서겠다고 발광을 한 나라이다.

독도를 자기네 땅이라고 우기는 수준까지 왔다.

정신대, 성노예를 위안부라 한다. 누가 누구를 위안했단 말인가?

우리는 바로 그 나라 그 검도를 하고 있다. 그 분개한 열정이 우리 것 찾기에 이르렀다.

필자는 다행히 그 우리 활인검이 일본으로 흘러가서 다시 살인도가 되어 되돌아온 사실을 설명할 수 있게 되었다. 검도 근세사 이해에 "검농 일지"에 수록된 실증적 역사가 도움 되기를 바란다. 50년대 사실들만 우선 일차적으로 선보이는 것이다. 다소 부정확한 부분이 있더라도 이처럼 소상한 개인 기록이 없음을 이유로 강호 제현의 애정 어린 질정(叱正)을 바랄 뿐이다.

戊戌年 늦은 12月, 팔순을 맞으면서
禾谷洞 寓居 硏究室에서
劍道 範士 劍農 金在一

1967년 최초의 국내정상급 선수 18명중 국가대표 선발전이 있었다. 조별 리-그에서 A조에서 강용덕 B조에서 김춘경.C조에서 김재일 3명이 선발 되었다. 그리고 자동 케이스로 정태민, 김영달. 두 분 선생님이 선발되어 국가대표 5인조가 된다. 이때에 선발전에 참가한 선수 중 선발은 되지 못했으나 2018년 11월 현재 생존자로써는 전영술. 김민조 두 사람과 B조 승자인 필자 3명만 생존해있다. 특히 기억 될 것은 당시 가장 어린 선수인 부산대학 재학 중인 김민조는 대 선배들 틈에서 싸웠다는 것은 그 또래에서는 발군의 선수였다. 현재 그 또래에서는 대학시절 우승을 삭쓸이를 할 만큼 뛰어난 선수였다. 그해 세계대회 전신인 5인조 국제대회와 국제사회인 대회 첫 우승과 개인전 입상으로 최다 메달 획득을 한 사진이다.

출장에 앞서 언제나 경건해지고 전의(戰意)를 가다듬어야 하는 생리를 건강이 보장되는 철학으로 신봉 하고 있다.

검
농
일
지

차 례

1.
013_ 제 1 화　들어가면서
020_ 제 2 화　**검도 입문기**

2. 56년도
029_ 제 3 화　중암 정태민 대 선생 문하에 들다.

3. 57년도
053_ 제 4 화　이 시절 검도 사범과 사회 명사가 된 수련생들
076_ 제 5 화　잠시 유도 얘기를 하지 않을 수 없다.
085_ 제 6 화　대통령 친람무도대회와 당시 시합 풍경
093_ 제 7 화　해박한 검도 이론가 남파 남정보 선생
100_ 제 8 화　최초의 전국체전 학생부 경북고등 2연패

4. 58년도
117_ 제 9 화　펜싱 입문기
125_ 제10화　대통령 친람무도대회 경북유도 싹 슬이 우승
136_ 제11화　첫 지도자 경험과 최연소 체전 최연소 일반부 선수
144_ 제12화　무도를 통한 체육교사의 학교폭력 예방 성.
152_ 제13화　용병술 오더(order)짜기
161_ 제14화　최초의 시참(試斬)연습과 진검수집

5. 59년도

- 177_ 제15화 행각(行脚)연습과 서울 진출의 꿈
- 181_ 제16화 김영달 대 선생님과의 연분(緣分) 시작
- 186_ 제17화 검도 1세대들의 차(次)세대 후계자 배출시기의 기록
- 191_ 제18화 50년대 최대 난적. 오세억과 김석순, 이사길. 선생과의 최장시간 연장전.
- 202_ 제19화 한글세대 최초의 입단(入段)
- 206_ 제20화 지도자 숙련의 길
- 212_ 제21화 대학검도 태동기(1)와 다능(多能)한 윤병일 선생
- 215_ 제22화 최초의 종합 학생대회 시작(1959년 6월)
- 220_ 제23화 "하얼빈의 호랑이" 이사길과 최장시간 혈투기
- 226_ 제24화 대학시합최초의 우승과 환영 카프레이드
- 230_ 제25화 도 사범 정태민 선생 순회지도 및 시범행각(示範行脚)
- 235_ 제26화 윗분들의 불화조짐
- 239_ 제27화 검도계 균열의 숙명적 원인
- 244_ 제28화 단급의 권위와 검도계의 질서 형성의 과정
- 248_ 제29화 검도계의 서열과 불화
- 251_ 제30화 일본이 정착시킨 일본무도의 한국 정착 사
- 255_ 제31화 최초의 한,일 유도, 경북 대표(10인조)와 노천 공개시합.
- 261_ 제32화 교도관 검도와 김중교(김성안) 선수
- 264_ 제33화 시합으로 보는 선수들의 유형
- 268_ 제34화 한국 최초의 전국체전 우승대학은 경희대(신흥대)였다.
- 272_ 제35화 최초 한글판 검도교서 출간 시기
- 276_ 제36화 활동 영역 확산 시기

검농일지

차 례

281_ 제37화 부친의 엄한 교육속의 청년기
285_ 제38화 부산 행각연습과 도호문 대 선생님과
            연분(緣分) 시작
290_ 제39화 무인(武人)과 대인(大人), 소인(小人)
293_ 제40화 12월 마지막 달의 성실한 수련
302_ 제41화 1950년대 총정리
309_ 제42화 조직 취미와 예술계 접근

고대 우리검술 조선 세법, 본국검,과 무예도보 통지의 제독검 쌍수도, 쌍검을 중국 연변 대학 무술 기공학 허일봉 교수와 한·중 최초의 합동 연구를 하고 또한 연변 조선족 김풍진의 민중무술을 발굴 하여 정리한 결과물들로 제52회 대한 체육회 연구 상을 수상했다.

한·중 수교 전 한국 우슈 협회 실무 부회장 자격으로 아시안 께임 우슈종목 채택 시키고 께임 참관 후 북경 천안문 광장에서.

검
농
일
지

1

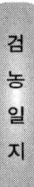

제 1 화

들어가면서

1. 옛 중국에 이런 권학시(勸學詩)가 있었다.

    소소수근학(少少須勤學)
    문장가입신(文章可立身)
    만조청자귀(滿朝靑紫貴)
    개시독서인(皆是讀書人)

    "젊을 제 부지런히 공부하시오
     글로써 가히 입신할 수 있으니
     조정에 가득한 청자 빛 귀한 분들
     이 모두 글 읽은 사람들이오."

  만일에 이 시에 공부(學) 대신에 무(武)를 대입시킨다면 젊어 부지런히 무를 익히시오.

무로써 가히 입신할 수 있으니 조정에 가득한 출세한 장군들이 모두 무(武)를 행한 사람들이오 라고 표현될 수도 있을 것이다

2. 노산(鷺山) 이은상(李殷相) 선생은 약간 고쳐 썼다.

  소소수근학(少少須勤學)
  문장가윤신(文章可潤身)
  유방천백세(遺芳千百歲)
  총시독서인(總是讀書人)

  "젊을 제 모름지기 학문에 힘써오
   글로써 그 몸에 윤기 흐르니
   빛난 이름 천 백세에 남기는구나.
   이 모두 글 읽은 사람들이오."

  다시 노산(鷺山)선생의 개작(改作)한 시를 무(武)자를 대입시킨다면 젊어서 모름지기 무(武)에 힘써오. 무(武)로써 그 몸에 건강 흐르니 빛난 이름 천백세 남기는 구나. 이 모두 무(武)익힌들 사람들이오. 라고 표현될 수 있다.

3. 명나라 풍휘(佩徽)란 어사(御史)가 모략에 걸려 요동(遼東)으로 귀양을 가게 되었다. 그 때 그는 귀양 간 것을 탄식하며 고쳐 읊었다.

  소소휴근학(少少休勤學)
  문장오료신(文章誤了身)
  요동삼만위(遼東三萬衛)

진시독서인(盡是讀書人)

　　"젊어서 열심히 공부하지 마오.
　　 글로써 제 몸 망치 옵나니
　　 요동 땅 삼 만 명의 귀양객들도
　　 이 모두 글 읽은 사람들이라네."

　풍휘(佩徽)란 사람의 개작(改作)한 시에 무(武)자를 대입시킨다면 젊어서 열심히 무(武)를 익히지 마오.
　무(武)익히고 별 볼일 없는 자들 열심히 무(武)익힌 사람들이라네.
　여기서 우리는 무(武)로 인해 문(文)이 빈약한 자들이 항상 대우를 받지 못하고 사회적으로 문(文)의 하위(下位)에서 천대 받고 혹 선수출신이 무능한 비 선수 출신의 아래에 위치하는 모순을 목격하게 된다.

4. 이조 선조 때 인격과 학문으로 사람을 뽑지 않고 정실과 뇌물로 임용하는 것을 본 어느 선비가 개탄해서 고쳐 쓴 것이다.

　　소소수근학(少少誰勤學)
　　문장미입신(文章未立身)
　　만조청자귀(滿朝靑紫貴)
　　불시독서인(不是讀書人)

　　"젊어서 그 누가 공부하리요
　　 글로써 입신하지 못하노니

조정에 가득 찬 청자 빛 귀한 분들
글 읽은 사람들이 아닙디다요."

다시 여기에 무(武)를 대입시킨다면 열심히 무(武)를 익힌 자가 정실과 뇌물로 승단(昇段)순서가 뒤바뀌고 선수 비선수가 같은 단(段)의 대우를 받는다든지 하는 경우가 될 것이다.

그런 일이 만일에 있어서는 안 될 것이다.

더 더욱이 별 이유도 없이 후배가 선배를 앞지르는 일은 더더욱 없어야 될 것이다.

아무리 시대가 변하여도 이 권학시야 말로 자라나는 청소년들의 좌우명으로 삼을만하다.

그랬을 때 이 사회구성원이 될 소년들은 건강한 지식인들이 될 것이고 그 건강한 지식인들은 수준 높은 민도(民度)를 이룰 것이고 그 민도야 말로 그렇게 열망하고 있는 고급민주화가 가능할 것이다 그렇게 하지 못한 긴 역사가 가장 세계에서 불행한 국토 분단의 비극 속에 민도(民度)가 하급 수준에 맴돌고 있는 것이다.

이 때 권학 시는 권무 시(勸武詩)로 바꿔 읽어 볼 수도 있다.

여기서 현실적으로 간과 할 수 없는 상황이다.

명나라 풍휘의 개작시를 보자 무술 실력이 뛰어난 자가 그렇지 못한 다수의 질투시기로 그 기량 실력을 대우 받지 못하는 경우가 있다 우리 주변은 그런 일은 없는가 살펴보고 그 판별을 분명히 해야 한다.

무술 실력이 뛰어난 자라 함은
첫째 선수로서 개인전을 수차례 우승한 자

둘째 선수로서 단체전 주장으로써 수차례 우승한 자
셋째 우승한 대회가 비중 있는 대회인가?
  (우수 선수들의 대회인가?)
넷째 지도 경력이 우수한가?
  (수차례 자기 선수를 우승시켰는가? 또는 좋은 선수를 스카웃한 결과인가 평범한 선수들 우수하게 만들었는가?)
다섯째 예의바른 사람인가(言行)
여섯째 기타 그 분야의 발전에 공로가 있는 자여야 한다.

이조 선조 때 선비의 개작시를 보자.
무술 세계 단급 심사는 실력자가 되어야한다.
우리 주변에는 이런 일이 없어야 하며 선수로 지도자로 우수한 자가 승단 승급의 우선순위가 되어야 할 것이다.

  물위금년불학이유래년(勿謂今年不學而有來年)하라
  일월서의(日月逝矣)니 세불아연(歲不我延)이라
  오호로의(嗚呼老矣)아, 시수지건(是誰之愆)고.

"말하지 말라, 오늘 배우지 않고 내일이 있다고. 말하지 말라, 올해 배우지 않고 내년이 있다고. 해와 달은 자꾸 가건만 세월은 이를 기다려주지 않는구나.
아, 슬프다 늙었노라! 이것이 누구의 허물이겠는가."

  소년이로(少年易老)하고 학난성(學難成)하니
  일촌광음(一寸光陰)인들 불가경(不可輕)이라
  미각지당춘초몽(未覺池塘春草夢)이어늘

계전오엽이추성(階前梧葉已秋聲)이라.

소년은 늙기 쉽고 학문은 이루기 어려우니
일각의 시간인들 가벼이 여길 수 없다
연못가 어린 풀이 봄꿈도 깨기 전에
뜰 앞의 오동잎은 어느새 가을인고

참으로 학문이 하고 싶었다.
어릴 때부터 늘 책을 가까이 했고 나는 꽤 이야기꾼으로 기억된다. 교실 단상에 뽑히어 이야기를 들려주던 초등학교 시절과 그리고 급우들을 리드하던 어린 시절은 참으로 괜찮은 소년이었던 것 같다. 중3때는 우연히 한미 공동 방화 선전 작품에 투고한 글이 2등에 당선된 것이 터무니없는 문학의 꿈을 꾼 적이 있었다. 이때 1등이 경북여고생이었고 내가 2등이었다.
이런저런 사정으로 무술을 가까이 하게 되고 검도와 가까이 되어 일평생 검도와 함께 살아왔다.
나의 경우 학문에만 매달릴 수도 없고 그렇다고 팽개칠 수도 없고 애매한 것이 학문이라고 늘 그렇게 여겼다.
그러나 문무(文武) 겸전(兼全)하고 싶었고 그것은 그리 쉬운 일이 아니었다.
참으로 어처구니없게도 내 나이 어느새 이순(耳順)을 지나고 고희(古稀)를 지나 팔순이 되었다.

"미각지당춘초몽(未覺池塘春草夢)이어늘

계전오엽이추성(階前梧葉已秋聲)이라."

연못가 어린 풀 봄꿈도 깨기 전에
뜰 앞에 오동잎은 어느새 가을인고…….

  60년을 훌쩍 넘는 시간을 검도 한길로 달려오다 소스라치게 놀라는 것은 이제 행보의 전환점이 가까워지고 있다는 느낌이다.
  이럴 진데 이제는 그간의 긴 여정에서 얻은 지식 전해야할 역사적 사건 및 사실들을 가감 없이 기록하여 후학들에게 참고가 되고 아울러 보탬이 되는 이야기들을 야화로 묶으려 한다.

> 검
> 농
> 일
> 지

제 2 화

검도 입문기

나는 1939년 12월 7일 일본경도에서 탄생했다.

선친께서 향리 대구에서 대구농업학교(현. 대구농업고등학교)를 졸업하시고 일본 유학의 목적으로 결혼 후에 일본행을 하시어 경도에서 안착하신 것이다. 한 인간이 한길을 걷게 된 동기 설명에는 이 같은 배경설명이 되는 것도 검도 인생을 택한 설명이 될 것으로 믿는다.

늘 내가 신기하게 생각하는 것은 일본에서의 풍습인지는 몰라도 태어나서 절에 가서 사주를 넣고 평생 운을 점쳐서 그 점괘에 맞는 보살을 늘 가지게 하는 것이 있었다 그것을 〈오마모리(おまもり) 즉 나의 수호신(守護神)이라 하여 마스코트〉 같은 물건이었다.

손바닥 안에 들어 올 정도의 크기로 늘 몸에 지니고 다녀야 했다.

자라서는 혹시 잊어버릴까 해서 집에 고이 간직하고 있을 뿐이다.

이 오마모리(おまもり)의 모습이 사자를 타고 앉은 부처가 한 손에 양날 검을 잡고 앉은 상이었다.

일본의 도가 아닌 검이었다.

이것이 칼과 더불어 인생을 함께 해야 할 숙명의 예시였든가?

즐겁고 고단한 긴긴 검(劍)과 도(刀)의 여행이었다.

그 오마모리의 모습처럼 도(刀)의 검도를 수행하다가 드디어 검(劍)의 조선세법(朝鮮勢法)을 찾기에 이른 것이 현재의 나의 위치다

1952년 해방된 지 7년 6.25사변이 난지 2년 극히 혼란하고 어지러운 시절 각급 학교 공공건물은 전부 군에 징발되고 내가 입학한 경북중학역시 금호강 원류인 고산 골서 내려오는 방천 옆에 판자로 지은 가교사였다.

6.25사변 다음해인 1951년도 피난지 대구는 서울의 각급 학교들 역시 피난처에서 연합학교가 생기고 대다수 대구에 피난 온 학생들은 대구의 학교에 편. 입학하였다.

이해에 국가고시로 중학교 입학시험을 치렀고 전국 일등의 최고점수가 1년 선배 K형이었고 1952년도 우리 동기들의 전국최고 득점자가 역시 전 국민대 총장이었고 전 퇴임한 법무부 장관 J동문이었다.

J 동문이 500점 만점에 전국 최고인 482점이었다. 경북중학 성적으로는 466점이 2위였으니 성적으로 친다면 발군의 실력이었다.

그 자긍심 높은 수재들 속에 함께 입학하여 어린 중학 시절은 참으로 좋은 고급 교우관계를 가질 수 있었던 것은 큰 행운이었다.

국회의원으로는 4.19를 주도했던 Y 동문. 그리고 고인이 된 전 국회의원 K. 장관으로는 문공부장관 L. 전 재무부장관이었던 S, 대법관 J. 및 법조인으로 명성을 날린 K. J. A. S 등 그리고 대 학자 서울대 J교수 대통령 후보까지 했던 걸물 한얼교 S회장. 전 K일보 K

사장. 전 중소기업협동조합 K 회장. 전경기도지사 L. 언론계. 재계. 법조계. 정치 두루두루 뛰어난 인물들이 허다한 중에 유일하게 별난 무술의 길로 들어선 나의 길은 고달프고 고독한 가운데 희열하고 즐거워하며 한길을 걸어왔다.

그 무술의 길 검도의 길 을 접어들게 된 것이 중학교 1학년 때이다.

가교사 학교인 봉산 동 천변에서 우리 집까지는 걷기에는 조금 멀고 버스길로는 그다지 오래 걸리는 길이 아니었다.

가끔은 교우들과 한가로운 이야기로 집으로 걸어오는 경우가 더러 있었다.

늦봄 이었던가 몇몇 친구들과 동인 동 피난지 경찰학교 앞을 지날 때였다.

몇몇 경찰들이 뜰 앞마당에서 검도호구를 입고 연습하는 장면을 보게 되었다.

어떤 사람은 도복을 입었고 어떤 사람은 그냥 평상복 차림에 상의는 내복을 입은 채 호구를 입고 연습하는 그런 실정이었다.

그러나 당시에는 다만 금속성에 가까운 기합소리와 기술전개의 공방장면을 흥미롭게 보았을 뿐이다. 집에 와서 가친께 오늘 낮에 본 장면을 말씀드렸더니 처음 듣는 많은 검도 얘기를 해 주시었다.

그 때부터 나는 미야모도 무사시, 사사끼고지로, 곤도 이사무, 쯔가하라 보꾸덴, 지바슈사쿠, 야규쥬베, 이도잇도사이, 료마 등 무수한 무사 이야기를 접할 수 있었고 게다가 일본의 무사 정신을 존경하는 지경에 이르렀다.

쥬신구라의 오이시 구라노쓰께의 주군에 대한 충성심. 재일 문학가 김소운(金素雲) 선생의 〈木槿通信〉의 이야기 중 무사가 아들의 결백을 위하여 아들의 배를 가르는 이야기 등 이런 것들이 성장기에 내 정신세계 형성의 큰 내용을 이루게 되었다.

그리고 그 이전 나는 남달리 중국고전 삼국지, 수호지에 깊이 심취해 있었다.

물론 지금까지 가끔 내가 읽는 고전이다

1948년경부터 읽기 시작한 이북으로 간 현재덕의 삼국지와 박태원의 수호지를 열독할 쯤 초등학교 5학년 경에는 수호지 108두령을 달달 외울 정도였다.

세상에서 삼국지 수호지를 내가 제일 많이 읽지 않았을까 하는 생각이 정도로그 두 소설에 크게 심취해 있었다.

제반 이런 것들이 또한 나의 무사로서의 기질을 형성하는데 큰 역할을 했을 것이다.

해방이 되고 별로 볼거리도 없는 시절에 초등학교 2학년 때 처음 읽은 의사 안 중근과 이후 관창과 계백의 최후 같은 것이 또한 나에게 큰 영향을 주었다.

그리고 그런 것들에 근거한 공상, 꿈들이 오늘날 검도 외길을 걷기에 이른 것인지도 모른다.

동료 L군 과함께 동인 동 경찰학교에 가서 무작정 검도를 좀 배울 수 없는가 하고 여쭈었더니 맹랑한 놈들이라고 생각하였는지 검도 하시던 분 중 한 분이 그러면 시작해 보라고 해서 도복도 없이 그대로 평상복을 입은 채 기초를 시작하기 몇 개월이 되었다.

그때 처음 뵈 온 분이 정태민 선생, 강용덕, 서갑득 선생이었다.

처음 호구를 입고 시작한 것이 2개월 지난 후였다.

그리고 2개월쯤 지나 L군이 스스로 포기하는 바람에 나도 그냥 슬그머니 마치고 말았다

그러다가 해가 바뀌어 다시 생각이 달라져 혼자 나갔다.

그 때 경북이 최초 우승을 했다면서 우승컵을 가지고 개선하던 기억이 있다.(최초의 일반부시합)

지금쯤 생각하니 한국 최초의 검도대회였던 것으로 추정되는 대회였다.

1953년 해방 후 첫 시합의 우승팀이었다.

그 당시 3인조 시합으로 선봉 허술(제일모직 근무)중견 서갑득 주장 강용덕 으로 부산토평 국민학교 교정이었다.

나는 다시 학교생활로 인해 검도를 중단하고 말았다.

당시로써는 경찰 계급이 말단에 해당하는 바쁜 경찰들의 밑에서 대회도 없는 검도가 크게 나를 심취시킬만한 이유도 없었다.

그렇게 끝내 버린 검도였다.

다시 1954년도 경북고등에 입학하면서 2년 선배인 남승희 형이 각 반마다 검도부원 모집을 하러 왔었다. 이때에 모인 인원이 153명이었고 이 가운데 전 건설부장관 S선배를 비롯해 전 중소기업 협동회 회장 K 동기 동문 등 많은 1년 선배와 동기들이 검도수련을 시작했다.

이때의 모임장소로는 대구 시청 옆 상무관이었다.

어마어마한 목조 건물로 전형적 일본 검도장이었다.

건물 모양과 규모 그 내외의 꾸밈은 무도(검도, 유도) 수련장소로는 제대로 된 전형적 무도도장이었다.

36회(1955년)

이것이 한국 검도의 전국체전진입이면서 이때에 일반부만 출전하였다.

다음 명단은 최초의 전국체전 임원선수 명단이다.(1955년)

〈임 원 장〉 이익홍
〈부임원장〉 호익용, 서정학
〈임   원〉 이종구, 전승호, 도호문, 김영달, 박우영, 정동섭, 정태민, 변정욱, 황우혁, 남정보, 김성화, 김기성, 조병용, 배성도, 박종규, 이홍국, 윤 곤, 조의영, 유 훈, 양진용, 한기익, 한대덕, 김용이, 장언호, 서정석, 전맹호, 조건형, 이교신, 이규동, 최영인, 김영배, 김인순, 김만호.

- 중앙 : 호익용, 서정학, 김영달, 변정욱, 김영배, 조의영.
- 경북 : 정태민, 남정보, 배성도, 한대덕.
- 경남 : 도호문, 박우영, 이홍국.
- 충북 : 이교신.
- 충남 : 정동섭.
- 경기 : 황우혁.
- 강원 : 한기익.
- 전북 : 전승호, 조병용, 전맹호.
- 전남 : 김기성(전승호 선생은 전영술 사범님의 백부님이시고, 전맹호 선생은 전영술 사범님의 부친이시다.)

〈선수단〉
- 서울 대표
  감독 : 조의영

선수:김석순, 김석춘, 신용순, 조승용, 최상조, 박영순
- 경기 대표
　　　감독:서정석
　　　선수:김복남, 김한규, 이병하, 이응성, 이준우, 박기남
- 전북대표
　　　감독:전맹호
　　　선수:김갑덕, 염종수, 문동원, 현종수, 문채규, 박재영
- 경북대표
　　　감독:정태민
　　　선수:강용덕, 서갑득, 윤병일, 최병철, 김봉조, 고광찬
- 경남 대표
　　　감독:도호문
　　　선수:김영찬, 김인식, 김하익, 장선희, 이근장, 윤운영
- 충북 대표
　　　감독:이교신
　　　선수:이의동, 손병규, 이응선, 김승태, 이상춘, 김형철
- 제주 대표
　　　감독:박종규
　　　선수:한재정, 송석천, 고영소, 허동욱, 민영태

　　■

　　이 첫 대회에 제주팀이 출전했음은 특히 주목할 만한 일이다.

검
농
일
지

2
56년도

제 3 화

중암 정태민 대 선생 문하에 들다.

1956년 1월 2일 맑음

낮 12시가 가까웠다.

1일 학교에서 희성(1학년 8반)이와 오늘 12시에 도장에서 만나기로 했다.

시간이 없어 자전거를 타고 해 달렸다.

가니 희성이가 먼저 와 있었다.

같이 연습을 하였다.

웬일인지 오늘은 힘이 나지 않아 쉬이 되지 않았다.

두 번만 하고 돌아왔다.

연습하는 도중 N군이 와서 관전하여 나는 자못 자랑스러웠다.

한 숨 자고 일어나니 첫 사이렌도 불지 않았다. 당시는 통행금지 사이렌이 불던 시절이었다.

그래서 신년부터 해 나갈 일을 찬찬히 계획을 세우고 잠을 이루었다.

사범님들이 나오시지 않아 우리끼리 운동을 했다. 그것도 내가 동료 이희성 군을 억지로 불러내어서 말이다.

■

이희성 군은 퍽 얌전한 성격으로 늘 내가 주장을 맡으면 부장을 뛰었다.

헤어진 후 아주 오랜만에 공군사관학교 체육관서 검도대회가 있어 우연히 만났을 때 그는 공군 중령이었다.

그 이후 그는 예편하여 미국에 이민 간 것으로 알고 있다

나는 당시 집에서 잠을 자지 않고 멀리 떨어지지 않은 선친이 운영하시는 약방(고려제약사)서 점원과 함께 잠을 자고 새벽에 집에 와서 식사하고 학교로 가는 그런 생활을 했다

1월 1일부터 3일까지 공식 휴일이지만 희성 군을 불러내어 둘이서 운동을 할 정도로 나는 열성적이었다.

일제시대 전국 도 시 군 단위까지 검도 유도장이 같은 건물에 수련장을 두고 현대로써는 상상을 초월하는 수련을 했다 해방이 되고 그 시절 엄격하고 잘 정돈된 행동강령과 고행 같은 수련에 매력을 느끼는 분위기가 그대로 유지되고 있었다.

어쩌면 일제치하에서 열심히 수련하던 2-3단 계층의 젊은 검도 유도인들이 존경하고 숭앙하던 고단자 대 선생의 행동과 의지를 그대로 분출되는 열정에 편승해서 지도자로 변신하게 된 것이다.

어떤 표현으로는 그 혹독하고 견디기 힘든 수련을 분풀이라도 하듯 가혹하게 훈련시켰고 그 첫 대상이 현재 필자를 포함한 60대 중

반의 계층들이었다. 이 지도자들을 현재 60대 검도인들을 지도한 1세대로 정리할 수 있다.

이 부류에 속하시는 분들이 경북의 정태민 선생, 전북의 전승호 선생, 경남의 도호문 선생, 충북의 이교신 선생, 경북의 강용덕 선생 등이었다. 이 다섯 분은 선수로써 초기에 명성을 날린 분들이셨다.

이 중에 정태민 선생과 김영달 선생님은 동년배이시고 두 분 다 1916년생이시다.

생일이 몇 개월 정태민 선생이 앞서신다.

이 분들 중 특히 평가될만한 부분은 당시(50년대) 그 실력을 가늠하는 이승만 박사 친람무도대회에서 우승자인 점이 기억할 만하다.

1953년부터 실시된 3월 26일 이승만 박사 생일을 택해서 개최된 축하대회는 각도 대표자로써 우승을 겨루는 대회였다.

정태민, 전승호, 도호문, 이교신, 강용덕 선생이 우승하시었다.

이 얘기는 뒤로 미루고 당시 대구 동인동의 상무회는 무도 수련장으로써는 아주 훌륭한 건물이었다.

정남향에다 사범탈의실 목욕탕 수련생 탈의실 등 일본식으로 제대로 된 건물이었다. 당시 남면하여 좌편이 검도장이요 우편이 유도장이었다.

당시 대구상무회 입문당시 정태민 선생님, 남정보 선생님, 배성도 선생님이 5단이셨고 이순영 선생님이 4단, 강용덕 선생님이 3단이셨고 서갑득 선생이 2단이셨고 윤병일 선생이 확실한 기억은 없으나 초단으로 기억된다.(이 때 단은 지방 단을 중앙에 보고만 하면 인정되던 시절이었다.)

일제시대 건물로써 전형적 무도장이었다. 좌 절반은 유도 우 절반은 검도가 수련했다.

이후 수 십 년간 사용되어 오다가 대구 유도장 검도장 별도 건립이 추진되어 동인동 상무관은 전설 속으로 사라졌다. 1923년 10월 24일자로 한일 유도인이 함께 참여하여 "재단법인 경상북도무덕회"를 창립한다. 이후 1933년 그때 돈으로 4만 5,000원으로 목조 기와집 123평의 도장과 부대건물을 갖추고 경북 무덕관이 1월 5일자로 경북 무덕회 소유가 된다. 해방 후 여기서 숫한 검도유도의 명선수들이 배출된다. 검도는 정태민 선생님을 필두로 강용덕 선생. 윤병일 선생. 필자와 후배 김경동. 김종덕으로 개인전 전국우승자로 이어져 오다가 필자는 1974년 10월 경기도로 이적하게 된다. 50년대 일반 학생부를 휩쓴 저력은 바로 이 도장에서 수련한 결과이기도 하다. 유도 역시 불세출의 귀재 권용우. 이석도 선생을 위시해 김인덕. 윤창희. 윤복균. 윤수균. 정이수. 그 뒤로 대구 출신 올림픽 금 메달 리스트. 김재엽. 안병근. 이경근 등이 배출되었다. 이들 역시 무덕관과 직. 간접으로 관계가 있다.

1956년 1월 3일 맑음

아침부터 이리저리 시간을 보내다가 도장에 갈 시간만 기다렸다.

시간이 가까워 도장에 갔다. 왜 그런지 조금만 뛰어도 숨이 가쁘고 내 생각에도 잘 아니됨을 깨달을 수 있었다.

처음 보는 사람이 지나다가 들어와서 원래 검도는 기초만 2~3개월 해야 정상적 궤도에 진입할 수 있다고 했다.

그는 일본 북해도에서 3단을 취득했다고 했다.

경북이 1955년 첫 전국체전 이후 내리 일반부 7연패를 하고 이어 1956년 첫 전국체전 학생대회에서 경북고등이 우승하고 1959년 6월 첫 대학대회에서 (구)대구대학이 우승을 하고 같은 해 첫 전국대회에서 신흥대학에 패해 대구대학(현 영남대학)이 준우승을 했다.

이렇듯 막강한 전력을 펼칠 수 있었던 것은 당시 지방으로서는 서울을 제외하고 5단이 세분 계시는데다 경북(대구경북 분리전) 뿐이었

1956년도 대통령 친람 무도 개인선수권대회 정태민 선생 우승기념 사진. 정태민 선생 좌편이 이순영 선생. 이순영 선생의 우측이 불세출의 강용덕 선생. 이순영 선생 좌측이 서갑득 선생. 강용덕 선생 우측이 윤병일 선생. 이순영 선생 뒤쪽이 필자. 필자 좌측이 전 건설부장관 1년선배인 서영택 장관이다. 셋째줄 우편에서 두 번째 전 중소기업중앙회 김영수 동문이다.

고 정태민 선생님의 실력, 남정보 선생님의 해박한 지식, 배성도 선생님의 지독한 훈련, 이순영 선생님(당시 유일한 서울교대 출신 엘리트로 유도계의 신화적 인물이신 이선길 대 선생님(전 일본 유도선수권대회 3연패)의 자제분이시다), 불세출의 달인 강용덕 선생님이 계셨기에 우승이 가능했다

정태민 선생님의 인격으로 이르자면 중후하시고 인자하시면서 무게가 있으셨다. 특히 평생 나에게 주신 큰 교훈의 하나는 잘 참으시고 팀을 맡으시면 반드시 우승을 시키시는 힘과 지도법이 계셨다.

이 두 가지 모범은 후에 시합의 연장전에 거의 잘 지지 않는 기질과 내가 지도자로써 승리를 이끄는 성실함을 일깨워주신 분이시다.

그러나 어떤 날 화를 내시면 천하가 진동하는 듯 두려우신 분이시다.

필생에 두 번 크게 화를 내시는 장면을 보았다.

그 첫째는 1957년 3월 26일 대통령 친람무도대회에서의 장면이다.

이 대회는 명실공히 전국의 최강자가 모이는 대회로 각도의 책임도 사범이 출전하는 시합이었다.(당시 도 사범은 자기 도에서 최고의 실력자가 도 사범이었다)

매 게임 상대선수를 이기고 들어오실 때마다 배성도 선생이 좀 안타까워 셨는지 "정 선생 좀 팍팍 밀고 들어가요" 그때 정 선생님 못마땅한 미소로 아무 말도 않으시면서 시합의 막간에 담배만 물고 계셨다.

다시 두 번째 시합에 이기고 나오실 때도 배성도 선생께서는 다시 "정선생 좀 팍팍 공격 좀 하시오" 이런 말들은 선수에게 경우에 따라

서는 참 불쾌한 말이다.

다시 전과같이 담배를 피우고 계시다가 다시 시합에 나가 결승전에서 충북의 이교신 선생과 자웅을 겨루게 되었다.

이교신 선생님은 역시 오세억(전 충북검도회장)·김춘경·고규철·함태식·반창남 등 쟁쟁한 제자를 길러내신 분이시다.

이때는 경무대(현 청와대) 앞마당에서 운동화를 신고 시합하던 때이다.

그 시합장면은 너무나 무게가 있었고 야외광장에서 부딪치는 금속성 기합소리는 아직도 귀에 쟁쟁하다.

그때 선생님이 만 42세 때이다.

결국 이교신 선생을 결승전에서 누르고 우승을 하시고 온 그 날 저녁 여관에서는 큰 난리가 났었다.

얼큰하게 술에 취하신 선생님께서는 배성도 선생께 크게 따지셨다.

"네가 나의 사범이냐 어째 시합 때마다 간섭이냐"고 크게 화를 내시던 장면은 시합을 끝낼 때까지 참으시다가 우승하시고 크게 화를 내시는 그 모습이 내게는 큰 교훈이 되었다.

그리고 두 번째 화를 내시는 장면을 경북 유도회의 전무이사 김흥석 선생과의 다툼이었다.

원래 일제시대부터 검도, 유도는 형제처럼 한 건물에 두 종목만 전국에 도장마다 그렇게 수련하고 있었다.

당시에는 태권도는 없었고 격투기래야 씨름만이 있었을 뿐이다. 그리고 서양 격투기는 주로 복싱이었다.

경북도 예외는 아니어서 검도 유도가 한 개 건물에 친숙하게 수련하며 존재하고 있었다.

　유도는 신치득 선생이시고 검도에 정태민 선생이 도 사범이셨다.

　이때 검도유도의 발전에 큰 영향을 주신 분이 서정학 선생님이시다.

　무도인으로 당시에 최고 권좌에 오른 분이 서정학 선생님으로 치안국장 경무대 경호실장 강원도 지사를 역임하셨고 그 연배에 일본관서대학을 졸업하시고 사모님은 이화여전을 나오신 인텔리 집안이셨다.

　마침 경찰 고위직에 계시면서 경찰에 체육관제도를 설립해서 각시도에 도 사범을 총경급 대우를 해 주었다.

　당시에 검도, 유도 고단자들이 서정학 선생님의 은혜를 입은 셈이다.

　유도계 원로 박정준 선생님과 서정학선생님을 서로 호형호제(呼兄呼弟)하시면서 오랫동안 우의를 돈독히 하시었고 계급은 서정학 선생님이 훨씬 상부에 계시었으나 꼭 연장자이신 박정준 선생을 깍듯이 선배로 모시었다. 그런 분위기의 연유로 중앙의 석진경 선생, 방영두 선생. 이제황 선생(용인대 전신 대한유도학교 설립자), 전병두 선생(경기대 설립자) 등의 대 선생을 멀리서 나마 흠모하던 유도대가들이셨다. 경북으로 이르자면 그 분들 보다 더 선배이시고 바로 박정준 선생의 은사이신 신화적 유도 대선생 이선길 선생께서 피난지 대구에 내려와 계셨다. 그 어른은 전 일본선수권대회에 연 3년을 텃세를 누르고 우승한 신화적 인물이었다.

　그 어른 자제 이 순영선생이 바로 나의 인격형성에 큰 가르치심을 준 검도 선생님이시다.

　그리고 경북에 신치득 선생님들 비롯하여 박시기 변영수 이을용 선생님과 그 바로 아래 권용우 선생 또 상대가 없어 개인전 5연패 후 은퇴한 괴력선수 이석도 선생이 계시었다.

　이것이 어릴 때 친숙했던 검도와 유도의 분위기였다.

　두 번째 정태민 선생님의 화내시는 장면은 그렇듯 유도와 다정했던 그 분위기를 깬 분이 난데없이 나타난 60년대 중반의 유도의 김흥석이란 분 때문이었다.

　사사건건이 검도에 트집을 잡아 검도인 들이 애를 먹고 있었다.

　그때 아무도 대드는 사람이 없었다.

　오히려 그쪽에 아부하는 검도인도 있을 지경이었다.

　검도인과 유도인과 맞붙어 싸우면 검도 인이 질 것이다. 는 통념 하에서 어느 날 화가 나실 대로 나신 정태민 선생님이 바로 김흥석 선생의 멱살을 자고 따지셨다. 오히려 유도의 김흥석 선생이 그 기(氣)에 꼼짝 못하던 일이 인상적이었다. 잘 참으시다가 화를 내면 황소 같고 호랑이 같은 모습은 오래 잊을 수 없다.

　그렇게 출발한 1954년은 필자의 검도 수련을 다시 시작하던 해였다.

　처음 153명이 입문했을 당시 도장 서열이 있었다.

　성격이 제일 앞자리 아니면 제일 뒷자리를 즐겨 찾는 탓에 첫날 나는 153번 말석에 앉았다. 그 마루 보는 자리가 도 사범 정태민 선생 건너편이었다.

　이때 정태민 선생님의 자리가 그렇게 아득히 멀리 보일수가 없었다. 저 자리에 내가 갈려면 몇 년이 걸릴 것 인가? 하는 생각이 문득 들었다. 1~5번까지가 사범석이다.

　사범석은 4단 이상이라야 되지만 강용덕 선생은 3단으로써 4단의 상석에 서게 되는 특전이 주어 질만큼 그 실력이 가히 불세출이라 할

만했다. 물론 그의 실력이 어느 정도인가는 서서히 얘기를 풀어 가겠다. 1954년 가을이 가고 제법 날씨가 스산해 지던 무렵 죽도가 없어 일제시대 죽도호구제작소에서 근무하던 기술자가 자기 사업을 하면서 죽도를 만드는 사람이 수창동에 있어 우리는 주로 그분의 죽도를 사서 쓰고 도복은 그때까지 평상복으로 연습했다. 그때 나는 어머니께서 좋은 천을 구해서 직접 미싱으로 누벼가며 도복을 멋지게 지어주셨다.

겨울이 시작되었다.

하늘같은 정태민 선생님의 도복을 난로에 따뜻하게 해서 드리면 그것을 만족하게 입으시고 나는 즉시 어제 청소로 얻었던 마포를 난로 위에 얹어 지르르 소리가 나도록 녹여서 물바게스에 눌러 빨아서 도장 바닥을 뛰어가면서 닦았다. 뛰어가는 그 발바닥이 방금 닦은 물끼가 얼어 짝짝 발이 달라붙던 기억이 새롭다. 물론 사방 창문은 다 열어 놓고 말이다. 찬바람이 휙 온 도장을 할퀴고 지나가면 이즈음 같으면 몸서리치는 추위였지만 찬 도복을 피부에 문질러 열나게 하고 호구를 입고 연습하면 참 죽을 맛이지만 강인한 심신단련이란 희망찬 기대로 즐겁게 할 수 있었다.

언 손목을 비벼가며 수련하던 그 시절 수련생은 물론 이지만 수련시키시는 선생님들도 열심이셨다.

이때에 오병철(제심관) 선배님은 대구서 운동을 하시다가 서울대학을 입학하시어 상경하고 없었다.

경남합천에서 초등학교 5학년 때 대구 수창국민학교에 편입하시어 경북중학 3등으로 입학하시어 경북고등 일등으로 입학하신 분이다.

동기 분으로는 한완상 (전 부총리) 박종철(전 검찰총장)등 쟁쟁한 분들이 많고 그 뒤에 서울 대학 검도부를 발족시켜 전국 정상으로 군림케 하신 분이다. 겨울에 호구를 입고 운동을 할라치면 일제시대 일본인이 남기고간 호구인지라 특히 호완은 다 닳아서 솜이 없는 상태라 나는 얻어맞은 손이 그대로 퉁퉁 부었다.

신성 선생님(평양고보출신으로 당시 총무를 보고 있었다. 정태민 선생님과 동년배시다.)께 손이 아파 못하겠다고 한 즉 "무슨 소리야 우리 때는 그냥 맞고 했어" 그 한마디에 나는 우직스럽게 그대로 맞으면서 연습했더니 손이 점점 더 부어올랐다. 사범님의 말씀은 그대로 진리요 법이라고 여기면서 수련하던 시절이라 그런 무리한 사건이 발생했다. 물론 솜이 빠져 그랬다는 변명을 하지 않은 나의 불찰이기도 했다. 결국 나는 대구 권 내과에서 수술을 받았다. 권 내과 원장님은 경북중고 대 선배이시고 전 노동부 장관 권기홍 장관의 부친이기도하다. 참으로 조용하신 분이셨다.

검지와 장지 사이를 찢으니 고름이 평평 쏟아졌다. 지금도 선명하게 그 상처가 남있다.

이때 장비는 그렇게 충당되었고 죽도와 면 수건은 별도로 마련해야 했다.

다행히 대구에는 일제시대 죽도 제작공이 있어 전문제작은 못했으나 직접 우리가 가서 신청하고 며칠 후 찾아오는 그런 형국이었다. 물론 죽도 제작자는 일제시대 일본인 죽도공장의 기술자였고 해방 후는 식생활이 되는 직업이 아니었다. 그런 사정으로 죽도 제작자는 다른 직업으로 국수 공장을 하고 있었다. 이즈음 생각해도 그 만한 죽도제작 기술자는 지금은 볼 수가 없다. 가끔 대구 교도소 사범으로 계셨던 배성도 선생님이 재소자들을 시켜 만든 조잡한 죽도가 생산 되기도 했다.

당시 면 수건은 없었고 세면용 타올을 머리에 질끈 매고 하는 수준이었다.

이렇듯 여름 겨울 열심히 수련하고 1956년이 되었다.

여름이 되어 유명한 대구 더위 속에 숨 가쁜 수련을 하고 있을 때 홀연히 한분의 인격 고매하신 분으로 김종철 선생이 나타나시었다. 이분이야 말로 내 검도 인생에 인격적 귀감이 되신 이순영 선생(전 경북검도회 전무이사 대한검도회 부회장(1965년도)과 더불어 평생 잊지 못하는 존경하는 분이다.

대개의 사범들은 검도기술 고단자로써의 권위가 존경대상이었다.

이 두 분은 인간적으로 중후하고 고매한 인격을 갖추신 분이다.

세리(稅吏)들이 극도로 부패해있던 자유당 말기 동부세무서 간세과장으로 부임하신 김종철 선생은 일제시대 검도3단의 실력자이시면서 중이염으로 실제수련은 못하지만 주로 거합도와 진검사용법을 집에서 늘 수련하시었다. 실에다 수수깡을 달아 삽시간에 베어버리는 묘술은 현대의 짚단 베기 같은 힘으로 하는 수준은 엄두도 못 낼 실력이었다.

도장에 오시면 정태민 선생님이 자리를 내어주시어도 꼭 양복을 입으신 채 저 말석에 가서 앉아 겸손을 보이시던 모습이 인상적이었다.

특히 그 청렴한 일화는 듣는 이로 하여금 경탄을 금치 못하게 했다.

동부세무서 간세과장 부임즉시 화장실 가는 시간외는 언제나 의자에서 자리를 비우지 않았다.

게다가 말단 직원들까지도 외식을 하던 시절에 꼭꼭 도시락을 지참해 오시던 김종철 선생이었다. 외식을 하던 직원들은 불편하기 이를 때 없었다.

"말단 직원들이 어디서 무슨 돈이 있어 외식을 하는가?" 하는 한마디에 간세과 직원들은 모두 도시락을 지참하고 나왔다.

당시 만해도 부패가 극심하던 시절 다른과에서는 모두 수군수군 비웃었다.

그러다 어느 날 김 선생께서는 "모두 검도를 하라 검도를 하면 건강이 좋아지고 정신이 맑아진다."고 하며 검도 수련을 권장했다.

인품에 감복한 직원들 전원 검도장에 왔다. 이때 사범님들은 거의가 일선 경찰들이라 당시로써는 부득이 어린 내가 지도를 맡게 되었다.

이미 나는 초단을 승단했고 윤병일 선생이 2단이고 서갑득 선생이 3단이었다.

그처럼 나는 일찍부터 배우면서 가르치는 입장이 되었다.

그리고 일년 후배들을 모집하여 지도하고 있었다. 당시는 대개가 그랬다.

그때 입문한 1년 후배가 이의익(전 국회의원 전 대구시장), 홍승길, 진원준(4단), 이재근(전 경북대 교수), 김광교(전 삼성 전관 사장), 구도일(변호사), 서무삼(의사), 김기호(전 쌍용 사장), 황윤한, 이충길, 최정수, 이종호, 서귀호, 등이었다. 한 겨울 한여름 지독한 훈련을 받았다.

지독한 훈련이라 함은 한 개인이 경험한 주관적 소견이 아니라 일제시대 2~3단의 벅찬 수련기간에 계시던 분들이 해방과 더불어 갑자기 지도자로 변신 하면서 자기들이 받던 그 고난과 고통의 수련 경험을 그대로 적용시킨 그 사실의 객관적 소견이다.

6~7단 7~8단 고단자의 경험에 의한 체계적이고 순서적인 수련이 아니었다.

그 이후 무자비 할 정도의 정신적 육체적 강 훈은 다시 경험할 수 없었다.

정태민 선생님의 강도 높은 훈련 남정보 선생님의 해박한 지식을 바탕으로 한 수련 배성도 선생님의 무자비할 정도의 맹훈은 성장기의 강인한 훈련경험의 기회였다.

특기할 것은 대개의 경우 해방 후 유도 검도 지도자들이 경찰신분들이었다.

주로 무술기능자들이기 때문에 특채된 사람들이 많았고 강력반 형사 신분이 대부분이었다.

그런 중에 당시에 서울공대를 나오신 중후한 미남 인격자 이순영 선생이 늘 인격적 모범을 보여주셨고 내게 대한 사랑 각별하시었다.

그리고 그 다음 서열 강용덕 선생은 평생 두 번 볼 수 없는 좋은 기술을 가지신 선생님이다.

이후 1967년 최초 국가 대표로 출전하여 연전에 은퇴한 일본 무도대학장 오까겐지로를 2:0으로 격파한 명장이다.

이순영 선생님은 신장이 190cm정도의 거구이시며 여간 공격하기가 어려운 상대였다.

강용덕 선생은 체력도 가녀린데다 신장도 그렇게 큰 분이 아니었다. 그럼에도 그 선생님은 막는 법이 없고 물러나는 법이 없다.

그리고 기술이 계속 연계되는 천재적 선수셨다.

이런 조건들이 최초의 경북 일반 학생이 우승할 수 있었던 저력이었다.

학교수업 마치면 으례 동인동 도장에서 곧장 수련에 임했다.

당시의 분위기로써 대구 사회에서 일류고등인 경북고등학생들이 수련하는 모습은 지도 사범님들도 크게 흡족해하시었다.

그 무렵 초기 입문시의 153명은 다른 학업에 몰두하고 경북고등 검도부는 몇 명 남지 않게 되고 부속고등과 대구공고의 배찬한(작고)군과 경북고등기술학교(현 경북공고 전신)의 유재정군이 입문 하여 경북고등 부속고등 대구공고 경북고등기술하교 4개 학교가 단체시합이 가능했다.

별일 없이 열심히들 수련하고 있을 즈음의 어느 날 이순영 선생께서 반가운 소식을 들려주시었다.

"야 너희들도 시합을 나갈 수 있게 됐어 전국체전 학생부가 신설되었다." 우리들은 자못 설레었다.

그 때가 1956년 고2때였다.

그때까지 서울 구경을 한번도 못했기 때문에 또한 전국 대회 시합을 해본 경험이 없었다.

그때 속칭 소아다리(總當)연습은 오늘날도 검도 유도의 훈련방법으로 지독한 훈련의 일부였다.

아직도 우리들은 일본식으로 그대로 소아다리란 말을 예사로 사

영화 "산적의 딸" 주연배우 나일

용하고 있으니 이것이 일제 잔재가 아닐까?

그렇게 열심히들 서울 구경 겸 최초의 전국체전출전을 위한 훈련을 열심히 하던 어느 날 도장에는 왠 낯선 남녀들이 한참 무술지도를 받고 있었다. 윤예담이란 연출자가 나일과 오소화란 남녀 배우와 "산적의 딸"이라는 영화촬영을 위해 검술지도를 요청해온 것이다. 당연히 정태민 선생님이 지도를 하시었다. 그때 우리는 영화라면 설레는 마음으로 한 번쯤 동경해 보는 예술장르였다.

그때 대구 경북검도(당시경북대구분리 이전이었다.)의 검도인 분포는 포항의 배종규 선생이 일제 시대 유단자였다고 하시었고 예천의 김사대 선생이 일제시대 유단자였다고 했고 김사대(金思大) 선생의 제씨(弟氏)되는 분으로 김사국(金思國) 선생이 계시었다.

그러나 김사국 선생은 무슨 사연인지 일찍감치 전남에가 계시었고 1957년 3월 26일 이승만 대통령 친람(親覽-당시는 대회명이 이대통령 생신 기념 친람 무도대회라 칭했음) 무도대회 도호문 선생의 5인조 모범시합 때 주장으로 나오셔서 멋진 허리 한판을 득점하던 기억이 나는 분이시다. 아마 강용덕 선생연배가 되실 것이다.

그리고 해방 후 검도는 중단하시고 사업계에 투신하신 한대덕 선생은 남정보 선생님과 같이 검도를 수련하신 분이시다.

이 무렵 소위 검도2세 할 수 있는 필자의 주변은 경북고등, 사대부고와 대구공고 경북공고, 네 팀의 학생 검도팀이 있었다.

경북고등이 가장 먼저 생기고 경북공고, 대구공고, 부속 고등 팀이 생기고 능인고등 성광고등 등은 몇몇 선수들만 존재하고 있었다.

대구 공고출신의 배찬한 군과 경북공고의 유재정 군 성광고등의 서경교 군들이 한 무리가 되어 영화 촬영장을 따라 다니며 당시로써는 신기한 장면들을 즐겁게 보며 다녔다.

그 산적의 딸 야외 촬영 현장인 대구 달성 공원에서 다른 영화 황진이 촬영 장면을 보게 되었다. 그때 처음 본 화장한 여배우 도금봉은 그처럼 예쁘게 보일수가 없다. 그리고 당시 산정의 딸 엑스트라로 단역의 최지희는 뒤에 큰 배우가 되었지만 당시는 우리와 비슷한 또래의 소녀였다.

그 이전 장모(張某)라는 신인 여배우가 주연으로 캐스팅되어 촬영을 시작한 무렵 당시 여배란 인식과 분위기가 맞지 않아 포기하고 가버렸다. 그 장모 여배우는 약 20년 후에 우연히 만나게 된다. 그때 소년인 필자의 눈에는 참 아름다운 여자라고 생각했었다.

늘 학생들을 몰고 다니다시피 하던 필자에게 대사가 있는 한 컷 출연을 시켜 주어 그때 필자는 얼마나 흥분했는지 모른다. 더욱이 면대해서 대화 하는 상대 배우가 한국 최초의 영화배우라고 하는 영화계에서는 역사적 인물 권일청 씨였다.

마침 여름 방학이라 그렇게 영화장을 따라 다닐 수 있었고 주 촬영장이 대구 달성공원이었기에 그것이 가능했다. 이를 무렵 검도 회에서는 난리가 났다. 최초의 전국체전 학생대회를 앞두고 선수들이 영화판을 뛰어다니니 난리가 날 수밖에 없었다. 정태민 선생님은 위시한 모든 선생님들이 엄히 꾸짖으셨다. 몹시 죄송하고 당황스러웠다. 그러나 가장 필자에게 강하게 충격적 나무람을 하신 분은 이순영 선생님이셨다.

"난 너희들과 이제 말 안 해." 점잖게 하시는 말씀에 질려 이튿날부터 당장 도장에 나가게 되었다.

평생을 이순영 선생님은 내 인격형성에 늘 모범이 되어 주시는 어른이시다. 뒤에 대한 검도회 부회장까지 역임하시었다가 생리에 맞지 않으신지 일찍 검도 계를 떠나시어 성남에 계신다. 이즈음 건강이 좋지 않으시어 퍽 걱정이다. 이렇게 해서 10월이 되어 전국체전에 출전하게 되었다.

공부하는 학교에서 전국체전 출전은 거의 불가능한 일이었다. 그래도 당시 경북고등에는 11인제 핸드볼이 강했고 특히 야구부에는 걸출한 투수가 한 사람 있었다. 필자의 동기생으로 강속구의 김창영 선수가 있었다. 스케이트, 배구, 수영 등 만능 선수였던 김창영 동문은 그 무렵 학생선수로 내방한 재일동포 장훈 선수가 낀 팀과 시합해서 완승한 실력의 선수였다. 내 평생에 참으로 아깝게 여기는 몇 사람의 스포츠맨 중의 하나다. 이즈음 시대에 나왔으면 박찬호보다 못지 안은 선수라고 여겨진다.

본격적으로 육성하는 야구 종목을 제외하고는 취미 정도로 하는 검도부, 유도부, 핸드볼부 정도였다.

유도의 동기 정영남군은 이후 국가대표 선수까지 된다.

또 하나의 경북고의 뛰어난 실력자였다.

어떤 뜻에서는 체육교사가 가장 고달픈 학교가 공부하는 학교일 수도 있었다.

그 당시 서울대학만 200여 명 이상 늘 보내는 지방 명문고로써는 검도부 같은 체육반은 겨우 형식적 운동부일 뿐이었다.

그러나 첫 대회인 만큼 꼭 가고 싶었고 당시 대구서 서울 한 번 간다는 것은 어쩌면 이즈음 미국 한번 가는 것 보다 어려운 시기였다. 물론 가면 갈수도 있었지만 그 만큼 여러 조건이 쉬이 상경할 수 있는 여건이 아니었다.

들뜬 기분으로 우리는 전국체전을 기다렸다.

그때 대구서 서울까지는 아마 7~8시간 걸리지 않았나 싶었다.

왜관서고 김천서고 영동서고 횡간서고 추풍령 대전 천안 수원 안양…… 고달픈 기찻길이었다.

남대문 뒤 봉화여관에 머물고 우리는 서울 시내 구경을 나왔다.

그때 이순영 선생은 190cm 가까운 거구에 서구적 신사로 백화점에 둘러 면 모든 여인들의 눈길이 집중하던 미남이요 신사였다.

어떤 일로 필자와 이희성 군(경북대농과대학의 학장자제) 둘만 불러서 동화 백화점(지금 신세계 백화점) 지하 양식당에서 러시안 스프와 비프스테이크를 처음 맛보게 해주신 기억이 새롭다.

1955년 일반부만 시합이 있었고 1956년 최초로 일반부와 고등부 두 부만 시합이 있게 된 것이다.

작년에 경북이 일반부 우승하고 금년다시 재 우승을 노리고 왔고 학생부 또한 우승을 노리고 온 것이다.

드디어 대회날이 되었다. 장소는 서대문 형무소였다.

주장에 필자가 뛰고 부장에 이희성 중견에 이인환 2위에 유재정 선봉에 배찬한 후보에 이채형. 첫판에 5:0 둘째판 5:0으로 이겨 세팀 리그전에 경북고등이 우승했다.

■

1956 37회(이 대회가 최초의 한국 학생검도 첫 참가 대회였다.

제37회(1956년) 전국 체전 검도 선수단 명단

임　원　장 : 이익흥
부임원장 : 호익용 서정학
임원(무순) : 이종구, 전승호, 도호문, 김영달, 정태민, 남정보, 정동섭, 신응균, 변정욱, 황우혁, 박우영, 김성화, 김기성, 조병용, 조의영, 배성도, 윤 곤, 박종규, 이홍국, 김영배, 김용이, 유 훈, 김정열, 한기익, 임병인, 김만석, 조전형, 서정석, 전맹호, 한대덕, 김성동, 최영인, 양진용, 이교신, 이유동, 김인식, 최상조, 김태경

선수단
〈일반부〉
- 서울　감독 : 조의영
　　　　주장 : 조승용, 부장 : 김응문, 중견 : 김석춘, 2위 : 이병하,
　　　　선봉 : 박영순, 후보 : 김승호
- 경기　감독 : 서정석
　　　　주장 : 김한규, 부장 : 김복남, 중견 : 조남섭, 2위 : 이동화,
　　　　선봉 : 박기남, 후보 : 이정용
- 강원
- 충북　감독 : 이교신, 주장 : 김승태, 부장 : 이상춘, 중견 : 김형철,

　　　　　　2위：홍순각, 선봉：장인철, 후보：박정순
- 경북　감독：남정보, 주장：강용덕, 부장：서갑득, 중견：오상훈,
　　　　　　2위：최병철 선봉：고광찬 후보：남승희(현 생존)
- 경남　감독：도호문, 주장：김인식, 부장：장경용, 중견：김하익,
　　　　　　2위：이근수, 선봉：윤규영, 후보：유기순
- 전북
- 전남　감독：김기성, 주장：김사국, 부장：오희근, 중견：안석환,
　　　　　　2위：전동욱, 선봉：이강조, 후보：이남기
- 제주

〈고등부〉
- 경북　감독：이순영, 주장：김재일, 부장：이희성, 중견：이인환,
　　　　　　2위：유재정, 선봉：배찬한, 후보：이채형
- 서울　감독：최상조, 주장：이용규, 부장：이성발, 중견：윤대석,
　　　　　　2위：유상석, 선봉：유원일, 후보：유철종
- 부산　감독：○○○, 주장：박완서, 부장：김오만, 중견：박원석,
　　　　　　2위：박일성, 선봉：김상한, 후보：(팜플렛에 기재 되있지 않음. 부산의 김상한 선생 증언 참고)

　　■

당시 만해도 3단까지만 지방 단이 인정되고 4단부터는 중앙심사를 보았다.

검 농 일 지

3
57년도

> 검
> 농
> 일
> 지

제 4 화

이 시절 검도 사범과
사회 명사가 된 수련생들

1957년 1월 신년

…… 제4회 학원문학상에 응모 작품이 또 보기 좋게 떨어져 우울한 채로 다시 뒤숭숭한 새해를 맞이했다.

지난 한 해를 생각 하건데 작년은 내 계획이상의 만족한 해였다.

서울 전국체전 검도시합 우승에 당수7급(태권도를 그 당시 당수라고 함) 검도2급 등

■

내 딴은 문학수업을 한다고 많은 명작들을 열심히 읽고 글을 쓴다고 꿈을 키우던 시절이었다.

1957년 1월 5일

…… 아침에 동근이가 와서 "막심 고리기"의 밤 주막을 빌려갔다.
도장에 가서 이 사범님(이순영 선생)과 오상훈 씨가 나와서 여러 학

생들과 근 한 달 만에 처음 연습을 했다.

저녁 때 원준이 집에 들렀다가 잠시 후에 집으로 왔다.

■

이 무렵 대부분의 사범(당시 2,3단도 사범이라 불렀음)들은 대개 일선 강력반 형사들이어서 겨울 기간 거의 운동을 하지 않고 주로 필자가 학생들만 불러내어 수련하곤 하다가 1월 5일 신년이 되어 경찰 신분이 아닌 이순영 선생과 오상훈 선생이 나와 주신 것이다.
이순영 선생은 당시 서울 공대를 나오신 분으로 1960년대 초반 대한 검도 회 부회장을 역임하셨고 오상훈 선생은 손목기술이 뛰어난 대만서 유일하게 운동을 하신 분이다. 후에 풍국 주정 상무가 되셨다.

1957년 1월 6일 일요일 맑음

날씨가 과연 추워진다.

윤병일 선생 집에 가서 열쇠 이야기를 했더니 내일 도장에 나올려 했다.

도장 초보자들 가르치고 왔다…….

■

이때 도장 탈의실과 도장 문 열쇠를 윤병일(윤승원 7단의 부친) 선생이 가지고 관리했기 때문에 비산동 먼 윤선생 댁으로 가서 열쇠를 받으러 간 것이다. 이 무렵에는 경북고등 1,2년 후배들을 모집해서 부득이 기초부터 내가 지도할 수밖에 없었다.

그것이 당시 도장모습이었다.

이때에 수련생이 1년 후배에 진원준(전 금성전자사장) 이의익(전 대구시장 국회의원. 현 대구예술대학 총장) 구도일(판사, 변호사) 서무삼, 이충길(의사) 이재근(전 경북대 교수) 김광교(전 삼성전관사장) 홍승길(전 전새마을문고국장) 2년 후배에 윤정길(주장) 박경팔(전 삼성전자 사장) 도재승(전 외교관) 현승일(전 국민대 총장, 국회의원) 등 명사가 많다. 이어 3년, 4년, 5년… 후배들을 끌어내 지도해왔다.

그중 4년 후배 정문화(의사) 8단이 와병 중에 있어 안타깝다.

이 무렵 사대부고, 대구공고, 경북공고(경북고등기술학교 전신) 학생들도 나오기 시작했다.

1957년 1월 7일

…… 도장에서 오상훈 신성 양 선생이 나오셔서 운동했다.

남승희 형을 만나 호완과 목검 구입을 부탁 하니 호완은 내일이면 되고 목검은 50개 만드는 중이라 했다.

내일 검도회 이사회가 있다고 해서 김재수 선생(경북고등체육교사)께 참석하시라고 이순영 선생님이 말씀하시었다.

■

> 신성 선생 역시 경찰관 신분이 아니라서 비교적 운동시간이 자유로워 자주 나오시는 편이었고 당시 이순영 선생이 경북(대구경북 분리 전)검도 회 전무이사이시고 신성선생이 총무이사라 "신 총무" "신 총무"라고들 호칭했다.

이 신성 선생은 옛 명문 평양고보(평양고교) 출신으로 당시 해박한 검도지식을 가진 온후한 인격자이셨다.

그 분께 수파리(守破離)의 설명을 처음 들었다.

당시는 무슨 말인가 잘 이해를 못하다가 철들면서 그처럼 일찍이 좋은 말씀을 해 주셨나?

경탄할 뿐이다. 왜냐하면 그 당시 수련만 했지 고급 이론을 들을 수가 없었다.

대개의 말단 경찰관 아니면 경사 등의 신분들은 경찰관대회나 전국대회 일자가 가까우면 주로 나와서 운동을 했다.

강용덕 선생 같은 경우는 서문시장을 포목상을 사모님이 하고 계시기 때문에 경제적 어려움이 없는 분이셨다.

경찰경사로 특채되어 자유로이 운동할 수 있는 신분이었고 당시 선수로 활약한 서갑득 경사 정태식 경사 외는 그냥 경찰 신분으로 윤병일, 고광찬, 김봉조, 김영운, 심홍보, 최병철 등이었다.

여기서 심홍보씨는 전문 고문형사로써 그처럼 부드럽고 사람 좋을 수 없는 분으로 도저히 이해가 가지 않는 그런 사람의 인상이었다.

남노당 거물 남도부를 직접 체포한 사람으로 일찍이 일본군으로 히로시마에 투입되어 군복무 중 원폭의 현장에 있었던 사람이다.

원래 그는 교사였고 유순한 분이었는데 특히 이즈음 운동권 출신들, 그 시절에는 사상범이란 낙인이 찍힌 수감자를 무자비하게 고문했다는 것은 거듭 거듭 이해가 가지 않는 그의 모습이다.

하여튼 파란만장한 그의 드라마틱한 인생 이야기는 다음 기회로 미루기로 한다.

경제적으로 불편이 없는 오상훈 선생도 경찰 선수로 필요에 의해서 특채되어 몇 년간 선수생활을 했다.

그리고 김재수 선생님은 당시 경북고등체육교사로 경북 검도 회 이사로 추천된 것이다.

1957년 1월 8일

김재수(경북고교 체육교사) 선생님 댁 가서 오후 이사회에 참여하시라고 연락했다.

……도장 학생들 기초 지도했다…….

1957년 1월 9일

형무소(당시 교도소를 형무소라 함) 도장에 아침에 나갔다.

배성도 선생의 연습지도법은 내게는 퍽 힘들었다.

오후에 상무(尙武)회에 갔다.(당시 경북 검도 유도회 도장을 통상 상무회(尙武會)라 불렀다.)

오랜만에 정태민 선생님이 나오셨다.

오상훈 선생과 한판했다.

재정이가 나왔더라.

■

당시 교도소를 형무소라 했고 그때 대구 형무소사범이 배성도 선생이셨고 자세가 좋으시며 특히 무거운 죽도(약600g 이상일 것이라 생각됨)로 먼 거리에서 공격하라고 늘 말씀하시었다.
평소에 사람 좋기로는 그런 분이 없으나 연습 때는 뒤에서 뒷통수를 죽도로 때려서 겁이 나서도 공격을 하지 않을 수 없었다.
또한 당시의 방식대로 다리걸음, 호면 벗기기는 훈련의 중요 내용이었다.
마침 방학인 관계로 일부러 대구 형무소 도장에 가서 운동을 하러 간 것이다.
유재정 군의 당시 경북고등기술학교는 현 경북공고 전신으로 풍기의 동양대학설립자이신 최현우 이사장님이 설립한 학교다.
유재정 군은 아주 약은 시합의 선수였다.
주로 손목, 손목치다가 머리를 치는 특기를 가진 선수였다.

1957년 1월 10일 목 맑음
날씨가 봄같이 청명하다.
동아일보 신춘문예 당선 및 심사평이 있었다.
놀랍게도 22세의 이화여대생(정연희)이 소설부문에 당선되었다.

■

이 무렵 문학한답시고 유심히 신춘문예를 탐독하던 일면이 있어 기록을 소개한다. 아마 "파지장"이던가 소재도 특이했고 감명 깊게 읽었다.

1957년 1월 12일 금 맑음
2,700환으로 상무회(도장) 입회비 및 회원증 값으로 내었다.

■

이때 처음 회비를 징수하기 시작했다.

1957년 1월 15일 화 구름
상무회(도장)에 갔더니 무술시험장으로 빌려줘 연습을 못했다.
내일부터 26일까지 형무소 도장은 모한연무라 했다.

1957년 1월 16일
형무소 갔더니 늦었다
죽도 한 번 들어 보지 않은 사람은 무작정 호구를 입혀 시합하는 모습은 장관이었다.
배성도 선생이 별난 지도법의 일부이기도 하다.
오후 상무회 운동 끝나고 정수, 선길을 따라 수창초등학교 강당에 무료 당수 도장에 갔다. 무덕관 보다 형이 많이 달랐다. 학생들이 40여 명 밖에 되지 않았다.

검도 시간 외 짬짬이 무덕관 지상섭 선생께 당수(태권도)를 배우다가 시간이 맞지 않아 마침 수창초등학교 당시 각급학교는 군(軍)에 징발되어 군인들이 주둔해 있었다. 수창초등학교 강당도 그래서 당시 헌병중위 한분이 태권도 사범이었고 하사 중사 몇 분이 사범이셨다. 도장으로 늦은 시간 수련을 하러 갔다.

그때만 해도 무료였고 회비를 징수한다 해도 그렇게 강하게 요구하지 않던 시절이었다.

1957년 1월 17일

아침에 형무소에는 못나가고 회원증 영수증 받으러 도장에 갔다가 재정이 와 연습 시합을 했으나 쉽게 이기기 어려웠다. 기분 나쁘다.

■

> 우리 연습은 당시 다이나믹한 공격 연습이 위주였는데 유재정 군은 오는 눌름 손목을 위주로 하다가 갑자기 머리를 쳐오는 꾀 많은 기술이었다고 생각되어 이기기 위한 고심을 꽤나 했다고 생각된다.

1957년 1월 18일 금요일

형무소 도장에 나갔다.
오후 상무 도장 청소하고 정태민 선생의 의자를 고쳤다.
재근이한테 입회금 600환 받았다.
충길이 도복 찾아주었다.
수창학교 당수도 하러갔다.

■
　재근은 필자의 고등학교 1년 후배로 전교 수석을 다투는 수재였다. 경북대학 교수로 재직하였고 이충길 역시 경북고등 1년 후배로 의사로 근무하다 일찍 요절했다. 당시 후배들은 내가 기초부터 가르치는 실정이었다. 사범님들이 간간이 이분저분 나오시는 실정이었다.

1957년 1월 19일 토 맑음
　재정이와 시합방법을 연구해 냈다.
　곧장 손목머리 2단 치기만 하는 것이 재정이다.
　2단 치기를 하다가 안 되면 한참 하다가 칼끝은 약간 우로 높였다가 머리를 치는 것이다.
　나는 옆머리를 친후에 옆머리를 치는 척하면 허리를 치고 다음 옆머리 치는 척하며 오른쪽 옆머리를 칠 것 그리고 연속공격을 할 것 그리고 찌름, 발 거둠, 앉으며 치기 등으로 대처하였다.
　당수도장에서는 무덕관에서 평안(平安) 3단까지 형을 했다고 해서 자유대련도 시켰다.
　당시 나는 그 만큼 연구하며 고민하며 상대를 연구했다.
　태권도는 검도 끝나고 열심히 했다.
　지금은 태권도가 국기라 하지만 일본인들에게 배운 사범들이 바로 일본 가라데의 형인 평안(平安) 밧사이 등 일본 용어를 그대로 쓰다가 태권도로 바꾼 것이 현대의 태권도이다.

1957년 1월 20일 일요일 맑음
　대한이라 날씨가 과연 춥다 형무소 연습하러 갔다.

내일 개학이라 형무소 아침반 연습은 끝이다.

■

참고로 당시 형무소 선수로는 김성안(후에 중교로 개명함) 도재권, 천삼수, 조완구, 김태영, 박범종, 이순하 등이었고 몇 분은 전국체전에도 참가했다.

1957년 1월 21일 월 맑음

도장에서는 운동도 못했다.

형무소 6명은 초단을 받았다.

나도 곧 초단을 승단시켜준다고 이순영 사범님이 얘기했다.

1957년 1월 24일 목 맑음

검도 수련 짬짬이 수련한 태권도 지도관 수련 시절.(1957년)제일 뒷줄 좌에서 7번째가 필자

당수 도장에 가서 형을 뜯어 고쳐주었다.

무덕관 형과 좀 달랐다.

수창학교 도장은 지도관이었다.

그때만 해도 심판는 혼자 보는 단심제(單審制)로 시간제한도 없고 시합장의 제한선이 없었다.

그 체전(體典)을 마치고 설렁한 늦가을 도장은 너무나 을씨년스러웠다.

공부하는 학교의 검도부들이 체전 마치고 학교 수업에나 전념하지 도장은 나오지 않는다.

그러다 겨울 방학쯤 되면 드문드문 나오는 것이다.

그해 내가 모집한 경북 고등 검도부 1년 후배들이 진원군(전 럭키 사장), 이의익(전 대구시장), 구도일(현 변호사), 김광교(전 삼성전관 사장), 이재근(경북대 교수), 홍승길(전 새마을문고 국장), 서무삼(의사), 김기호(전 쌍용 사장) 등 많은 후배들이 검도를 연마했다.

물론 그중에 잠시한 분들도 있고 선수까지 한 분들도 있다.

전국체전 최초의 학생팀은 경북, 서울, 부산 세 팀이었다.

그 때 선수 중에 유일하게 필자만 남아있다.

이 무렵 그 두 분이 기억나는 분이 있다.

대만서 검도를 했다는 오상훈 선생이시다.

이분은 경찰출신은 아니시고 당시로는 꽤 교육을 받으신 분으로 길을 가다가 우연히 죽도 부딪치는 소리와 기합소리를 듣고 찾아와 운동을 다시 시작하신 분이다.

그런데 이분은 특이한 것이 오직 손목 하나만이 전공기술이었다.

당시에 천하무적이라 할 만큼 우리들의 우상과 같은 강용덕 선생이 손목을 하나 맞는 것을 목격했다.

한 참 기술이 늘고 있던 무렵의 필자나 동료들에게는 지극히 재미없는 검도였다.

손목만 계속치니 이것은 어떻게 다른 기술을 구사할 수가 없었다.

치고 막고 또 손목치고 치고 막고 또 손목치고 하는데 그 손목을 거의 당할 자가 없었다.

그러나 그 이후 나는 손목기술전문가에게 대처하는 훌륭한 연습상대로써 도움이 되었다.

이분이 경찰로 특채되어 다시 운동을 시작하면서 전국체전에도 출전하게 되었다.

특히 오래 기억되는 것은 전국 체전에서 중견으로 출전하여 서울의 중견 김석춘 선생과의 시합이 기억된다.

여기서 중대한 상황의 정리는 일제시대 검도 수련자들 중 한국인은 약 네 부류로 정리될 수 있다는 사실이다.

일본서 수련한 부류와 우리나라 현지에서 일본사범들에게 배운 경우, 만주에서 배운 경우, 오상훈 선생처럼 대만에서 배운 경우 네 부류의 일제시대 수행자들이 그 1세대라 할 수 있다.

물론 국내 대회에서 선수 생활을 하되 초기의 선수 생활을 한 분들을 말한다.

물론 서정학 선생님을 비롯한 일제 시대 5단 세분은 예외이다.

경북의 경우는 일본파가 남정보, 강용덕, 서갑득 선생이시고 국내파가 정태민, 배성도, 이순영 선생이시고 만주파가 김영운 선생으로 전동욱 선생, 이사길 선생의 사범이신 당시 만주군군의관으로 검도 사범인 오가다 도라오 씨에서 배웠다. 그리고 대만의 오상훈 선생이시다.

그중에서 이북에서 오신 평양의 신성 선생은 경기의 서정석 선생보다 평양교보 1년 선배이시며 당시 이순영 선생이 경북 검도회 전무이사이시고 신성 선생이 총무이셨다.

신성 선생을 신 총무 신 총무로 호칭한 기억이 있다.

특히 신성 선생은 경찰 신분이 아니시고 사업을 하시는 분이었다.

이순영 선생님은 강원도가 고향이시지만 서울에서 수련하신 것으로 기억하고 특히 서울공대를 나오셨으니 당시로써는 엘리트 검도인이었다. 이분들이 어떻게 해서 그 추운 만주에 가시게 되고 대만을 가시게 되었는가 하는 사연은 뒤에 논하기로 하고 특히 이순영 선생의 증조부께서 강원도지사를 역임하시고 증조모가 캐나다 분이었다는 특이한 사연도 역시 그 뒤로 이야기를 미룬다.

또 한 분 기억나는 분은 송석식 선생이다.

이분은 길을 가시다가 우연히 검도기합 소리를 듣고 도장에 와서 최고단자 정태민 선생님께 인사 올리고 타이를 매지 않은 양복 차림이었으나 상의만 벗고 호구를 입은 채로 연습하고 가던 장면을 기억하고 있다.

특히 멜 손목을 많이 치시는 것으로 기억된다.

놀랍게도 그 이후 그에게서 배운 제자들이 참으로 많다.

고동수 방선호가 그러하고 전 울트라 건설 강석환 회장(작고) 등 많은 제자들을 여러 곳에서 활약하고 있다.

이후 마포교도소 도장에서 다시 나는 만나는 기회가 생긴다.

내 기억으로는 송선익이라고 기억하고 있었는데 이 후에 송성식이라고 하였다.

1955년은 최초의 전국체전에 검도종목이 채택되고 1956년은 최초의 고등학교 검도부가 전국 체전에 채택된다.

1956년도 최초의 학생대회 경북고등 우승으로 그 한해는 저물었다.

그때부터 지금까지 경험하는 한 가지 지속적인 분위기와 감정이 하나있다.

그처럼 체전(體典) 우승을 목표로 피 땀나게 훈련하고 기어코 우승을 쟁취한 후 돌아오면 그 다음 날부터 도장은 텅텅 비고 그렇게 을씨년스러울 수가 없었다.

지금도 해마다 전국체전만 마치면 그런 감정을 느낀다.

그렇게 전국체전 참가하기를 금년(2018년 10월 현재) 62회 참가가 된다.

그러나 이즈음은 옛날과 달리 각종시합이 연달아 있어 전국체전을 마치고 그 을씨년스런 분위기는 거의 찾아 볼 수 없을 정도로 활기차고 지속적인 검도 수련이 계속되는 분위기다.

그 겨울 혼자 도장에 나올 때도 허다했다.

그때부터 나의 검도 생활은 하나의 신앙이었고 종교였다.

검도는 정신운동으로 참으로 신성한 운동이란 선생님들의 말씀을 순수하게 받아들여 참으로 열심히 열중했다.

어느 단체건 사람들의 모임에는 불협화가 따르기 마련이다.

검도세계에서도 예외 없이 강한 분열이 있었다.

특히 당시 경북 검도회(대구포함)는 검도 입문을 좀늦게 하신 정태민 선생과 정태민 선생님보다 3년 연장이신 남정보 선생은 정태민 선생보다 좀더 일찍 검도계에 입문하시었다고 듣고 있다. 그리고 일제시대 경북 검도회에서 잡무를 보시면서 검도를 수련한 배성도 선생은 당연히 남정보 선생을 더 인정하시고 더 가까이 지내시었다.

1956년 필자의 나이가 18세 일 때 정태민 선생님이 41세이시고 남정보 선생이 44세이셨다.

이순영, 강용덕 선생이 33세 이셨다.

검도, 유도가 특히 단급이 우선이어서 연령이 문제가 되지 않고, 고단자 우선의 분위기가 가장 엄격했다.

예를 들어 해방 후에 검도를 시작한 윤병일 선생과 강용덕 선생은 동갑이시면서 "병일아"로 호칭하면 참아 윤병일 선생은 "용덕아"라고 부르지 못하고 "강!강!"이라고 어렵게 호칭했다.

또한 1927년생인 김석춘 선생이 1920년생인 김응문 선생과 "응문이", "석춘이"로 서로 터놓고 호칭하던 장면은 그 만큼 단급의 서열이 연령을 거의 무시하다 시피 했다. 그러면서 김석춘 선생은 강용덕 선생께는 꼭 형님으로 호칭했다.

그리고 평소에 그렇게 자주 시합을 하던 관계인 강용덕 선생께 김인식 선생은 꼭 형님이라 호칭했다.

그 만큼 검도 실력과 단의 서열이 높은 상대에게 깍듯이 예우를 하는 것이 무도(검도, 유도) 세계의 강령이자 풍속이었다.

이즈음이야 상상도 못할 정도의 단급 우선이었고 그 단급이 그의 정확히 실력의 차등이 있어서 가능했다. 이즈음처럼 전문 선수출신이 비전문 출신보다 단급서열이 뒤바뀌는 시대에는 더 말할 여지가 없다.

특히 남정보 선생이 1913년생이시고 서정학 선생이 1917년생이신데도 남정보 선생의 저서 '검도교범' 감수 사에 남정보 군라고 쓰여 있다. 당시 남정보 선생의 연령을 몰라서 그러셨는지 고단자가 하단 자를 칭하는 관례인지 어찌 되었던 남정보 군이라고 되어 있다.

어차피 단급서열이 엄격한 검도와 연관 되는 검도세계이니까 당연히 문화적으로 그럴 수밖에 없었다.

그런데 경북검도회가 바로 그런 강령 문화가 대충돌을 빗게 된 것이다.

일제시대 먼저 입문한 검도선배 남정보 선생은 그동안 잠시 검도계를 가까이 하지 못한 채 해방이 되고 정태민 선생이 먼저 5단을 승단한데 대한 그런 문제가 사실은 두 분이 세상을 뜨실 때까지 앙금을 남긴 채로 떠나가셨다.

이 부분은 검도계만 존재하는 특수한 분위기다

그렇다면 단급은 왜 있는가를 한번 재검토해보지 않을 수없다.

단(段) 1883년 일본근대 유도의 창시자 가노오지고로(嘉納治五郎)씨가 실력과 수행연조를 기준해서 정한위계제도이다.

물론 지속적으로 계속 수련하고 있는 경우이다.

급(級)은 1885년 일본경시청에서 실시한 단(段)같은 맥락의 위계 기준이었다.

검도, 유도가 서로 단(段)과 급(級)을 위에 올리려고 투표를 한 결과 94:3이란 큰 차이로 단이 이겨 단(段) 위로가고 급(級)이 아래 서열에 위치하게 된 것이다. 그때 부 단급의 상승을 위해 피땀나는 경쟁이 벌어지고 그 경쟁이 검도, 유도의 실력들 이루는 행위가 되고 경쟁의 결과를 지키지 않으면 안되는 엄격한 위계질서가 되었다.

그것이 검도, 유도의 아름다운 예절의 기본이 되기도 했다.

즉 사회적 지위 신분고하는 물론 연령의 노소에 관계없이 고단자 우선이 검도 유도 그리고 타 무도세계의 하나의 철저한 규범이 된 것이다.

이때에 남정보 선생은 일제시대 선배임을 강조하고 정태민 선생은 한국단의 우선 자가 서열 우위라는 점을 강조하고 게다가 수행연조가 비슷한 배성도 선생은 남정보 선생 쪽에 가세 하니 정태민 선생은 고군분투를 하시는 형국이었다. 그러나 정태민 선생의 중후한 인품과 그 황소 같은 고집이 결국 경북 최고 도 사범의 자리를 굳히고 남정보 선생 차석이고 배성도 선생이 그 다음 서열이었다. 이 무렵 김영달, 도호문 선생님 등 같은 5단 서열이었다.

이런 단급문화가 배경이 되는 무도세계에서는 엄격한 기준 하에 승단 승급을 하고 문란한 뒤바뀜의 심사는 없어야 하는 것은 상식이다. 그리고 반드시 고단자 우위의 풍속은 유지되어야 할 것이다. 그러나 개탄할 일은 검도 수련을 게을리 해도 단급이 하향 조정되는 일은 없고 승단시만 되면 검도본을 연습하고 나온다던지 몇 년씩 놀다가 심사 볼 때만 조금 연습하다가 나오는 사례가 없지 않은 우리 현실이다. 더욱이 소시(少時)부터 피땀나게 수련한 선수 출신과 그 훨씬 뒤에 선수수준의 훈련을 경험하지 않는 부류도 동등의 평가를 받고 단급의 동렬에 서게되는 경우는 재삼 심도 깊게 생각해 볼 문제이다.

이때부터 한국 검도계는 서열문화의 파괴현상이 서서히 대두하게 된다.

당시만 하더라도 각도 사범이 스승을 일본인으로 삼고 서로 스승을 달리하면서 검도를 익혀온 사람들이었다.

그런 연유로 누가 더 실력이 더 있고 누가 더 선배라는 서열 매김이 모호했다.

출신이 일본이 있고 한국이 있었고 중국(만주)이 있었고 대만이 있었다.

이런 가운데 연령별 차이도 있었다.

일본 출신이라면 일본파, 만주출신이라면 만주파, 또는 본토파, 중국파로 분류될 수 있다.

■

한국 검도 지도자의 역사적 흐름에 대한 고찰
(주로 검도 50년대의 기준으로 초기의 실력자들)
서정학 선생   1917년생(작고)
이종구 선생   1908년생 1993년 작고
호익용 선생   1901년생 1982년 작고
정태민 선생   1916. 4. 30년생 1994년 작고
도호문 선생   1920. 3. 5년생 1983. 10월 작고
김영달 선생   1916년생(작고)
강용덕 선생   1924. 4. 2-1976. 10. 20(작고)
이교신 선생   1920년생(작고)

■

초기의 도 사범
치안국장-서정학, 서울시경-호익용, 치안국-김영달, 경찰전문학교-김영배, 경북-정태민, 경남-도호문(사실상은 박우영 선생이 하셨다. 그

러나 박선생은 평양 분으로 피난 오신 분이라 경남 검도에 잠시 머무셨다), 전남-김기성, 경기-황우혁, 충남-정동섭, 충북-이교신, 강원-한기익, 제주-한재정
이때 도 사범은 무조건 최고의 실력자이면서 최고단자였다.

■

① 50년대 최초의 일반부 대회 - 1953년 부산 토평 초등학교에서 시합 3인조 시합으로 우승은 경북
    선수 : 선봉 허술, 중견 서갑득, 주장 강용덕
② 전승호, 정태민, 도호문, 강용덕, 이교신 이 다섯 분이 1953-1959년 사이 유일한 개인전인이 대통령 친람무도대회 우승자이다.

■

초기 검도 지도자이면서 선수였던 분들의 검도 입문 및 수련의 지역별 조사(고단자의 검수련처)
일본파 - 서정학, 남정보, 도호문, 김기성, 강용덕, 이교신
국내파 - 이종구, 전승호, 정태민, 김영달
만주파 - 이사길, 전동욱, 김영운, 김복남
대만파 - 오상훈
(이 조사대상은 50년대 지도자 선수 생활을 한 분들로서 당시 개인 단체 우승 경험이 있는 분들을 대상으로 하고 만주파는 그런 기록과 관계없이 만주라는 특수 지역이란 점에서 포함시켰다.)

〈결론〉

해방 당시 확인된 5단 2명 미확인 5단 1명으로 3명(서정학, 이종구(확인), 호익용(미확인)) 그 외는 3단 2단이었다고 함.

바로 해방 당시 그 2-3단에게서 배운 세대가 현재 60대이다.

검도의 학문적 체계가 선 학교나 기타 기관에서 정규수업을 받지 못한 모든 한국의 고단자가 지도자로 변신하면서 해방 후 검도연계가 이루어졌다. 이것이 현재까지의 한국 실정이다.

당시 대개가 경찰 신분이었고 이종구 선생님은 전형적 체육인 출신이시고 전남의 김기성 선생만 일본체육전문학교를 나오신 정통 체육인이시다.

현재 대학검도 교수들은 꽤 그 틀을 잡아가고 있지만, 석·박사 학위를 가진 4세대 5세대가 오히려 2세대 3세대의 학위를 구비하지 못한 고단자에게 강의를 듣지 않으면 안 되는 실정에 있다. 그것은 현재까지도 기능이나 경험 면에서 강단 교수들이 2, 3세대 고단자들의 실력수준을 넘지 못하는데 원인이 있다. 그리고 강단교수들이 검도 교수가 아니고 체육과 무도과 교수들이기 때문에 경험 많은 무 학위 고단자들에게 강의를 받는 실정이다. 강단 검도인들이 이제는 최일선에서 전 검도인을 대상으로 강의할 자질과 지식을 갖춰야 할 때가 왔다.

그러나 그 자질 지식의 구비조건과 내용에는 오랜 검도 수행경력과 경기력, 지도력, 이론가로써 실력이 구비되어야 함으로 다소 시간이 경과되어야 할 것이다.

알량한 학위보다는 객관적 신뢰를 받을 만한 학위취득의 격조 높은 실력자라야 한다.

고단자도 객관적 신뢰를 받을 만한 이론적 역량, 기능적 역량이 부족할 때는 강사로서 자격부족을 인정해야 한다.

그러한 고단자가 중견·하단 검도인을 대상으로 하는 강의는 신중을 기해야 할 때이다.

동시에 정규검도 교육을 받지 못한 해외 유학파는 무조건 국내 고단자를 홀대하거나 경시하지 말고 학문으로써 그들을 설복하고 앞질러 나가야 할 것이다.

그것이 검도 계 학문적 지도자의 개혁이 될 것이다.

그렇다고 해외 유학파가 어릴 때부터 고단자에게 체계적으로 배운 일본의 젊은 학자보다 우위일 수 없다는 사실을 명심하고 교만심에 빠져드는 일이 없어야 될 것이다.

두 사람이 외나무다리를 건널 때도 약속이 없으면서도 우정 앞질러 앞서는 사람이 있는가 하면 스스로 한 사람이 가야 할 길이니까 양보하여 뒤서는 사람이 있듯이 검도계 서열로 개인의 성격에 따라 자연 앞서고 뒤서는 경우가 있다. 그렇다고 해서 앞서 간 사람이 꼭 선배 서열이 될 수는 없는 것이다. 1920년생인 도호문 선생이 그런 형국으로 앞자리에 서니 1916년생인 정태민 선생님은 물론이거니와 김영달 선생(1920년생) 1913년생인 남정보 선생도 또한 불편했다.

"도호문이 네가 어찌 내 위에 서는가?" 시합 한번 하자.

늘 정태민 선생님이 반 농담 반 진담으로 말씀하면 넉살 좋은 도호문 선생은 "원 형님 뭐 그렇게까지 말 하능교"라고 눙치고 지나가곤 했다.

도호문 선생이 1953년, 1954년 대통령 친람 무대대회에서 2연패하고 당시는 명성을 날리신 분이다.

그리고 1956년도는 도호문 선생은 정태민 선생께 한판 당하셨다.

이것이 이후에 정태민, 김영달, 도호문 선생의 시합을 심판하시던 대 선배 이종구 선생님을 제치고 세분이 먼저 9단 승단하는 좋지 않은 선례가 남게 된다. 이종구 선생이 잠시 검도계를 떠나셨다가 오셨다고들 하지만 전국체전 유인물을 검토하거나 평생 검도 수행한 연륜이나 실력이나 또한 일제시대 수득한 단(5단)이나 어느 이유에서도 이 세분이 이종구 선생님을 앞질러 승단한 것은 현재도 납득이 안 간다.

1957년으로 접어들면서 경북고등 검도부는 대거 숫자가 줄어들었다.

대입을 앞둔 3학년이 되었기 때문이었다.

이 무렵 최초의 학생개인전이 개최된다.

일본식대로라면 소위 천황폐하 앞에서 하는 어전 시합이라 할 수 있는 대통령 친람무도대회가 1953년도부터 개최되어 오고 있었다.

일본의 분위기가 그대로 남아 있는 검도, 유도 두 무도 종목의 무술인들은 당연히 대통령 이승만을 국부라고 칭하고 부인 프란체스카 여사를 국모라고 거부감없이 호칭하던 시절이었다. 특히 이승만 박사 생일기념대회로 3월 26일 이승만 박사 생신기념 시합이었다.

이즈음 정서라면 엄두도 못 낼 그런 시합이었다.

대통령 생신기념 시합이 있을 수도 없는 일이지만 당시로써는 가장 권위있는 시합이요 참가 자체가 영광이었다.

이즈음의 전국체전이나 SBS 검도왕 대회 같은 분위기와는 비할 바가 아니었다.

각 시도에서 명실공히 실력이 가장 강한 자 중 1명씩 출전하여 하는 시합이었다.

1953년부터 1956년까지 전부 일반부만 시합을 하다가 1957년부터 학생선수도 참가하게 되었다.

해방후 초기 한국 무도계는 검도, 유도만 주종을 이루며 자리매김한 것은 오로지 서정학 선생님의 공로였다.

특히 검도는 일본 것이라고 못하게 한 이승만 대통령을 설득하여 검도를 다시 보급케한 장본인이시고 각 시도 도 사범의 직위와 생활을 보장하는 체육관제도를 실시한 것은 큰 공로이시다. 그 큰일을 하실 수 있었든 이유는 바로 대통령 경호실장이셨고 치안국장 등 대통령 측근에서 모시고 계시었기에 가능한 일이었다.

검도의 경우 1955년 최초의 전국체전 일반부가 참가하고 1956년 고등부가 최초로 참가하게 되고 1953년부터 시작된 검도, 유도 각시도 대표 1명씩 출전하는 대통령 친람무도대회가 해마다 열린 것이다. 그리고 1957년 최초로 각 시도 학생대표 1인씩 참가하게 되었다.

그때의 기록은

1953년 첫 대회에서 경남의 도호문 선생이 최초로 우승하시었고

1954년 도호문선생이 2연패를 히시고

1955년 전북의 전승호선생(전영술 사범의 백부님) 이 우승하시고

1956년 정태민 선생이 호쾌하게 도호문 선생을 누르고 우승을 하시었다. 이어 1957년 다시 정태민 선생님이 우승을 하시었다.

그 해 학생도 대표로 출전한 필자는 경륜 높고 격조 높은 무술시합을 구경하게 된다.

검도, 유도, 국궁, 세 종목과 당수도(당시 태권도 명칭) 시범이 있었다.

국부라고 칭하던 대통령 친람무도대회 출전 영광을 안은 필자는 내가 살던 대구약령시(속칭약전골목) 일대에 뉴스 꺼리가 되기도 했다.

이때 필자의 집 상호가 "고려제약사"였고 고려제약사 아들이 경무대(현 청와대) 이승만 박사 생신기념 검도대회에 출전한다고 하는 것

은 당시 정서로는 한 동네의 화제의 수준이 되었다.

대구경찰서에서 신원조회가 오고 경무대 출입이 고등학생인 나에게도 그 만큼 철저한 사전 신분조사가 있었다. 더욱이 경북도내에서는 최고수준의 위치를 점하고 있던 필자로써는 흥미로운 대회였고 꼭 우승을 기대해 볼만 했다.

1956년도 전국체전 우승 경력도 있던 차에 사기는 충천한 상태였다.

1957년 3월 24일

서울로 출발의 날이다.

정태민 선생님의 그 짚차(차번호 449)로 대구 역에 나가 기다리니 몇 시간 후에 몇몇이 배웅하러 나왔다.

아버님과 동생들도 나오고 이순영 선생, 오상훈 선생, 정태식 사범, 후배 진원준, 최정수, 문선길, 이충길, 안경원이 나와서 기분 좋았다. 진원준이 사과 한 광주라 사 주었다.

작년에 갔던 경인여관에서 투숙했다.

검
농
일
지

제 5 화

잠시 유도 얘기를 하지 않을 수 없다.

필자는 검도를 제외하고 섭렵한 무술이 유도, 태권도, 합기도, 씨름, 레스링, 펜싱 등이 있고 복싱만은 직접적 얼굴 손상이 두려워 접하지 못한 무술이었다.

그 중에서 가장 자신 있었던 것이 유도 종목이었고 퍽 좋아했던 무술이었다.

가끔 검도 수련이 끝나면 가끔 낙법(落法)을 치고 또는 가벼운 상대를 잡고 던지기 혹은 굳히기 연습도 하곤 했다.

그러다 여름 겨울 방학은 아예 새벽이나 오후나 틈이 나면 연습을 열심히 했다.

주로 대구 형무소(교도소)도장 아니면 친구 정영남군의 부친이 운영하시던 대구 유도관에서 연습을 했다.

경량급이긴 하나 64년 동경 올림픽에 출전한 S선수가 2단 시절에는 필자와 비슷한 기량이었다.

그렇듯 유도에 이끌릴 수 있든 이유는 경북이 검도뿐만 아니라 유도 또한 10년 이상 전국왕좌에 군림하고 있었던 것도 내가 끌린 이유 중의 하나였다.

신치득(1915년생) 도 사범(道師範) 님이 이끄는 경북유도회는 박시기(1918년생), 이을용 선생을 위시한 일본 강도관 출신 변영수(1914년생)선생과 그 아래 연령대인 김성근 선생, 포항서 소뿔을 잡고 던졌다는 전설이 있던 구준웅 선생 해방되고 유도복 하나만 들고 귀국했다는 권원덕, 권용우 두 선생 그리고 괴력의 이석도 선생이 전국 최고의 왕좌를 쟁취할 수 있는 경북유도의 면모요 저력이었다. 신치득, 변영수, 박시기, 이을용 선생이 같은 연령대의 검도의 1세대에 해당하는 분들이다.

그 다음 1.5세대에 속하는 권용우 이석도(1930년생)선생은 한국을 대표하는 선수들이었다. 여기서 특기할 것은 변영수 . 김성근. 구준웅 세분들의 수련하던 일본 강도관의 유도 실력이다. 변영수 1세대 선생과 김성근(1952년생), 구준웅 1.5세대 선생은(1세대는 해방 후 최고 고단자 1.5세대는 1세대에게서 배우기 시작한 현재 60대 중반의 2세대 사이에 있는 현재 70대 중후반 세대를 편의상 1.5세대라 한다.) 별로 전문적인 지식은 없었으나 필자의 눈으로도 변영수 선생의 기술은 퍽 부드럽고 김성근 선생은 비슷한 연배 국내파 유도인 들과의 시합을 보면 부드럽고 깨끗한 기술로 승리하는 것을 여러 번 보면서 경탄했다.

그리고 앞서 말했듯이 구준웅 선생은 포항분으로 어느 장소에서 소뿔을 잡고 넘어뜨렸다는 전설을 가진 분이다.

특이한 것은 이 세 분이 한 결 같이 극히 유순한 분들이었다는 기억이다.

권용우 이석도 선생 등과 한 그룹이 될 수 있는 분이 안광록. 권수보.등 유도 명문 계성 중 고등의 감독과 역시 유도 명문 영남중고의 감독 황성길 선생 조금 뒤 팀을 맡은 대구농고를 유도 명문으로 끌어올린 서경득 선생이 1.5세대라 할 수 있다.

이렇듯 50년 중반의 유도는 번창하고 있을 때 대구는 경북고등이 검도부가 비록 아마츄어 성격이나 한국검도발전사에 최초의 시기에 해당하는 시기의 검도 부였다. 이 때 태권도는 여러 파의 도장이 난립하기 시작하고 예외 없이 전부 일본인들에게서 배운 태권도인들이었고 당시는 당수도라고 불렀다 그 당시 대구에 기억나는 도장은 무덕관, 청도관, 지도관, 창무관, 연무관, 등과 송무관, 충무관등이 있었다.

그 무렵 합기도는 대구의 최용술 선생이 사사로이 학생들을 몇몇 가르치기 시작할 무렵이었다.

이 때 태권도는 무덕관의 홍종수 지상섭 선생이 계셨고 지상섭 선생은 당시 소방관 신분으로 기억 되며 그런 연유로 대구소방서(일제시대 적산 건물로 기억됨)옥상에서 지도를 하시었고 작은키에 딱딱하고 엄한 지도를 해 주시던 분이다.

입문당시 그분의 일갈은 다음같다.

"야 이놈들아 우리들이 처음 입문할 때 50명이었어 첫날 무조건 힘을 다해 마끼라(새끼를 나무에 감아 놓고 격파 연습하던 나무대)를 50대치고 정권의 껍질이 벗겨져 속뼈가 허옇게 보여야 입문 시켰어"라고 하던 말이 용기를 주면서 당수도로 끌어들인 매력적 말로 기억된다.

일반 고등학교 학생들도 많았지만 지역 명문 경북고등 학생들이 다수 있었다.

합기도 역시 김무웅, 홍승길 등 같은 경북고등 학생들이 있었다.

출발 조건이 가장 유리했던 유도. 검도는 그 시기가 비슷했으나 유도는 일찌감치 올림픽에 채택되고 검도는 오히려 늦게 출발한 태권도가 세계적으로 보급되고 급기야 국기란 말을 들으면서 올림픽에 채택되는 앞지름을 당하고 있다.

합기도는 비록 체육회가맹은 안되었으나 그 보급수준을 어마어마하게 확산되었다.

여기서 무도사(武道史)적으로 두 가지 상황을 발견하게 된다.

그 하나는 일본이 침략하고 지나간 후에 남게 된 일본인들의 무술이었다는 숨길 수 없는 사실이다.

물론 우리무술이 건너가서 일본화 되었다는 사실은 별개 문제이다.

또 하나는 일본에 대한 반감을 이용하여 1세대. 1.5세대 그 세대도 못되는 연령대의 사람들이 근거 없는 무술을 우리 것이란 미명하에 무수히 난립해 있다는 사실이다. 더 더욱이 그것을 규제할 수 있는 당국의 기구가 없다는 사실은 그런 난립을 방치하는 현실이다.

○○무술 ○○술등 무술을 모르는 세인들이 혹 할 수밖에 없다.

더욱이 검도 또한 경력도 일천한 2세대도 못되는 3세대(40. 50대정도)들이 들고 나온 ○○검도 ○○검도등 검도의 역사를 제대로 알지도 못하는 사람들이 역시 전문상식이 없는 세인들을 현혹하고 있다.

일본의 도(刀)를 쓰고 있으면서 이것이야 말로 우리 검도이다 하고 외치는 무리들이 단급의 일본 문화를 그대로 쓰고 있으면서 우리 검도 우리 무술이라고들 하고 한 술 더 떠 생업수단으로 혈안이 되고 더더욱 외국에까지 보급하고 있는 것이 현실이다.

오히려 유도는 일본시합 용어를 그대로 사용하고 있으면서 자연스럽게 유지 되고 있으면서 유도 학교가 유도대학이 되고 유도대학이 용인대학이 되어 명문으로 발돋움하고 있음은 대단한 업적이다. 거기에 비해 검도 태권도는 유도의 용인대학 같은 업적은 없고 오히려 용인대학 속에 검도. 태권도가 보급의 젖줄을 쥐고 있다. 이쯤서 유도 검도태권도 합기도의 올바른 정돈을 하고 이외 유사 사이비 무술은 빠른 시간 내에 정부차원에서 정리해 주어야할 것이다. 옛날 일본의 동경고등사범학교의 가노오지고로(유도 창시자)가 교장으로 있던 학교에 유도 전문학교이면서 그 속에 검도대가 다까노 사사부로가 검도를 수업하고 있었던 사실은 용인대학에 검도, 태권도가 육성되고 있는 모습과 흡사하다.

다만 우리 것 우리 무술의 발굴과 실증적 검증 작업은 별개 문제이다.

검법의 가장 권위 있고 역사와 전통이 있는 조선세법이나 권법의 최고 전통의 용어를 쓰고 있는 수박(手搏)이나 누구나 부정할 수 없는 고유의 씨름만이 오직 현재까지 인식상 우리 것이 아니라고 할 수 없는 무술이라고 생각된다. 200여 년 전에 정리된 무예도보통지의 본국검 역시 검을 도로 사용하고 있는 점과 현대는 일본식 도(刀)를 들고 연무하는 모순을 지양하고 글자 그대로 본국검이니까 검(劍)을 쓰는 본 모습을 찾아야겠다. 검리(劍理)와 도리(刀理)를 과학적으로 분석해서 본국검의 본 모습과 전쟁용(戰爭用)도(刀)로 전이 시킨 무예도보통지의 본국검의 내력을 이해 하는 것이 검학(劍學)을 대하는 태도로써 순서이다.

각설하고 이 경북의 유도 발전은 대구 영남계성 대구농고 영신고등으로 이어지게 된다.

이때 2세대로써 명성을 날린 선수는 역시 영남고의 황성길 선생이 이끄는 박연태, 조현대, 김주현, 손보호, 박영환 등이었고 박연태가 제일 선배이고 조현대가 그 다음이고 김주현, 손보호, 박영환 등이 필자와는 동기에 해당하는 사람들이다 안광록선생이 이끄는 계

이같이 모한모서 연무 개근상장은 어떤 의미에서는 시합상장 보다 더 가치 있는 자료로서 남게 된다. 검도인의 단급을 사정하는데 이 이상 훈련내용을 증명할 만한 자료는 없다.

소위 모한연무 납회시합 시상식에서 상장을 받는 경부고등 동기로써 늘 부장을 맞았던 이희성 군(그는 당시 경북대학 농대학장 자제로써 후에 공군사관학교 체육관장을 역임하고 중령으로 예편되었다).

한국 최초의 전국체전 고등부 2연패우승의 기념사진. 필자의 뒷쪽이 전 대성그룹 김수근 회장님. 당시 경북검도회 회장 제일 뒤 오른쪽이 일년 후배 진원준 군(전 금성사 사장).

57년 부산원정 전국체전 출전직후 충무공 동상앞에서 기념사진

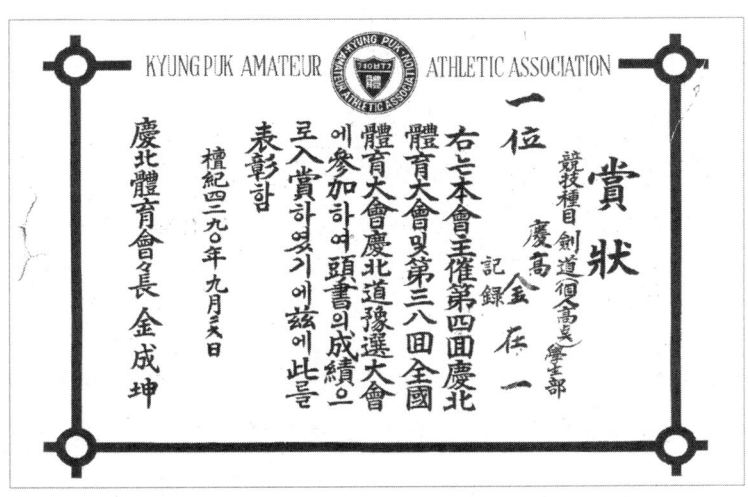

당시의 경북고등은 도내 시합이긴 하지만 A, B, C팀을 출전시켜 1, 2, 3위를 했다.
당시 고등부 경북의 일등은 거의 전국 일등과 동일한 수준이었다.

성고는 김인덕이라는 뛰어난 선수가 있었고 그 뒤 표재승, 정영진 등의 선수가 있었다.

　서경득 선생께 배운 윤창희, 윤중희 형제는 그 뒤 영남고와 대구농고로 진학해 이름을 날리고 현 경기대 교수로 재직중인 김성수 교수는 서경덕 선생 제자다. 윤복균, 윤수균 두형제는 영남고에서 이름 날린 실력자들이었다. 필자와 동문이며 동기인 정영남 군과 그의 아우 정영진 선수 역시 국가 대표급의 선수로 성장했다. 그 영남고의 김주현이 필자와 함께 경북유도학생대표로 대통령친람무도대회에 참가하게 된다.

　이 때 유도는 우승 욕심으로 김주현의 1년 선배인 조현대 선수를 투입하기로 정하였다. 조현대 선수는 당시에는 힘으로 당할 자가 없는 데 기술도 만만찮은 선수였으나 3월 26일 대통령생신 날과는 아슬아슬하게 고등학교 졸업하고 며칠이 지난 상태였다.

　아마 서울의 걸출한 선수 한호산 선수를 우려해서 조현대 장사를 출전시키려던 편법을 생각하다가 정상적으로 김주현 선수로 결정되었다고 생각된다. 김주현은 당시 체급의 구분이 없던 시절 경량급에 해당하면서 업어치기 기술의 특기를 가진 전국적 수준이었다. 역에 출영 나온 황성길선생이 "까짓거 밀어부쳐 괜찮아." 하시면서 김주현을 격려하던 기억이 새롭다.

　이렇게 해서 검도 일반에는 정태민 선생님의 2연패를 목표로 출전하시고 검도학생부는 필자가 선임되고 유도에는 이석도 선생 학생부는 김주현이 출전하게 되고 대구역은 검도 유도인 여러분이 나와 촬영하고 필자는 설레는 마음으로 서울행 열차에 몸을 실었다.

검
농
일
지

제 6 화

대통령 친람무도대회와
당시 시합 풍경

1957년 3월 25일 맑음

어제는 차중(車中)에서 시달렸다. 오늘은 푹 쉬어야겠다.

그러나 정태민 선생님과 신민호텔에 김수근(당시 경북 검도회 회장으로 최근에 작고하신 대성산업 창업주이시다) 회장을 뵈러 갔으나 계시지 않아 정 선생은 다른 볼 일보러 가시고 나만 이리저리 쏘다니다가 동화백화점가서 동생 홍이의 모자를 하나 샀다. 저녁 정 선생님과 함께 사과 한 궤짝을 싸서 들고 치안국장이시던 서정학 선생님 댁에 갔으나 계시지 않아 그냥 사과만 두고 왔다.

■

그때만 해도 서정학 선생님은 한참 우러러 봐야할 위치에 계신 대 선생님 이였다. 그처럼 좋은 위치에 계실 때 훌륭하게 받쳐줄 아랫사람이 없었던 것이 큰 불행이었다. 유도만 하더라도 자유당시절 반공청년단 단장 신도환 선생, 유도학교(현용인대) 설립자 이재황선생등 쟁쟁한 인물들이 오늘의 유도텃밭을 일구었다. 검도는 서정학 선생님을 제외하고 체육계의 거물 이종구 선생님이 계셨으나 아무도 그 분들을 받쳐 발전시킬 만한 큰 제목이 없었다.

1957년 3월 26일 맑음

이 대통령 탄신일이다 공중으로 무슨 포를 쏘니 가지가지 색실이 주르르 주르르 흐르고(꽃불놀이를 당시 일기장에는 이렇게 기록하고 있다.) 농악대회도 하고 행사는 자못 그를 듯했다 아침 6시반경에 식사하고 그대로 11시반경 시합장 중앙청으로 갔다. 우리가 제일 먼저 왔다. 시합장은 광장에서 유도는 다다미를 깔고 검도는 맨땅에서 운동화를 신고 시합했고 동군 서군 갈라서 가마니를 깔고 대기 시에는 그곳에 앉아 있다가 자기 차례에 출전하곤 했다. 이때 날씨는 몹시 추웠으나 선수들은 얇은 도복 차림으로 추위를 그냥 견뎌야 했다. 시합은 시작되었다. 일반부 결승전은 충북의 이교신선생과 경북의 정태민 선생이 결승전을 겨루었다 단연코 정태민 선생이 우승하시었다 나는 동군에서 우승을해서 서군 우승자 전북과 대전하게 되었다. 전북은 전승호선생(전맹호선생을 잘 못 알고 전승호선생이라고 잘 못 기재하고 있다 전영술이란 이름은 당시 기억 못하고 다만 전승호선생의 아들인 줄만 알았기 때문이다) 아들이 나왔기 때문에 심판이 사정을 두어 아깝게 2등을 했다.

또 하나 기억나는 것은 서울은 김영배 선생이 대표로 나왔다. 워낙 영리하고 요령있는 분이어서 정태민 선생님이 손목기술 전문임을 알고 자꾸만 오른손을 죽도에서 때곤 하면서 손목을 피했다. 그러자 정태민 선생님의 주특기인 한 손 찌름에 연달아 세 번이나 찔리는 장면이 기억난다. 필자는 통한의 2등을 이렇게 기록하고 있다.

■ 이 친람무도대회개최도 역시 서정학 선생의 공로였다.

한때는 이승만 박사가 검도는 일본것이라고 해서 기합을 넣지 말라고 하신 적이 있었다.

그로 인해 벙어리 시합을 한적도 있었다.

물론 이승만 박사가 친히 관람하는 경기장에서만의 일이었다.

한편 유도 시합을 옮겨보자 필자가 경북의 일반부 이석도 선수가 작년 우승기를 가지고 중앙청을 들어설 무렵 경무대 서장이 마침 지프차등 타고 들어오다가 낯익은 이석도 선수를 보자 "이사범 또 나왔어 이제 그만 나오지 그래 허허허" 하며 5연패를 노리고 출전한 이석도 선수에게 농담조로 그렇게 말했다. 이석도 선생을 보면 나는 이런 것을 느낀다. 좋은 선수는 실력도 있어야하고 운도 좋아야 한다. 이석도 선생은 실력도 있지만 운도 참 좋은 선수이다.(며칠 전 대구 갔다가 당시 서기로 근무하던 이양모씨로부터 이석도 선생의 작고 소식을 듣고 퍽 쓸쓸했다.)

그동안 4연패를 하는 동안 타 시도에서는 타도 이석도를 외치며 무수히 도전했으나 4년간 한번도 우승하지 못하고 이석도 선수가 찾이한 것이다. 그리고 오래 시합하다 보니 모두가 기술을 훤히 알고 있는 터여서. 당시만 하더라도 엉덩이는 뒤로 빼지 못하고 체급도 구분이 없었다.

서울의 김창수 선수와의 대전에서 김창수 선수가 거의 게임을 포기 하다시피 엉덩이를 빼고 시간을 끌어 비길려고만 애를 쓰자 이석도 선수는 몹시 짜증이 나서 시합중 "창수야 니 이칼래(너 이럴거냐)"라고 하던 소리를 기억한다.

결국 비겨서 추첨 승을 가리게 되었다. 추첨 표를 던지자 잽싸게 김창수 선수가 이석도 선수 앞의 쪽지를 잡고 이석도 선수는 천천히 남은 쪽지를 들고 펴 보이면서 손을 들어 승리 표시를 했다. 다시 충북의 김규하 선수와의 대전에서는 서로 기술을 알아 결국 비겨서 또 추첨 승부를 하게 되어 역시 이석도 선수가 승리했다. '두 번이나 추첨 승을 하는 모습은 참 운이 따르는 선수이다.'라고 생각했다. 그 다음 상대는 차례로 이겨 결국 5연패의 기록을 남기고 이듬해는 선배인 권용우 선생이 출전하게 된다.

이 얼마나 실력과 운을 함께 겸한 선수인가?

학생부 김주현을 보자. 작은 키의 김주현은 그 특기인 업어치기로 가볍게 결승에 진출했다. 결승은 훤칠한 키에 쭈욱 빠진 서울의 한호산 선수와 대결하게 되었다. 체급이 틀리는 데다 기술도 최고급 수준이라 악바리로 이름난 김주현도 한호산의 우세승으로 2등에 머물렀다. 그뒤 한호산은 서독 유도사범으로 진출하여 큰 성공을 하게 되고 김주현은 경북대 사대 체육과를 거쳐 전문 선수생활을 접고 대한통운에 입사한다.

그즈음 검도 유도시합의 풍속과 모습이 어떻 했으며 태권도의 당시 상황은 어떻게 했든가 짚어 보고 지나가자 당시 검도시합은 1인 심판에다 시간제한도 없고 제한된 경계선도 없었다. 죽도는 실전전투 검도라는 개념으로 3.6(3척6촌)의 진검 길이의 죽도를 사용했다. 힘으로 다리 걸어 넘어뜨리기 손으로 죽도 떨어뜨리기 등 살벌한 전투식이었다. 그리고 '상대가 머리를 쳐오는 것으로 착각하고 허리를 치다 상대의 손목공격이 훨씬 손목 위를 쳐도 "기회가 좋아"라는 말로 판정으로 해주는 경우가 더러 있었다.

일인심판의 권위는 절대적이었고 설혹 오심을 했다. 한들 절대 항의는 하지 않았고 오히려 심판의 실수가 있었구나 하는 피해자가 이해하는 분위기 였다. 당시의 시합 상황 사례를 몇 장면 소개 하면서 이즈음과는 엄청난 격세지감을 느끼게 된다.

사례 1. 심판 배성도 선생의 선수 갑과 을의 시합의 심판이었다.

갑이 허리를 치고 을이 갑의 손목을 쳤으나 기회는 좋았으나 팔뚝 훨씬 위에 맞게 되었다. 어쨌건 갑은 공격목표를 허리로 잡았으나 "을"은 정확히 갑의 손목 허점을 포착하고 공격한다는 것이 정확한 지점에 타격하지 못하고 팔뚝을 쳤다. 즉 정확한 판단은 하였으나 성공이 적중치 못했다는 결론이다.

그러나 심판은 을의 기회포착의 기능을 아깝게 생각하여 정확하지 않았으나 "기회 좋아"란 의미로 한 판 선취점을 인정하였다. 이런 상황에 우리는 주목할 필요가 있다. 두 사람이 팽팽히 맞선 시합으로 마치게 될 때 그 같은 상황은 득점은 하지 못했으나 기회포착의 우세성(優勢性)은 있는 것이다. 유도는 이를 경우 와자 아리(技有)란 득점의 기회가 있다.

현대 유도심판의 상당히 합리적제도 라고 생각한다. 현대 검도의 판정승 판별의 어려움이 있을때 이 와자 아리(技有)란 심판방법은 시도 해볼만하다. 다시 배성도 선생의 심판 얘기를 다시 하자 이때 팔뚝을 맞고 억울하다고 생각한 "갑"은 시합을 중지하고 심판 배성도 선생께 손목이 아니고 팔뚝을 맞았다고 한즉 "그럼 다시 시작해" 하고 먼저 손목을 취소하고 다시 게임이 속행되었다. 이 즈음은 상상도 못할 장면이다. 우선 선수아닌 선수 소속처의 비선수인 임원들이 강한 항의를 할 것이기 때문이다.

사례 2. 대구의 이용팔 선생과 김중교(당시 대구 형무소 형무관) 선생과의 시합이 있었다.

이용팔 선생은 칼이 참 반듯한 분이었다.(현재 이정수 사범의 부친이시다)

그러나 김중교 선생은 거칠고 전투적 스타일의 선수였다.

당시만 해도 발 거둠과 죽도를 떨어뜨리면 상박(相搏)으로 이어지던 시기였다.

발 거둠을 좋아하는 김중교 선생은 발 거둠으로 이용팔 선생을 쓰러뜨렸다.

오직 현대처럼 검으로써 승부를 걸고자 했던 이용팔 선생은 어이없다는 듯이 앉은 채로 "유도하나 뭐 하노?"라며 불평하는 사이에 머리를 한대 맞고 말았다.

사례 3. 코등이싸움 때 오른손으로 상대의 손잡이를 쳐 떨어뜨리고 공격하는 기술도 있었다.(주로 성남중고의 김응문 선생이 잘 쓰시던 기술)

사례 4. 충북 일반부 주장 김승태 선생은 유도 3단의 검도 선수였다.

그 김 선생의 발걸이에 모두 한 번씩은 다 넘어진 경험이 있을 정도로 발걸이 특기였다.

사례 5. 당시 단체전 5인조 경우 스코어가 앞에서 3:1로 승패가 끝났을 때 패한 팀의 주장은 거의 이기게 판정하는 경우가 다반사였다.

참 사리에 맞지 않는 분위기 위주의 판정이다. 현대검도가 스포츠화 하면서 단체전에서 예를 들어 3:1로 앞에서 끝난 시합을 구태여 나머지 승패와 관계없는 시합을 속행하는 것은 스포츠 룰로써는 의미가 없다. 그런 뜻에서 검도가 고전적이면서 단순히 스포츠가 아니라 무도라는 강한 메시지가 담겨있다. 왜냐하면 무인은 최후일인 까지 싸워 목숨을 전장에서 버린다는 무혼이 담겨 있다.

이것이 검도가 스포츠이면서 무도라는 큰 이유이다 스포츠인 아마추어 야구에서는 콜드게임이란 것이 있다. 이것은 앞에 게임이 실력차가 너무나서 일찍끝내 버린다는 의도이다. 그러나 프로는 그렇지 않다. 검도는 이미 끝난 시합은 끝까지 하는 스포츠 무도 중간에서 번민스런 문제를 안고 있을 뿐이다.

사례 6. 상대선수가 아주 어릴 경우 어리지 않은 상대 선수의 기량에 관계없이 어린선수의 기술을 표나게 부각시키면서 어린 선수에게 "승(勝)"을 안겨주는 사례가 있었다.

이 경우 관중은 어린 선수에게 동정심이가고 어린 선수가 어떻게든 큰 선수를 이기기를 바라는 일종 변태적 욕구가 관중들의 분위기를 조장한다. 이를 경우 어린 선수가 득점을 하면 관중을 열광하게 되고 심판의 그 관중의 무언의 요구에 끌려가게 마련이다.

사례 6의 경우가 바로 대통령 친람 무도대회 학생부 시합에서 벌어졌다.

당시 필자는 고3이었고 대개 다른 시도도 고3, 고2 정도였고 전북의 전영술 선수만 유일하게 중2였다.

어느 모로 보아도 게임이 되지 않았다 그러나 이승만 대통령도 어린 선수등장을 소개하는 서정학 선생의 설명을 듣고 기립하여 박수를 치는 분위기였다. 심판은 호익용선생이 맡으셨다. 여러 번 필자의 공격을 머리를 갸웃둥 갸우둥 하시다가 결국 전영술 선수에게 승을 선언했다. 이것이 최초의 학생 개인전 결과였다.

당시 당수도라고 했던 태권도는 이대통령 친람무도대회에는 시범정도였다. 그리고 당시의 태권도는 현재처럼 보호대를 착용하고 대련하는 형태가 아니고 그저 치는 시늉만 하는 수준의 게임이었고 주로 묘기는 격파였다. 그러나 이시절 당수도의 매력은 주로 격파실력이었고 아름다운 형(形-현재는 품세라고 한다)이었다.

1957년 3월26일 이승만 대통령 생신 기념친람무도대회 태권도 시범은 지금 기억으로 아마 청도관관장님이라고 기억된다.

붉은 벽돌 한 장 격파의 시범이었다. 격파를 시도하니 벽돌에는 "탱탱" 하는 금속성 소리가 울릴 정도로 딴딴했다 결국 깨뜨리지 못하고 그냥 물러섰다 그러나 관중의 박수는 우뢰소리 같았다. 그 시범자는 약한 벽돌 여러장을 깨어 관중을 속이기보다 진정 단단한 벽돌을 깨뜨려 양심적 자기 기량을 보이게 했기 때문이다. 이즈음 그 양심이 그리울 뿐이다.

검
농
일
지

제 7 화

해박한 검도 이론가
남파 남정보 선생

무도검도 특유의 서열에 대한 얘기를 잠시 하고 지나가자 왜냐하면 무도와 검도는 사회적 지위나 연령보다 우선하는 원칙이 있었기 때문이다.

한국 검도인의 입문시기를 기준해서 서열을 매긴다면 현재의 검도인 서열은 다시 재조정해야하지만 먼저 입문했다.

하더라도 수련 일자가 누가 많은가 하는 문제가 대두된다. 그리고 선수로써의 실적과 지도자로써의 실적 검도의 지식적 숙지 정도 등도 서열 배정의 기준이 될 수도 있을 것이다.

현재 60代를 기준해서 살펴본다면 우선 각 시도의 사정을 서로 모르기 때문에 가장 실증적 기준은 역시 전국체전 출전 시기를 기준 하는 것이 제일 합리적일 것이다. 여기에 검도를 좋아하는 여러 상황 중에 우리는 몇 가지를 발견하게 된다.

굉장히 열심히 하여 우수한 시합 기능을 가지는 검도인, 또는 해박한 검도지식을 구비한 사람등 여러 상황이 있는데 그 중 검도를 좋아하는 가족들의 일군이 있다.

그 대표적인 가족이 한국에서는 남정보선생과 그 아들 남승희 그 손자 남상화가 3대의 검도 가족이 있고 전북의 전승호 선생과 그 제씨(弟氏) 전맹호선생과 그 아들 전영술 전영태 전영조 가족도 국내 검도 가족으로써는 기록 될 만하다.

그러나 계속검도를 계속해온 가족으로써는 남정보 남승희 남상화 가족이 대표인 것이다.

지금은 대한 검도회에서 징계를 당하고 대한검도회를 떠났으나 남승희 형의 떠나기 이전의 얘기는 하고 가야겠다.

남승희형의 부친이신 남정보 선생은 일본최후의 10단 오아자유지(大麻勇次)범사의 제자이다.

이분은 필자가 마지막 본 일본의 10단 범사이기도 하다.

오아자 유지 선생의 얘기는 뒤로 미루고 남정보 선생의 얘기를 잠시 하기로 하자 그는 일본 명치대학을 나오고 드물게도 해방후에 몇분 안되는 일제시대 4단으로 우선 남정보선생의 대구 사회에서 희자한 일화를 옮겨본다. 역사적으로 보면 참으로 훌륭한 사람들이 한 시대 빛을 보지 못하고 사라지는 경우가 많다.

예를 하나들어 우리나라의 장군들 중에 115세 까지 싸운 고구려의 명림답부가 어느 정도 인지 소설 한편 나오지 않고 고구려의 국상 을파소가 삼국지의 제갈량 보다 십 수년 앞서 삼고 초려해서 명재상의 업적을 남긴 사실은 가볍게 알 뿐이지 소설한편 제대로 나온 것이 없다.

삼국지의 제갈량도 훌륭하지만 세상에 나오지 않은 사마휘(덕조) 같은 사람이 세상에 나왔더라면 그 또한 큰 재주를 보였을 것이다.

또 하나 이런 경우를 보자 우수한 기능자가 우수하지 못한 무리들의 집단에 의해 그 빛을 못보고 사장(死藏)되는 애석한 경우가 있다. 안데스 산의 한 고목은 수백년 간 만고풍상을 격고도 늠름하게 그 자태를 뽐내고 있었다고 한다.

그 풍상을 격고도 꿋꿋하게 살아있던 나무가 시름시름 시들어 가다가 급기야 그 나무는 죽게 되었다고 한다.

그 이유를 살펴보니 나무 밑둥치 속에 잔 벌레들 쓸쓸 파먹어 들어가는 것이 시간이 흘러 그 탄탄한 나무가 죽게 되듯이 큰 힘과 지식을 가진 거인도 이런 하잘것없는 무리들에게 꼼작없이 패할 수 있다는 메시지다 그러나 그것을 꼭 그런 시각에서만 볼 것이 아니다.

작은 무리들이 큰 인물 보다 못하다는 콤플렉스가 큰 인물이 큰 뜻을 못펴고 사회적 국가적 큰 업적을 못 남기게 해서는 안될 것이다. 작은 무리들의 시기로 큰 인재가 그 꿈을 펴지 못한다면 얼마나 애석한일인가? 우리주변에는 그런 일은 없는가? 현재 생존 70대 80대중, 일제시대 한 유명한 선생께서 정통 수업을 한 유단자는 한분도 없는 것으로 안다.

해방 14년 후 늦게 등장한 이사길 선생. 1959년 필자와 무려 30분 이상 싸운 기억이 새롭고 엄청난 실력자임을 알수 있었다. 몇몇 분의 선생님이 오래 계셔 주셨으면 하는 분들 중 남정보 선생님은 오래 계셨으나 그 기량지식이 빛을 보지 못 한분이 아닌가 생각된다.

그 남정보 선생의 일화 하나는 그의 젊은 시절 배짱과 기질을 엿보게 한다. 일제시대 당시 드물게도 학사 순경으로 그는 일본 명치대학을 졸업한 인테리로 대구 동성로 파출소에 근무하고 있었다. 마침 부장판사 한사람이 인근에서 테니스를 즐기다가 오는길에 파출소에 둘러 남정보 선생께 담배 한 갑을 좀 싸오라고 심부름을 시켰다. 당시 정서로는 부장판사 정도면 말단경찰에게 그런 정도 심부름이 가능한 시절이었다고 했다.

남정보 선생은 뻔히 알면서도 "당신 뭣하는 사람이야?" 하고 물었다. "나 부장판사야" 대개의 경우 그럴때는 "아! 그렇습니까?" 하고 고깝지만 고분고분 응하는 것이 대개의 경우다 "뭐야 부장판사의 소양을 가진 자가 공무에 임하고 있는 경찰에게 사사로운 담배 심부름을 시켜? 당신 관명사칭이야" 꼼짝없이 망신을 당하게 된 부장판사는 급한김에 그대로 냅다 도망을 쳤다 한다 이때 형사부장이 "남군! 남군! 부장판사 맞아"라고 알려주자 남정보 선생은 "알아 알아" 하면서 대구 중앙 국민 학교 까지 따라가 체포해서 대구서로 넘겼다. 이튿날 대구서장이 불러서 간즉 어제 그 부장판사가 대구서장 옆에 앉아 있었다.

"남군 이분이 누구신지 아는가?" 하고 대구서장이 물었다.

"예 어제 근무 중 이 사람이 나타나 부장판사라 하고 담배심부름 시키기에 부장판사 정도의 신분으로 공무에 임한 경찰에게 사사로운 심부름을 시키지 않을 것이다. 라는 판단 아래 잡아 본서로 넘긴 것입니다." 능청스런 남정보 선생의 말씀에 그 부장 판사는 "자네 참 좋은 부하 두었네." 하고 웃고 말았다는 얘기가 대구 사회에 오래 회자 되었다.

그런 배짱 그런 기질 그 해박한 검도 지식도 결국 크게 빛을 못보고 몇 안되는 일제시대 검도 4단 이면서 후배들이 다 앞질러 버렸다. 1957년 간행된 그의 저서 "검도교범"은 당시로써 명저(名著)였다. 그리고 그 자제되는 남승희형은 경북대학교 사범대학 체육과에는 100년에 한번 나기힘 든 인물이란 후배들의 말이 있다. 한 후배의 말을 인용하면 "승희형 농구하는걸 보면 어린 듯 취한 듯 본다."고 했다. 그는 스케이트, 농구, 수영, 럭비, 펜싱, 승마 못하는 것이 없었던 운동에는 만능 선수였다. 경북고 시절은 농구부 주장이었고 대학시절은 경북빙상의 기록을 내기도 했다. 펜싱국가 대표도 했다. 특히 그의 이력 중에 특이한 것은 전국 춤(dance)대회에서 2위를 할 정도로 춤 솜씨가 뛰어났다. 그가 하는 운동중에 가장 못하는 것이 아마 검도일 것이다.

어쨌건 현재 필자 세대에서 서열을 따진다면 남승희형이 최고 선배일 것이고 그 이후 펜싱등 다른 운동에 몰입한 나머지 검도가 조금 소홀했으나 그로 인해 선배인 남승희형이 승단에는 오히려 필자 보다 늦게 되었다.

1957년 2월 4일 월 맑음

입춘이다. 봄이 올테지 기다리던 봄! 내일은 전교생이 눈덮힌 앞산에 토끼사냥간단다…. 저녁때 대구 매일신문에 어제 시합한 빙상 대회 500m 경기에서 남승희 형 일등(1분F)의 기록하여 기뻤다.

■ 남승희 선생의 스포츠맨으로써 다른 면모를 보게 된다. 1957년 2월 10일 맑음 당수도장으로 향했다. 드디어 심사가 시작되었다. 처음 사고세-중단-몸보세-태극초단 이단까지 하고 잠시 후 삼본 대련 후 그리고 자유대련을 했다. 집으로 오는 길에 박영준 씨의 단편집 "자살미수" 싸와

서 우선 두 편 읽었다.

∎

짬짬이 태권도 수련도 열심히 했다.

1957년 2월 15일 금 맑음

학교서나 집에서나 시합 걱정이다. 선수멤버는 경북고 A팀 에는 주장-김재일, 중견-이인환, 선봉-전원준, B팀에 주장-이희성, 중견-이채형, 선봉-문선길, C팀에 주장-최정수, 중견-이충길, 선봉-황윤환 이고 대구공고 주장-배찬한, 중견-김두해, 선봉-박경조이고 박경조는 빌려줬다. 경북공고는 주장-유재정, 중견-김정식, 선봉-김효남 부고는 아직 알 수 없다. 경고가 A,B,C팀이 1,2,3위를 해야겠다.

1957년 2월 16일 토 맑음

날씨가 도리어 추워졌다. 학교방송으로 검도시합을 알리고 유종구, 김재수, 손호근 선생께 말씀드렸다. 강용덕 선생님과 오랫만에 연습했다. 내일 학생들 100명이 모일까? 이번시합에는 이순영 선생님의 부친이신 이선길 유도 대 선생님께서 우리 검도 시합을 위해 대구에 가장 큰 우승컵을 기증하셨다.

1957년 2월 26일 화 맑음

오후 도장에 가니 이순영 선생님이 좋은 소식이 라면서 한가지 뉴스를 전해주었다.

이 대통령 기념 친람무도 대회에 고등부 개인전이 있다고 했다.

1957년 3월 5일 맑음

도장에서 연습시합을 했다. 재정이 한테 2:1로 이기고 박범종에게 2:1 천삼수한테 1:2 재정과 박범종은 이겼는데 천삼수는 너무 얕잡아 봐서 졌다. 강용덕 선생이 매우 큰 꾸지람을 하였다.

■
> 박범종, 천삼수 씨는 당시의 서울의 김석순 유만복선생들과 교도관이었다.

1957년 3월 8일 금 흐림

엊 저녁부터 내리던 눈이 학교 갈 때까지 내렸다. 도장에 가서 강사범님과 세판 이 사범님과 서 사범님과 한판 윤병일씨와 한판 도합 6판을 했다. 근래 드문 맹연습을 했다.

1957년 3월 9일 구름

서울원정을 앞두고 맹연습을 하고 있다. 정(태민) 선생, 배(성도) 선생, 강(용덕) 선생, 서(갑득) 선생, 윤(병일) 선생과 5판 연습하여 손, 발이 껍질이다 벗겨지고 죽을 지경이다.

1957년 3월 28일 목 맑음

영화 "산적의 딸" 예고편을 보니 나와 배찬한의 창 싸움장면이 나왔다. 이무영 선생의 소설작법과 서정주 선생의 시창작 교실 2권을 1,050환에 사왔다.

> 검농일지

제 8 화
최초의 전국체전 학생부 경북고등 2연패

1957년 4월 16일 화 맑음

요즘 체육부장선거전이 치열하다. 운영위원장 선거가 있었다. 의외로 Y군이 낙선하고 B군이 당선되었다.

■

Y군은 초등학교서부터 줄곧 반장이었고 경북고등을 1등으로 입학한 수재요 준수한 용모는 초,중,고 시절 늘 상징적이고 대표적 인물이었으나 그 Y가 떨어지고 B군이 당선된 것은 큰 충격적 사건이었다. 그 이후 나는 어느 선거에도 제일 신망을 받는 1등이 당선 되지 않는 사례를 정치세계에서 가끔 발견하곤 한다. 즉 1등과 거리감이 있는 마지막 부류에 속하는 무리들은 1등을 인정은 하지만 거리가 더 가까운 2등을 뽑는다는 사실을 믿고 있다. 어느 분야도 1등이 끝까지 빛을 못보고 2등, 3등들 끼리 모여서 자기들 수준의 집단을 형성해 간다면 참 불행한 일일 것이다.

1957년 4월 27일 맑음

상무회에서 연습시합에서 서갑득 씨에게 맥도 못추고 졌다.

남정보 선생이 나오셨다.

> 서갑득 선생 그는 강용덕 선생 그늘에 가려 큰 빛을 못 보셨으나 전국대회에 가면 강용덕 선생 못지 않게 명시합으로 경북우승의 견인차 역할을 했다.

이때에 강용덕 선생이나 서갑득 선생은 다 같이 일본서 돌아오신 분이요 스승이 서로 틀리는 분들이다. 늘 서로 조심들 하는 분위기였다.

이상하게도 웬만하면 막말을 하시던 강용덕 선생이 서갑득 선생한테는 퍽 말조심하는 것을 보면 검도세계에서 기능수준을 존경하는 엄숙함은 참으로 놀라울 뿐이었다.

두 분은 평생 같이 연습하는 것을 본적이 없었다.

강용덕 선생 역시 정태민 선생이나 남정보 선생들과도 평생 연습하는 것을 보지 못했다.

물론 그 뒤 강용덕 선생이 정태민 선생에 이어 대통령친람무도대회 나갈 무렵 한두 번 자기 시합을 위해 연습한 정도이다.

이상하게도 스승이 틀리는 분들끼리 견제 비슷한 분위기가 있었고 특히 특이한 검도의 서갑득선생의 그 기술은 빠르고 확실하고 막고 치는 법이 퍽 다양하고 교과서적이었다.

1957년 4월 28일 일 맑음

아침을 든든히 먹고 당수심사장에 갔다.

네 번째 심사다. 자신 있게 했다.

1957년 5월 1일 수 맑음

김봉조 씨와 시합에서 졌다.

■

김봉조 선생은 작은키에 아주 바른 검도를 하시는 분으로 자제 김재룡 군은 필자의 중고등 후배이자 현재 계명대학병원 부원장으로 재직 중이면서 검도 4단이다.

1957년 5월 22일 수 맑음

체육시간에 신체검사가 있었다.

신장 176cm 앉은키 96cm 체중 67kg…

1957년 6월 1일 토 맑음

총검도 기초 연습을 했다.(지도 윤병일)

■

윤병일 선생은 일제시대 총검도 2단 이셨다. 가끔 서갑득 선생과 강용덕 선생과 연습을 하면 강용덕 선생은 곤혹스러워 하고 서갑득 선생은 요령껏 잘하시었다.

1957년 6월 2일 일 맑음

10시경 상무회가서 총검도 더 연습하고 왔다.

창작 "외할머니" 끝내다.

■

문학을 한답시고 열심히 글을 쓰던 시절이었다.

1957년 6월 4일 화 맑음

일찍이 상무에 갔더니 김영달 치안국 사범이 오셨다.

남정보, 이순영, 강용덕, 선생과 연습이 있은 후 김영달 선생 심판 하에 경찰 대 형무관 시합을 했다. 경찰팀이 이겼다. 김영달 선생은 허리를 잘 쳤다.

1957년 6월 29일 토 맑음

상무회에 가서 심사가 있었다.

내가 초단 대상이고 희성이 1급 원준이 3급 윤정길이 4급 등이었다.

- 여기서 윤정길군을 언급하지 않을 수 없었다.

당시 가장 수련자가 많은 경북고는 필자가 2학년때 모집한 1년 후배들과 3학년 때 모집한 2년 후배들이 있었다.

그 중에 기억에 나는 후배들이 윤정길 박경팔(전 삼성전자 사장) 도재승(전 외교관 그는 레바논에서 납치 당하기도 한다.) 송진선 현승일(전 국민대 총장, 국회의원) 허봉열(서울대 병원 가정 의학과 의사) 등등 많은 우수한 후배들이 있었다.

당시 학교 성적 배점에 특대생을 평균 90점 이상 85점 이상의 우등생으로 분류한 것으로 기억된다.

이때 현승일 허봉열은 특대생으로 기억되며 퍽 얌전하고 단정한 학생들로 기억되고 오래하지는 않았지만 2년 선배인 필자를 잘 따라주면서 열심히 했다 그러나 그 동기 중에 더 열성적이고 소질있는 사람이 바로 윤정길 이었다. 어느 정도인가 하면 기초를 다 마치고 호구를 처음 착용하던 날 도무지 기합을 넣지 않았다.

자세히 본 즉 꺼이꺼이 목이 메여 울음을 참고 있었다.

이유는 한대도 맞지 않아서 그랬다고 했다

이를 테면 첫날부터 필자에게 이겨 보겠다는 심산과 같다고 볼수 있다.

필자는 속으로 이정도면 큰 선수로 클수 있다는 기대를 가졌고 짧은 시간내 필자에게 가장 강한 라이벌로 성장했다.

1957년 7월 6일 토 맑음

상무에 갔다.

인환이와 시합해서 무승부였고 2단 신청자인 정태식, 김봉조씨를 가볍게 이겼다.

다음에 본은 3본까지 보았는데 역시 무난하였다.

14일 당수 심사이다.

좋은 성적 내어야지.

1957년 7월 8일 월 맑음

수업끝나고 상무회 갔더니 치안국장(서정학선생)은 20일경 내구(來邱)하신다 했고, 치안국장 내구(來邱)말씀 전하려고 이순영선생댁에 갔더니 옷을 갈아 입고 계셨다

이선생이 심사채점표를 보여주셨다.

초단 김재일 1급 이인환 배찬한 진원준 2급 이채형 박경조, 김광교

3급 윤정길 박경달 4급 김종국 구도일 신현국 도재승, 안경원 5급 이재근 채상차, 이종호 최정수 등 3급.

1957년 7월 11일 목 흐림
상무에 갔더니 호익용 검도 7단 대 선생께서와 계셨다.
내일 오후 1시경 서울 큰 방 상경 하신단다.

■

> 호익용 선생은 초기 고단자 중 최고 연장자이시며 평양출신이다. 남의 이종구, 북의 호익용이라고들 했다 한다.

1957년 7월 18일 목 맑음
조도규군이 교우지 "경맥" 한권을 기증해 주었다.
나의 작품 "황노인"이 경맥지에 개재 되어있었다.
내 작품이 인쇄화 되기는 처음이다.
집에 가서 어머께 보여드렸더니 크게 기뻐하셨다.

1957년 7월 22일 월 맑음
단 중 값 지불하고 초단 단증 찾아왔다.

1957년 7월 24일 수 맑음
처음으로 형무소제 검은 호구를 입고 연습했다.

■

> 당시 대나무로 엮은 일인들이 남긴 호구 아니면 조금 나은 가죽호구 정도였다. 그리고 검은 호구는 유단자들이 착용하는 정도라 처음 호구를 입

으니 참 기분이 우쭐한 정도였다.

1957년 8월 5일 수 맑음
오늘은 내가 좋아하는 작가 모오팟상의 탄생일이다.

1957년 8월 17일 일 맑음
김이석 씨의 "실비명" 읽다, "흉가의 딸", "공상직후" 등을 집필하다.

1957년 8월 9일 화 맑음
뜻밖에 저녁 때 삼성할머니가 이효상(한솔) 아저씨와 함께 오셨다. 이효상 아저씨는 8.15행사로 문학의 밤에 "현대시의 방향"을 강연한다고 가시었다.

할머니는 집에서 주무시게 됐다. 저녁에 우연히 좀도둑을 잡아 용욱이 하고 되게 족치니 우산 훔치어 왔다고 했다.

■

이효상(전국회의장) 씨는 우리 할머니 친 여동생의 아들이다.

1957년 8월 20일 수 맑음
검도장에 서양검술 펜싱 강습회가 있었다.

정(태민)선생께서 검도 부 전원 배우라 해서 3일간 수강비 천환을 내고 배우기로 했다.

찬한이 원준이 승희형등 모두 배운다. 열심히 해야지….

일본서 온 재일교포 학생 야구단을 따라온 최수운(제일교포체육회장 최수인 씨의 형)씨가 서울고교생, 동국대, 고려대, 연세대 등 학생들을 데리고 와서 우리를 가르쳤다.

내일은 12시부터 연습이고 검도는 오후 4시부터 특별 연무기간으로 10월 15일 전국대회에 대미하기 위한 연습이라 했다.

삼성할머니는 가셨다.

■

삼성(경북 경산 아래 마을 지명)은 이효상씨의 형님이 과수원을 하시기 때문에 이모 할머니가 계산성당을 가시느라고 가까운 우리집에 오셔서 주무시고 가면 당시 경북대 문리대 학장이시던 이효상 아저씨가 학교 짚차로 모셔가곤 했다.

■

그 시절 서양 영화 "쾌걸조로", "흑기사" 등 인기 있는 서양 펜싱영화로 인해 참으로 선망되던 종목이 펜싱이었다.

1957년 8월 22일 수 맑음

펜싱 지도 장면

1시까지 상무회가서 펜싱 마지막 수강을 받고 왔다.

펜싱지도 하시던 분들은 모두 서울로 갔다.

■

당시 고려대 4학생으로 우리를 가르쳤던 김영환 씨는 그 후 친구 이원선 군의 매형이 되고 제자 정훈덕군과는 동서지간이 되었다.
현재 고려대 김영환배 펜싱 꿈나무 대회가 11회째 계속되고 있다고 한다.

1957년 9월 10일 화

처음으로 미쓰주와 펜싱을 하다 새벽 6시부터 1시간동안 가르쳤다.

■

미쓰주는 당시 명문k여고 2학년으로 영화배우 마리나부리디(당시 최고 인기 외국여배우)란 별명을 가진 여학생이었다.

1957년 9월 26일 목

드디어 경북 체육대회 검도대회의 날이 왔다.

중화원에서 자장면 볶음밥등으로 선수들 식사 시켰다.

학생 개인고전 시합에 엉뚱하게 부속고등 최석진이 4명을 이겼다.

원준이가 인환이 채형이 이기고 찬한이가 이희성에게 지고 이희성이 유재정이 한테 지고 내가 재정 희성 찬한 인환을 이겨 개인전 1위 일반부는 서갑득씨가 1위이고 단체전 경고대부고 5:0 경고 경고 대경공 3:2 부고:경공 3:2

1957년 10월 17일

저녁 서울회관에서 일반 및 학생선수들과 저녁 식사를 했다.
그리고 나와 재정이 경조 셋이서 역구내 파출소에 호구 맡겼다.

1957년 10월 18일

오늘 제 38회 부산 전국체전 가는 날!
새벽에 원준이 집에서 원준이와 함께 식사하고 역에 갔다.
총무 신(성) 선생님은 벌써와 계셨다.
겨우 차표를 싸서 차에 올랐다.

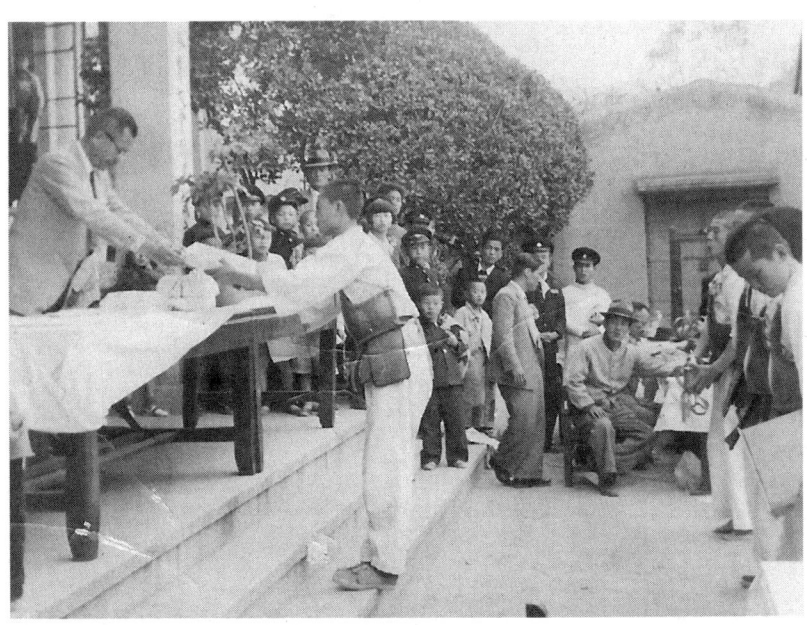

제38회 전국체전 고등부 우승 2연패 시상식 장면.
시상하시는 분이 호익용 선생, 제일 오른쪽 상장을 든 필자와 컵을 시상받고 있는 유재정 군.

유종구(영어선생님이었으나 검도담당교사였음) 선생님과 이화영(체육선생님) 양 선생님도 같은 차에 타고 갔다.

1957년 10월 19일

드디어 시합날짜 아침식사하고 호구를 착용하고 시합장인 도청광장으로 향했다.(이때 마당에서 시합했다) 벌써 모든 선수들이 와 있었다 특히 전북 꼬마가 내 눈에 띄었다.

식이 있은후 시합이 벌어졌다.

처음 경북대 서울은 부장 원준이만 패하고 4:1로 쾌승하고 다음 경남 역시 원준이만 패하고 4:1 충북과는 원준 인환이 패하고 주장전서 백열전이 벌여져 이종구 선생의 심판으로 겨우 이겼다.

다음 전남과는 재정이 원준이 지고 3:2로 쾌승, 다음 전북은 3:2로 이겼다. 난 결국 아슬아슬하게 경북이 우승했다.

■ 마당 시합으로 고등 일반 동시 우승했다.

결승에서 고등부 일반부 양 코드에서 진행되었다.

고등부가 경북대 충북이 결승이었고 2:2로 경북주장인 필자와 충북주장 오세억과 주장전이었다.

이때 손목을 하나 필자가 먼저 뺏기고 이어 필자가 2판을 따서 우승했다.

이때 일반부도 결승서 2:2로 주장을 띈 서갑득 선생이 고등부 필자와 그의 동시에 득점하여 학생, 일반 동시 우승의 감격을 누렸다.

처음 부산 시합을 내려와서 각종 기념사진 같이 촬영하신 분이 당시 총무이사를 맡으셨던 신성 선생. 신성 선생은 일찌기 명문 평양고보를 나오시고 해박한 검도지식을 강의 하시던 분이시다. 수파리라는 말을 처음 듣게 해 주신 분이시다. 부산 상무관 앞에서 기념사진.

1957년 10월 20일 일

아침에 일반부는 떠나고 우리는 오후에 떠나기로 했다.

부산시내 싫것 구경하고 도청에 펜싱 모범게임이 있었다.

희성 5:0패하고, 원준이 4:1패하고 영일이 4:1패하고 영환형과 여자와 해서 이기고 경북의 패로 막을 내렸다.

1957년 10월 27일 일

아침에 주와 펜싱을 했다.

진초록 윗옷에 그는 참 눈부셨다.

오후에 용욱 봉환 길상 정부 승록등 여러 친구들에게 펜싱을 가르치고 부산 원정 때 사진을 찾았다.

1957년 38회 전국체전 선수명단
임 원 장 : 이익흥
부임원장 : 서정학, 호익용, 이종구
임　　원 : 전승호, 도호문, 김영달, 정동섭, 정태민, 신응균, 조의영, 남정보, 황우혁, 변정욱, 배성도, 김영배, 박종규, 김기성, 김용이, 최영인, 이교신, 유 훈, 한기익

- 서울
  감독 박종규, 주장 3단 조승용, 부장 2단 김석춘, 중견 2단 송성식, 2위 초단 유만복.
- 충북
  감독 김창성, 주무 이교신.
  선수 : 주장 김승업, 부장 박광성, 중견 이상춘, 2위 손병규, 선봉 장

인철, 후보 홍순각.
- 경북

  감독 정태민.

  선수:주장 3단 서갑덕, 부장 2단 윤병일, 중견 2단 오상훈, 2위 초단 조완구, 선봉 초단 김성안, 후보 초단 천삼수.
- 경남

  감독 김대운.

  선수:주장 3단 김인식, 부장 3단 김하익, 중견 장경용, 2위 남두식, 선봉 장선희, 후보 유기순.
- 전남

  감독 전승호, 주무 전맹호.

  선수:주장 3단 염완수, 부장 2단 문동원, 중견 2단 김화원, 2위 나동근, 선봉 정영모, 후보 김주현.
- 경기

  감독 김한규, 주무 황우혁, 코치 서정석.

  선수:주장 김복남, 부장 전동욱, 중견 이준우, 2위 이동화, 선봉 박기남, 후보 박호윤.

- 서울(경성고)

  선수:주장 김신길, 부장 염경수, 중견 김부호, 2위 한장식, 선봉 강우길, 후보 박명식.
- 경북(경북고)

  선수:주장 김재일, 부장 이희성, 중견 이인환, 2위 진원준, 선봉 배찬한, 후보 유재강.
- 전남(광주상고)

  선수:주장 김승재, 부장 박봉남, 중견 조인환, 2위 김영택, 선봉 김용호, 후보 김경수.

- 경남

  선수:주장 박완서, 부장 김오만, 중견 박원석, 2위 김상한, 선봉 박일성, 후보 김문웅.

- 전북(전주상고)

  감독 배중석, 주무 홍기삼.

  선수:주장 문장수, 부장 이희택, 중견 안길수, 2위 박원일, 선봉 김건성.

- 충북

  감독 임병인.

  선수:주장 오세억, 부장 오세철, 중견 함태식, 2위 박상호, 선봉 오방사, 후보 김재현.

검농일지

4

58년도

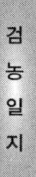

제 9 화
펜싱 입문기

1958년 1월 6일 월 맑음

날씨가 굉장히 따뜻했다.

오전에 영환형 집을 찾으려고 분주히 원준이와 경교와 돌아 다녔으나 허탕치고…. 며칠 만에 처음으로 검도 연습을 했다.

저녁에 경교는 우리 집에서 저녁 먹고 나하고 광고 붙이러 갔다(펜싱광고).

■

그때부터 필자는 무엇이든 조직을 잘 만드는 습성이 있었다.

지금 생각해도 가당치 않은 일들을 한 것 같다. 일천한 펜싱경력으로 더욱이 고등학생을 몸으로 도장을 차려서 관원모집하다치고 광고를 붙이러 다닌 것이다. 그것도 이천교의 부근의 태권도도장을 양해를 얻어서 비는 시간에 펜싱을 짬짬이 가르쳤다.

1958년 1월 10일 금 맑음

아침 도장가니 영환형 와 있었다. 반가워했다.
오후에 검도장엔 안 갔다.
영환형은 고려대 출신 펜싱 사범이었다.

3월 11일 화 맑음

죽도 공장에 가니 죽도가 없어 그냥 왔다.
약방에 와 있으니 형사들이 와서 대통령친람 무도대회 출전 관계로 신원조사 나왔다.

1월 14일 화 흐림

아침 펜싱 연습하다.

1월 15일

아침 펜싱 연습하다
오후 강 사범님이 내 기술은 하나로 쓸 것이 없다고 했다.

■

평생에 단 한 번도 필자를 칭찬한 적이 없는 강용덕 선생이시다.
지금도 그분의 기술은 가히 불세출이라 할수 있는 분이다.
가냘프고 그렇게 큰 키도 아니면서 막는 것이 없었다.
뒤에 다시 이야기 하겠지만 최초의 국제 시합 때 최초로 일본선수를 이기신 분이다.
얼마전 은퇴한 일본의 무도대학장 오가겐지로씨가 바로 그 상대이며 호기 차게 2:0으로 이기신 분이다.

1월 16일 목 맑음

오전 펜싱 연습하다.

1958년 1월 14일 화 흐림

아침 펜싱하러 가니 아무도 없고 경교만 있었다.
잠시 후 영남고 학생과 오랜만에 진원이 나타났다.
경교와 운동하고 헤어졌다 정태민 선생님이 내년 시합 걱정하셨다.
오후 상무회가서 운동하고 목검 견본하나 서갑득 씨 전했다.

1958년 1월 15일 수 맑았다 흐림

펜싱하러 가니 경교 C. 계성 1명 왔다.
경상형은 모레 온다고 했다.
오후 강사범 님은 내 기술은 하나도 쓸게 없다고 했다.

1958년 2월 17일 월 맑음

… 상무회가니 오늘은 휴무라 했다.
경팔이가 말이 불순하다고 유도의 신선생 아들 B군과 이서기가 구타해서 경팔이가 머리가 터지고 해서 몹시 불쾌했다.

■

박경팔군은 초등학교 고등학교 2년 후배로 연습에 비해 시합을 곧잘 했다. 바로 2년 후배 윤정길 군이 그렇게 강해도 경팔군에게는 늘 이기지 못하는 천적이었다.
성질이 유순하나 심성이 곧으며 성실한 박경팔 후배는 후에 삼성전자 사장이 된다. 그가 전무로 발탁될 때 이병철 삼성 창업주는 몇 번이나 다른 사람을 제쳐 두고 결국 박경팔 후배를 전무로 결재 했다고 한다.

후일담이지만 이병철 회장이 "내 자네 때문에 여러 차례 다른 사람 제쳐 두고 자네를 결재하느라 애를 먹었어."란 말이 있을 만큼 신임을 받았고 그는 그런 인물이었다. 이즈음 퇴직하고도 고문의 위치에 있으면서 국민대학 강의까지 나간다.
한 때는 경기도 검도회 부회장도 역임했고 검도 5단이다.

1958년 2월 22일 맑음

··· 아버지는 최히송 선생께 가시고 어머니는 외가에 가셨다.
나는 약방에 갔다.

■

그즈음 주로 나는 집에서 가까운 약방(즉 선친이 경영하시는 고려제약사)에서 잠을 자고 아침에 집에 가서 식사하고 학교로 가는 그런 생활을 오래전부터 해오고 있었다. 그리고 선친은 대인 교제가 퍽 고급스러워 당시 경북지사를 역임 하셨던 최히송선생과 교분을 맺고 계시었다.
가끔 집에 오시면 어머님이 이불을 깨끗이 꾸며 주무시고 가시도록 정성을 다하고 집에서 어머님의 정갈스런 아침 식사를 선친과 겸상을 해서 드시는 일들이 기억난다.
이승만 독재 정권이 기승을 부리던 무렵 야당 분들과 교재 하시던 모습은 불의를 무척 싫어하시는 선친의 생리인 듯 했다.

1958년 3월 3일

··· 서울 가셨던 정태민 선생님이 내려 오셨다.
정 선생님은 금년도 대통령 친람 무도대회 다시 한 번 더 출전하라고 하시었다.

■

정태민 선생님처럼 승부욕이 강한 분도 없었다.
물론 부산의 도호문 선생, 충북의 이교신 선생들도 승부욕이 강하신 분이셨으나 선수 훈련과 기용에는 정태민 선생님이 앞서신다.
그 증거로 최초의 학생대회 2연패에 일반부 7연패의 대기록은 총지휘하신 정태민선생의 탈월한 지도력이요 당신 자신이 2회나 대통령 친람무도대회를 우승하신 분이시다.
이어 강용덕 선생께 바톤을 이어 주시고 강용덕 선생까지 우승하시게 했다. 거구 이순영 선생이나 서갑득 선생도 계시지만 굳이 강용덕 선생을 투입하신 것이다.

필자는 고등학교를 이미 졸업하고 대학 진학을 해야 될 과도기적 시기에 열리는 대통령 친람무도대회에 한 번 더 출전하라는 지시는 엄밀히 말하면 위법 이였으나 당시로써는 가능한 분위기였다. 그 만큼 우승에 집착이 강하신 분이였다.

이 무렵 나는 학업보다 얼마나 깊이 검도에 빠져있었는지 공부와 검도 두 갈래길 에서 검도인생 쪽으로 비중을 더 두게 되었다.

마침 당시 대구대학 체육부장인 박성재형이 당시로써는 최초의 스카웃에 해당되는 체육특기자 형식으로 입학을 타진해왔다.

당시 대구대학(현 영남대)은 이우창학장님으로 체육과 주임교수는 송희원 교수였다.

막강한 유도팀을 보유한 대구대학은 검도로 눈길을 돌린 것이다.

그 후 박성재형은 미국으로 일찍이 진출하여 현제 고명한 체육박사로 인디아나 ○○대학에서 오래 교수직에 있었다.

작은 키에 퍽 친화적이고 리더쉽이 강한 분으로 필자를 경상학부 경제과에 적을 두게 하고 운동에 전념 할 수 있는 분위기에 밀어 넣어 주었다. 이때 유도는 남이진형(작고) 그 뒤로 박연태(작고) 윤상진 김학섭 등 쟁쟁한 멤버들이 전국대회를 휩쓸었고 고등학교때 이름 날리던, 조현대, 김주현, 손보호 등등은 경북대학 사범대 체육과로 입학하여 대구사회 대학유도는 팽팽히 두개 산맥으로 분류되게 되고 결국 경북대는 비전문 선수 쪽이고 대구에는 전문 선수 쪽 이었다. 그런 분위기 속에 유일한 검도 특기자인 셈이다. 특기자니까 그저 적을 두고 운동만 전념하는 꼴이 되어 내 생애 가장 열심히 운동하고 기량이 발전하던 시기가 아마 1958년 59년 두해인 것 같다.

1958년 3월 10일 월 맑음
종일 집에 죽도를 고치고 오후에야 상무회로 갔다.
강용덕 사범님이 내일 자기 죽도하나 사오라 하셨다.

■

> 당시 죽도는 수창초등학교 뒷골목의 국수 공장하는 분이 일제 시대 죽도 기술자였던 관계로 그곳에서 소량 생산하고 있었다. 우리는 그곳에서만 죽도구입이 가능했다. 참으로 어려운 시기였다.

우리는 그곳에서만 죽도구입이 가능했다. 참으로 어려운 시기였다.

1958년 3월 11일 맑음
집에 가니 형사 두 사람이 와서 대통령 친람무도 대회 출전자로 경무대 출입을 하게 되는 관계로 신원조회를 왔다.

1958년 3월 12일 수 맑음
날이 한창 화창하여 춘색은 천지에 가득하고 일지춘심은 내 가슴에 벅차더니라.

〈오고야 마는 봄을 겨우내 기다렸네〉

죽도 집에 가니 2일 후에 오라 했다.
상무회 갔다. 운동 컨디션이 좋지 않았다.

■

당시만 해도 죽도는 주문 후에 며칠 있다가 찾아오곤 했다.
이즈음 같이 풍족한 장비가 어디 있었을까?

1958영 3월 22일 토 맑음

정태민 선생님과 학생검도회장(김계수)께 인사가서 5,000환 출전 격려금 받아 왔다.

■

당시 경북만 학생검도회가 결성 되어 있었고 회장 김계수 선생의 자제 김대용은 고등학교 동기였다.

1958년 3월 23일 일 맑음

복지다방에 가니 강 사범님(강용덕)과 유도 안광록 선생과 계성고등 유도 선수 김인덕 군이 와 있었다. 강 사범님과 유도의 이석도 사범님은 함께 경찰 국장에게 인사갔다.

■

검도는 정태민 선생님이 1956. 57년 2연패를 하시고 후계자를 강용덕 선생을 지명 하시었다. 강용덕선생의 윗 서열에 계신 분이 이순영 선생이다. 이순영 선생님은 누차 소개하지만 당시에 전원이 말단 경찰관들이 사범 아니면 지도층에 있을 때 유일하게 서울공대출신이요 명문거족이라 할 만한 특이한 가문이 출신 배경이다 그 일화를 소개하면 강원도 집이 창경원보다 못지않았다고 하는 정도인 즉 가히 그 분위기를 알 수 있다.
그리고 증조모가 카나다 분으로 증조부가 강원도 지사였다는 얘기를 듣고 있다.
그 후 증조모의 유산이 어마어마한 수준이어서 구체적 내용은 알 수 없으나 박정희 대통령이 친서를 보내서 그 유산을 찾는 작업을 함께 하자는 제의가 있었다. 카나다 국가를 상대로 진행해야 될 그런 성격의 사안이 더 작업의 진전을 보지 못했다. 구체적 상황은 알 수 없으며 그 정도로 얘기가 나올 정도로 이순영선생은 호부한 집안에서 자라 좋은 학벌에다 1m 90cm의 거구이면서 쪽 곧은 치아와 서구적 용모는 배우 **뺨치**는 미남이었다.
그 부친이신 이선길 선생님은 전 일본유도선수권대회 3회나 우승하신 유도계 거인이셨다.
또한 자존심이 강하시어 체신을 잃는 일이 전혀 없었다.
그러면서 중후한 인품과 외유내강한 성품은 부드러우면서도 범접하기 힘든 그런 인격자였다.
무언가 시합장에서 승리를 위해 다투기에는 어울리지 않는 분이었다.
정태민 선생은 이순영 선생을 퍽 좋아 하면서 선수로써는 강용덕 선생을 지목하시었다.
경남에는 도호문 선생이 은퇴하면서 김인식 선생을 출전시키고 충북의 이교신 선생은 다시 우승 쟁취를 위해 또 출전한다는 것이었다.
유도는 4연패 이석도 선생이 출전하고 학생부는 계성고의 김인덕 군이 출전하게 되었다
작년 서울의 한호산에 밀려 2위를 한 경북은 상한 자존심을 회복해야 하는 분위기 속에 제1순위 지목자 영남고의 최병길을 누르고 김인덕이 우승해 경북학생 대표로 선발 되었다.

검농일지

제 10 화

대통령 친람무도대회
경북유도 싹 슬이 우승

1958 3월 24일

오전 9시 8분 정각 출발이었다.

경교가 와서 같이 아침 먹고 역으로 갔다. 역에는 아는 이라고는 아무도 나와 있지 않았다. 섭섭했다. 차에 몸을 싣고 일로 서울로······.

차중시간은 참으로 지루했다.

시합 후 인덕군은 강적 영남고의 채병길을 이긴 소감을 필자에게 이렇게 말했다.

채병길 선수가 잘 쓰는 허리튀기를 하지 않고 받 다리 기술을 구사하는 것이 아닌가? "이것봐라 한 번만 더 들어와 봐라" 하고 기다리던 중 다시 자기 특기가 아닌 받 다리를 걸어 오자 그대로 되치기로 한판 이기게 된 것이다.

점심은 런치 한 그릇에 800환 인덕. 경교 셋이서 2,400환어치 먹었다.

서울도착은 2시 40분에 도착이었다. 역 부근 봉황여관에 숙소를 정했다. 내리던 때부터 흐리던 날씨가 밤이 되어서는 구진비를 뿌리고 있었다.

■

김인덕군의 대구 계성고등출신으로 필자 보다는 한 학년 아래였다. 서경교군은 필자보다 늦게 검도에 입문한 굉장한 열성파였다. 그는 고등학교 시절에 경북도내 미술전람회에서 2등을 한 S고등학생으로 학년은 필자와는 동기로 처음은 필자에게 우대하고 필자는 하대를 하다가 친구가 된 사이였다 너무나 영리하고 슬기로워 필자에게 큰 도움을 주는 존재였다. 이 후 그는 고급호텔전무로 26세의 나이로 경북체육회이사로 선임되기도 했다. 그리고 태국으로 진출하여 크게 사업을 하다가 최근은 상황을 가늠하기 힘들게 되어 소식이 없는 상태다.

1958년 3월 25일 화 구름

함께 시합관람차온 경교군과 같이 자기 형 집을 찾아 갔다 오니 밤이었다. 시합은 동군 서군으로 갈라서 동군은 경북, 충남, 경남, 서울이고 서군은 전북, 충북, 강원, 전남이었다.

1958년 3월 26일 수 맑음

때 마침 날씨가 청명해서 좋았다.

슬립퍼 사고 편지 부치고 오니 다른 선수들은 다 경무대로 출발한 후였다. 경교와 같이 부랴부랴 택시를 잡아도 승차를 거부 하였다. 겨우 시발택시를 잡아 타고 경무대까지 700환을 주고 갔다. 식은 이미 시작되었다. 이윽고 시합도 시작 되고 내가 먼저 경남과 붙게 되었다. 2:1로 이겼다. 시합 중 대통령과 후란체스카 여사와 양자 이강석이 입장했다.

다시 나와 서울 그리고 충남과의 대전에서 결승에 진출하고 또 작년처럼 전북 꼬마가 서군에서 올라왔다. 또 작년 똑같은 상황에서 준우승에 그쳤다. 강용덕 사범님이 결승에서 이교신 사범님께 지고 유도부는 학생(김인덕) 일반(이석도) 다 우승했다.

■

김인덕선수는 거의 경쾌한 한판으로 우승했다. 이 때 이승만 대통령이 일본의 냄새가 난다는 이유로 기합을 넣지 못하게 해서 벙어리 시합을 하게 되었다 오래 잊지 못할 상황의 시합이었다. 결승전에 앞서 이교신 선생이 넌지시 강용덕 선생께 건네던 말씀이 지금도 흥미롭다.
"강장군! 금년한 해 양보 해 주소"라고 하자 강용덕 선생은 허허 웃고만 계시었다.
이 시합 후 9년 후 성년이 되어 국가대표선발전에 다시 전영술 사범과 시합하게 된다.
그때 C조에서 전영술과 마주쳐 C조 우승으로 필자가 국가대표로 발탁되었다. 성인이 되어 첫 시합을 했던 것이다.

■

이렇게 해서 다음해는 필자의 후배에게 우승의 짐을 넘기게 된다.

1958년 3월 27일 수 맑음
오전 11시 차로 대구로 향했다…….

1958년 4월 1일 화 맑음
…… 자유극장 "추적자" 서부 영화 관람했다. 뉴스에 나의 검도시합장면이 나와 감개무량했다….

■
당시 영화 시작 전에 리버티뉴스라 해서 지난주의 각종 뉴스를 상영해 주었다.

1958년 4월 3일 목 맑음
… 윤식군집에 가니 자기 집 창고를 펜싱도장으로 사용하라 했다….

1958년 4월 4일 금 맑음
… 도장에 갔더니 인환이등 많이 나왔다.

1958년 4월 10일 목 맑음
… 오후 상무회에 가서 배성도 선생님과 힘찬 운동을 하고……. 정태민 선생님이 신도환 선생 선거 사무소 둘러 좀 도와 드리라고 했다.

1958년 4월 28일 월 맑음
도장에 가니 능인중고등. 부속고등. 경북고등 신입회원들이 집단으로 몰려 왔다.

■
이 때 나는 고등학교를 졸업하고 대구대학 경상학부 경제과에 적을 두고 있어 바로 아래 진원준 군이 신입생을 모아 온 것이다. 이 무렵 시작한 사람이 서용석(능인고등)으로 참으로 열심히 했으나 중도에서 하차한 것이 아쉽다.

1958년 4월 3일 수 맑음

찬한이 회비 400환 받아 가지고 상무회에 갖다 주었다.

■

배찬한군은 당시 대구공고 재학 중으로 경북의 필자 또래의 검도 입문서 열을 보면 필자의 동기 153명이 모인 이 후 유재정 군에 이어 배찬한 군이 되고 1959년 3월 정문화 군이 입문하고 8월에 최광길 사범이 입문하게 되다. 최초의 경북고등의 창단 이어 대구공고 경북공고 순이 되는데 경북공고의 유재정 군의 면 후배가 남병엄(원명 남병성, 작고)군이 된다. 유재정 군도 참 재치있는 시합을 했으나 다이나믹한 공격력은 없었다. 아까운 선수라 할 만하다. 배찬한 군은 오래 계속 했으나 일찍 요절했다. 그리운 친구들이다.

1958년 5월 2일 금 맑음

민족의 대수난기를 겪는 오늘 날 한국의 국민들이 갈망하는 인물이 혜성처럼 군림하는 날이다 일대 역사적 시간으로 꾸며지는 이 하루는 바로 제4대 민의원선거일이다.

1958년 5월 4일 일 맑음

선거 결과는 갑구는 신도환씨 당선 차점 서동진씨 을구는 이병하씨 당선 서상일씨 차점. 병구는 미완료. 정구는 조재천씨 당선 주덕근씨 차점, 무구는 조일환씨 당선, 배정원씨 차점 기구는 개표 미완료.

■

유도인 신도환씨가 정계 입문했다는 것은 체육인들에게 큰 용기를 심는 계기가 되기도 했다. 대구사회에서 최영호 선생이 신도환 씨를 가르치고 또한 오영모씨가 최 선생의 제자로 다 같이 계성학교를 졸업했다. 대구고보(경북고등)출신 최영호 선생이 계성학교에 근무 하시면서 길러낸 선수가 신도환 선생이며 계성학교 출신 유도 대가들은 오영모 선생, 그리고 남이진, 김위생 선생이 있고 그 뒤로 필자와 함께 대통령 친람 무도대회 경북유도대표로 출전한 김인덕군이 있다. 그리고 정영진 표재승 등이 그 뒤를 이었다. 그 당시 대구 사회에서는 최띠. 오띠 라고 부르면서 성(姓) 뒤에 띠를 붙여 불렀다.

경북유도사를 쓴 전 영남대학 박성규 교수님이 설명을 빌자면 최띠, 신띠등 따라는 말은 똥띠(똥보의 경상도 표현)의 띠자를 붙여 그렇게 부르는 것이라고 했다. 신도환 선생은 일본명치대학을 나오시고 일찍이 미국 하바드 대학에서 유도를 지도한 경력이 눈부시고 근년에 한국유도 10단으로 승단된 분이시다.

이 후 반공청년단 단장으로 자유당 정권의 중요위치에 계시다가 4.19 이후 큰 곤욕을 치르기도 하였다. 그러나 그의 유도인으로써의 실력과 정치가로의 비중도 무척 큰 분으로 근래에 작고하셨다.

1958년 5월 5일 월 맑음

…… 아침에 시간이 있어 검도와 펜싱 가르쳤다. 오후에 상무회 오래 있다가 능인고등1학년에게 검도에 대한 얘기를 하다. 능인고등학생 한 명이 탈의장에서 시계를 잃어버렸다.

1958년 5월 6일 화 맑음

말도 많던 병구 기구개표는 끝났다. 기어코 병구(丙區)는 S.W.C가 당선 되고 기구(己區)는 L.S.H가 당선 참으로 세상 돌아가는 꼬락서니가 말이 아니다.

■

전 경북지사를 역임한 최히송 선생이 기구(己區)에서 낙선이 되었다. 선거 부정이 이만저만한 시절이 아닐 때 들끓는 비난의 여론 속에 L.S.H 씨가 당선되고 최히송 선생이 탈락한 것이다. 우리 집 약방(고려제약사)

에 L.S.H 씨는 가끔 선친과 담소를 나누곤 했다. 그것은 L.S.H 씨의 선거운동이었다. 남성로(南城路) 소위 약전골목의 유지였던 선친의 영향력을 기대했으나 그러나 끝내 인물 본위라 하고 선친은 최히송 씨를 도우고 뒤에 부정선거가 들통이 나고 최히송 씨가 당선되어 개표 부정이 드러났다.

이렇듯 필자는 옳은 쪽에 서는 기질을 선친께 배웠다. 그것은 오늘날까지 때로는 고단한 위치에서 부당함에 맞서는 생리로 발전했다고 할까?

1958년 5월 12일 월 맑음

…… 재정이 왔다. 연극 영화 검도 지도 협회를 하나 조직하자 했다. 잘라 거절했다. 이왕하려면 예술(문학, 미술, 연기, 음악, 무용)동인회를 조직하자 했다.

■

이 무렵 유재정 군과 배찬한 군은 꽤 깊이 연극에 몰두해 있었고 그즈음 예술을 한다고 뻐기는 사람들이 허다했다. 당시 배찬한 군 역시 대구대학 화학과에 재학 중이었다.

1958년 5월 13일 화 맑음

재정이와 다시 의논해서 오로라 예술동인회를 조직키로 하고 주로 시내 대학생들이 그 주축이었다.

…… 처음으로 백부님께 붓글씨를 배우러 갔다. 하루에 짬짬이 가서 배울 수밖에 없었지만…….

■

필자의 백부님은 중풍으로 오래 신고하신 한학자 이셔서 필자가 갈 때마다 엄청난 지식을 심어주신 분이시다. 인언서판(人言書判)이라든지 공맹자 얘기라든지 성장기에 큰 도움이 되는 교훈을 늘 깨우쳐 주셨다.

1958년 5월 20일 화 맑음

…… 일제시대 2단이 왔다. 공군소령이 입회했다.

■

이 무렵 가끔 심심찮게 일제시대 유단자가 가끔 나타나곤 했다. 역시 그네들은 무언가 실력이 달랐다.

1958년 6월 5일 일 맑음

청구대학 학생회관에 오전11시경 모두 만나다. 기문, 재정, 경교, 재석, 병웅, 성수, 지훈, 영태, 입회원서 쓰고 입회하다.

■

오로라예술동인회라 하고 우리들은 필자를 회장으로 청구대학의 성기문 군이 총무로 동인회를 조직했다. 청년들 모임답게 큰 포부를 가지고 출발했으나 큰 성과는 보지 못했다. 늘 좋은 사업을 위한 조직을 좋아하는 필자의 습성은 예나 지금이나 끝이 없나 보다. 이즈음 배달국무연구원을 조직하고 3권을 출간하면서 45편의 논문을 결집하는 작업도 퍽 고단한 작업이었다. 그러나 그 기간 중에 많은 우리 무술 발굴도 큰 족적이라 자부하고 현재도 계속 진행 중이다.

1958년 6월 18일 수 맑음

오전 형무소가서 시간이 있어 배성도선생님과 운동하고 배성도선생님은 전국경찰 간부대항(경위이상)시합관계로 대구역으로 가셨다.

1958년 6월 21일 토 맑음

…… 기문군과 동촌 수영하러 갔다. 동촌에는 사람도 많았다. 마침 단오였다.

...... 얼음 창고 앞에서 익사자 발생 했다. 중학 동창 권오활군 이 었다. 3대 독자였다.

전국경찰간부 무술대회 출전선수 내려오다 우승은 강원 경찰국 준두승은 충북, 경북이 3위라 했다.

■

당시 경위 이상을 간부라 했다. 그 때 뒤에 고단자가 된 분 중에 간부는 최상조(경위)선생과 작고하신 전동욱선생이 간부였다. 그리고 친구 권오활군의 익사사건은 최초의 주변 인물의 죽음이라 충격이 컸다.

1958년 6월 30일 월 맑고 흐림

...... 남정보선생 검도책값 기문군에게 맡겨 두었다.

서갑득씨 다음으로 상무회 지킴이라 칭하는 허술씨가 나타났다. 비범한 솜씨였다. 일제시대 3단이라 했다.

■

1949년 처음 책을 곽동철 선생의 "무예도보신지" 이후 최초의 책을 쓰신 남정보(1957년) 선생님의 검도 책은 주로 필자가 고등 대학생들에게 판매를 해서 대금을 드리곤 했다. 예나 지금이나 책을 몫돈 나가고 푼돈 들어오는 것이 현실이다 필자의 검도총서도 만부가 나갔으나 들어오는 돈은 표가 없다.

그리고 한국검도 최초의 단체전 시합이 부산 초평 초등학교에서 1953년 열렸을 때 3인조 시합이었고 이 때 우승 멤버가 선봉에 허술 중견에 서갑득 주장에 강용덕 선생이었다.

허술 선생은 일찍감치 제일모직에 취직하시어 궁핍한 검도계 생활을 피하신 분이시다. 그런 분들이 몇 분 계신다. 포항의 배종규 선생 일찍감치 교육계 투신하셨고 남정보 선생님과 함께 운동하시던 한대덕 선생은 사업가로 나가셨다. 그리고 손목의 명수 오상훈 선생은 풍국주정 상무로 안정된 생활을 택하시었다. 특히 이용팔 선생은 큰 사업가로 성공하기도 했다. 그런 상황에서 열정인지 무능인지 검도계를 지키면서 가족 제대로 못 돌보고 고생하신 선배선생님들이 계셨기에 오늘 번영을 누린다고 생각하는 검도인들이 몇 분이나 될는지….

1958년 7월 3일 목 흐림

상무회 탈의장 혼자 청소를 했다. 어언 상무회에 정들인지도 (경찰학교 연병장에서 배우던시절 이후) 4년이 된다.

■

검도를 나는 퍽 좋아했다. 이렇듯 혼자 도장 및 탈의장 청소를 도맡아한 일이 한 두번 아니었고 이것이 검도와 깊이 연관 맺는 시간일 수밖에 없었다.

1958년 7월 8일 화 맑음

… 강대욱 군이 죽었단다….

■

강대욱 군은 중고등학교시절 우수한 학생으로 기대가 컸던 친구였다 고향 상주에서 수영을 즐기다 익사했다고 들었다.
이따금 이런 사건들이 주변에서 일어나고 이제 고회를 내다보는 시점에 많은 친구들이 타계했다.

1958년 7월 11일 금 맑음

영남군 집에 유도하러 갔다. 손 껍질이 헤어졌다.

■

친구 영남군의 부친이 운영하시는 대구유도관에서 필자는 검도 수련시간 외에 꽤 열심히 연습한 적이 있었다.

1958년 7월 14일 월 맑음

승희형이 나가는 댄스교습소에 가니 로즈양장점 주인이 와 있었다. 양장점 주인의 지프차를 하고 모두 수성 못으로 놀러 갔다가 백숙으로 식사하고 잘 놀다 상무회로 왔다.

■

그즈음 남승희 형은 세련된 춤 선생으로 멋진 춤을 잘 추었고 이미 전국대회에 출전할 정도의 프로 실력이었다. 승희 형의 친분으로 교습소에 가끔 놀러 가곤 했다.
운동도 만능이지만 승희 형의 춤과 노해는 혼자 보고 듣기에는 아까울 정도로 실력이 있었고 그의 유모어와 화술 또한 퍽 재미있는 멋쟁이였다. 남승희 형의 춤선생 S씨는 춤 세계에서 제1인자였다.

1958년 7월 22일 화 맑음

대구부정선거는 재검 결과 갑, 병, 기, 구는 야당이 승리했음이 밝혀졌다.

검
농
일
지

제 11 화

첫 지도자 경험과
최연소 체전 최연소 일반부 선수

1958년 필자는 일기장 표지에 이렇게 적고 있다. "허구한 사연들"이 허구한 사연들을 기록하여 먼 훗날 내 아쉽도록 그리운 과거를 생각할 때 서슴없이 생생한 지금을 생각하련다.

1958년 8월 12일 화 맑음

정태민 선생이 나를 경산 경찰서 사범으로 경북도내 각서 대항 경찰관 무도 대회 때까지 봐 주라고 하였다.

이 시절 경북도내 각서(署)대항경찰관 무도 대회는 어쩌면 마지못해 열리다가 또는 격년제로 열리는 경찰관 무도 대회와는 비교도 안 되는 큰 축제였다. 비록 지방 경찰관 무도대회이지만 이즘 전국 경찰무도대회 몇 배 더 하는 축제였다.

경북도내 약 30여개 시 군 경찰서 대항 시합이다. 대구가까운 경산 경찰서에서 아마 도 사범이신 정태민 선생님께 사범 의뢰가 온 것 같다.

성장해서 얘기지만 선수 용병에는 탁월하신 정태민 선생님이셨다.

다시 대구 대학에서 적을 두고 운동에 전념하면서 기량이 쑥쑥 자라던 무렵 여름방학 끝자락에 경산 경찰서로 가서 1-2개월만 가르치라고 하셨다. 이때 이미 내 인생은 검도 지도자로 걸어가라는 신의 예시가 있었던 것 같다. 물론 그 이전 검도장의 사범님들은 거의 경찰업무에 바쁜 관계로 필자가 기초를 가르쳤으니 초단시절부터 나는 지도자 역할을 하면서 자랐다. 1974년 경주 문화중 검도 사범으로 공식 부임하기까지 대구 경찰서 사범, 청구대학 코치 등으로 지도자 연습이 있었다.

1958년 8월 20일 수 맑음
미 8군 KMAG 검도 시범하러 갔다.

■

이 무렵 가끔 미군부대 시범은 색다른 분위기 속에 이국인들은 흥미로운 눈으로 재미있게 관람했다.

8월 21일 목 맑음
오전 경교와 경찰국 상무계 정경사(태식) 찾으러가니 없고 나순경이 경산 경찰서에 전화거니 경산 경찰서에서 탁순경이 왔다.

나순경한테서 1급 10,000환 받아서 9,000환은 형무소 죽도사고 1,000환 받아서 버스타고 경산 도착하니 기분이 산뜻했다.

경찰서에 가서 서장을 만나서 인사하고 약 2시간가량 가르치고 나와 다방 전원에서 송 마담과 앉았다가 경교와 왔다.

■

정경사는 검도하는 분으로 순경 경사로 구분되던 계습 서열상 검도하는 분들 중에는 한 계급 높았다. 당시 무술관계를 관리하는 상무계에 근무하고 있었다.

첫 연습에 보안계장은 정모경위로 나이가 43세로 기억한다.

당돌하게도 앞에 서서 "내 나이 비록 여러분들보다는 아래지만, 배우고 가르치는 관계를 분명히 해 주십시오."라고 말했다. 운동을 마치고 경찰서 앞 전원 다방의 송 마담이란 이쁜 마담과 차를 마시고 있는데 밖을 내다보라했다.

다방 밖에는 약 3-40명 정도 동네 어린이들이 필자를 보겠다고 모여들었다.

이유는 검도하는 것을 처음 본 시골 아이들이 신기해서 모여든 것이다. 지금 생각해도 시골 벽지까지 검도 유도 도장을 멋지게 지어 전국적으로 무도를 실시하던 일본이 부러웠다.

■

물론 그네들이 한국을 찬탈하는 과정에서 검도 무도를 대륙 침공의 수단으로 사용했다 하더라도 체육만이 아닌 순수 무도장이 있었다는 것이 부러웠다. 아무튼 이날부터 열심히 검도를 가르치고 가장 소질이 있던 김성준 이라는 순경은 이후 5단까지 승단한 것으로 알고 있다. 저녁 필자와 같이 온 친구 경교군과 함께 대접을 한다고 고작해야 가설 유랑 극단에 무료입장을 시켜주던 것이 아련한 추억이다.

1958년 8월 22일 금 맑음

오전 도장에 들러 강사범님 기타 여러분께 경산 간다고 인사드리고 나왔다.

■

어쩌면 부모의 품을 떠나 처음 객지에 나서듯이 매일 배우던 신분으로 가르친다는 신분으로 변신에 감사의 뜻으로 인사를 드린 것이다.
요즘도 그런 풍조가 유지되었으면 좋겠다.

1958년 8월 23일 토 맑음

오전 11시부터 연무를 시작했다. 모두 피곤하다고 야단들이었다. 경교는 대구로 갔다. 외로움이 엄습해왔다. 한숨자고 4시에 다시 운동을 시작했다.

■

예나 지금이나 필자의 지독한 훈련법은 악명이 높은 것 같다.

1958년 8월 25일 월 맑음

경산 인상은 조촐한 감이 없지 않으나 단조롭고 협소한 감이 없지 않다. 오전 경무 주임과 상의해서 선수를 정하고 오후 운동을 했다. 자세는 나쁘나 진보한 감이 있었다.

■

불과 2개월 사이에 기초부터 선수로 만들자니 기막힌 과제였던 것이다. 그것을 필자는 해 나가고 있었다. 우직하게 필자는 언제나 주어진 데로 해나갔다. 평생에 단 한 번도 스카웃한 선수가 없다. 인천체전 2년제에서 4년제 대학과 선수 스카웃하지 않고도 승리하게 된 기능은 이때부터 내 지도의 방식이요 습성이 되었다.

1958년 8월 29일 금 흐림

상무에 가니 대구 경찰서 선수들이 운동을 열심히 했다. 이용팔 씨가 주장으로 나온다고 했다.

■

이용팔 선생은 전에도 언급했지만 참 바른 칼을 쓰시던 것으로 기억한다. 이정수군의 부친이시다. 아직 생존해 계신다. 필자와는 1967년 국제 사회인 대회도 동행한 인연 깊은 분이셨다.

1958년 8월

… 한국은행부근에서 영환이 형을 만났다.(주소는 한국 체육관에서 펜싱부 김 교사라고 하면 된다고 했다.) 10월 전국체전 때 출전하라고 했다.

1958년 8월 31일

… 상무에 가서 경교 재식, 기문과 펜싱을 했다.
간헐적으로 펜싱은 펜싱대로 연습을 하고 있었다.

1958년 9월 6일 토 흐림

경북체육대회 유도시합을 구경했다. 정영남군의 실력에 감탄했다. 결과는 대구 유도관 우승.

1958년 9월 13일

상무회에 포항서 배종규 선생(4단)이 오셔 한판했다.

1958년 9월 13일 토 맑음

상무회에서 한대덕 선생과 한판 했다. 내일 10경 정태식 경사와 경산에 같이 가기로 했다.

1958년 9월 17일 수 맑음

금년 전국체전 일반부 선봉은 나다. 23일 경북도 경찰대회와 10월 4일 전국체전은 박두했다.

■
정태민 선생님은 대학부 대회가 없고 고등, 일반부만 있는 당시 전국체전 검도의 선봉으로 필자를 내세우셨다. 무척 기뻤다.

1958년 9월 19일 금 맑음

오전 경찰국에 가서 정경사와 시합멤버 정하고 오후 혼자 경산에 왔다. 운동을 마치고 저녁에 안순경이 경산극장 가락지 악극단 관람을 시켜 주었다.

■
자기서(署) 경찰관 검도지도 한다는 것을 고맙다고 대접하는 뜻에서 안순경이 경산 극장 무료관람을 시켜준 것이다. 그 때 풍속도 시골에 악극단이 오면 저녁에 많은 사람들이 즐겁게 관람했다.
지금은 대구시에 인접하여 영남대학 대구대학 등 큰 대학도 있고 엄청난 발전을 했지만 당시로서는 궁벽한 시골 수준이었다. 별로 볼거리도 없던 시절에 유랑극단이 동네에 오면 훌륭한 볼거리였다.

1958년 9월 20일 토 맑았다 흐림

경산서 오전 운동하고 상무회에 가니 다른 날 보다 도장이 풍성한 감이 있었다.

달성경찰서에서 내일 2시 30분경에 나와 달라 했다.

> 어떻게 알았는지 경산서에서 내가지도 한다니까 하루라도 나와 달라는 부탁이었다.

1958년 9월 23일 화 맑음

한껏 맑은 날씨다.

선수 일동은 모두 시합준비를 해서 대구로 향했다. 강산면옥서 식사하고 돌아와서 집에서 도복을 가지고 갔다. 호익용 선생님. 김영달 선생님. 김영배 선생님이 오셨다.

경산서는 문경서와 싸워 4 : 1로 이겼다. 그러나 본국(本局)과 대전에서 3 : 2로 아깝게 석패했다. 저녁 서울회관서 식사하고 섭섭한 이별을 아꼈다. 웬일인지 허무한 감이 없지 않았다.

> 이렇게 해서 나의 공식적 지도자로써의 첫 시합 강적 본국과의 대전에서 패하게 되었다. 그러나 필자는 많은 경험을 얻었다. 그리고 본국이 결국 우승했지만 분위기가 본국이 유리한 분위기였다.

본부석에는 경찰국장을 비롯하여 상급간부들이 앉아 있었고 선수들도 본국이 가장 잘 짜여져 있었다.

그러나 젊은 필자의 기가 담긴 경산경찰서 팀은 지금 생각해도 우승할 자신이 있었고 실제로 2개월 만에 기적적인 실력을 쌓게 된 것이다. 또한 대회는 지방대회이기는 하지만 중앙의 세분 이 함께 내려

오셨다는 것은 대회 비중이나 분위기가 엄청난 것 이였다.

역시 서정학 선생님의 체육관제도에 힘입어 호익용 선생님은 서울시경 검도 부를 맡아 계셨고 김영달 선생님은 치안국을 맡아 계셨고 김영배 선생님은 경찰전문학교를 맡아 계셨다.

당시 고단 선생님들이 퍽 경제적으로 어려웠으나 김영배 선생님은 요령 있게 끝까지 경찰전문학교에서 정년을 마치셨다. 비교적 검도의 기능으로 경제적 큰 어려움 없이 일생을 보낸 몇 분 안 되는 고단자 중의 한 분이시다.

김영배 선생께서는 늘 필자에게 '검도가 밥 먹여주나?'란 말로 격려인지 주의인지 알쏭달쏭한 말씀을 하셨다.

듣기에 따라서는 격려일 수도 있고 주의일 수도 있는 그 말에 필자는 반드시 검도로써 밥을 먹는 모습을 보여드리리라 하는 다짐을 하곤 했다.

그 오기로 한국서 가장 큰 유흥업소를 서울 한복판에서 운영했고 한.일 합작 회사도 선배님을 모시고 잠시 시도 했지만 검도로써 승부하기로 했다. 즉시 문화중고등학교 검도부를 지도했고 인천전문대학에 정식으로 근무했고 경희대학 팀을 창단하고 같은 시각에 실업팀을 창단하고 동시에 사설 검도장 검도교실 일검관을 개관하고 분주하게 검도 하나로 살아가고 있다. 물론 큰 경제적 성공을 할 수도 없고 못했지만 그 김영배 선생님의 검도가 밥 먹여 주나 그 말씀이 경종이자 큰 격려임을 지금에야 깨닫고 그리워할 뿐이다.

검
농
일
지

제 12 화
무도를 통한 체육교사의 학교폭력 예방 성.

1958년 9월 27일 맑음(토)

날씨가 한껏 청명해서 좋았다.

최정희씨의 장편소설 "녹색의문"을 다 읽었다. 그 센치한 작품은 어느 꿈꾸는소녀의 필치와도 같았다.

■

그 무렵 필자는 많은 소설을 읽고 나름대로 습작을 한다고 유치한(?) 글들을 계속 쓰고 있었다.

1958년 9월 30일 맑음 (화)

상무회에 가니 손호근 선생님이 오셨다. 경북고등학교 검도부를 부탁하셨다.

전국체전 고등부 선봉선정 때문에 야단이었다.

■

당시 손호근 선생님은 경북고등학교에 필자가 재학중이던 시절에 전근 오신분으로 전형적인 체육선생님이셨다.
좋은 체구에 잘 웃지도 않는 근엄함과 은연중에 풍기는 위압감은 이즈음 허약한 체육교사들과는 비교가 안되는 분이시다.

손오공이란별명으로 더 잘 알려진 선생님은 필자가 졸업후에도 유지되고 있던 경북고등검도부를 인솔해 오셔서 필자에게 부탁하신 것이다.

그렇지 않아도 필자가 늘 지도와 안내를 하고 있던 중이었다. 승부욕이 강하신 도 사범 정태민 선생님은 고등부도 3년째 우승을 노리시고 신중한 선수인선을 하시던 중이었다. 누가 선봉을 뛰느냐 라는 문제 때문에 고민 중이었다.

생각난 김에 다시 체육선생 손호근 선생님의 이야기와 그와 관련된 이즈음 체육교사에 대한 이야기를 할까 한다.

예나지금이나 사람 사는 곳이면 더러 불량한 사람들도 있고 학교마다 주먹 좀 쓰는 학생들은 있게 마련이다. 당시에 동기 중에 건달기가 좀있던 j모군이 우연히 체육시간에 손호근 선생님 앞에 서게 되었다. 지긋이 바라보시던 손 선생님께서 j군을 향해 "네가 j냐"라고 묻자 "예" 하고 공손하게 대답하던 j군의 기죽은 모습을 보았다.

비유가 좀 우습지만 개잡는 개백정 앞에선 아무리 사나운 개라도 맥을 못 추고 그 독한 독사도 땅꾼 앞에선 맥을 못 추듯 아무리 불량학생이라도 체육선생님에게는 꼼짝 못한다는 것이 그 시절 체육선생님의 모습이요 분위기였다.

요즈음 학생폭력사건으로 심각한 듯 말하고 있지만 그 시절도 요즘 못지않은 사건이 심심치 않게 많았다.

우리학교이야기는 아니지만 시내 여러 학교에서의 사례를 들어 본다.

    사례 1 : 병으로 머리를 깨고 유리를 씹는다든지
    사례 2 : 납치를 해서 입에 양말을 쑤셔 넣고 팔다리를 묶어 몽둥이찜질
         을 하고 구덩이를 파서 죽이겠다 고 협박 하거나
    사례 3 : 선생을 구타하려하니 선생은도망가고 학생은 쫓아가고
    사례 4 : 밤에 남의 집에 강도로 침입하고 등등….

  그때도 흉악한 사건들이 빈번했다 그뿐이랴 6.25직후가 얼마나 사회의 기강이 문란하던 시절이었던가?
  그래도 그 흉악한(?) 학생들도 체육선생님께는 꼼짝 못한다. 몇 년 전까지만 해도 모 대학 체육과교수로 계셨던 k모교수의 이야기를 하나 할까한다. 아마 6.25직후 1953~4년도 경이다.
  우리 동네 소위 대구약전골목 에서의 일이다.
  젊은이가 자전거를 타고 가다가 같은 또래 젊은이A와 B가 충돌이 있었다.A가 B에게 주먹질을 하자 지나가던 어른 한 분이 점잖게 말리며 꾸짖었다. "젊은이 사람을 그렇게 치면 쓰나?" 꽤 준열하게 꾸짖자 A라는 젊은이는 몹시 흥분되어 어른한테 덤비지는 못하고 말 대답만 했다
  "어르신 젊은 놈 오기 나서 사람치기 예사지 뭘 그러십니까? 공손하면서도 불평어린 그 대답을 나는 평생 못 잊고 있다. 왜냐하면 이즈음 젊은이 같으면 당장"당신이 뭣이기에 간섭이요라고 할 것이기 때문이다.

그 후 그 A는 뒤에 체육대학을 나와서 체육교사로 시작해서 점잖은 체육교수가 되어 있었다. 또 하나의 사례를 들겠다. 동기 중에 싸움을 테크닉 면에서 으뜸일 수 있는 Y라는 친구가 있었다. 그는 싸움을 참 즐기는 이를 테면 격투기 시합쯤으로 여긴다고 할까 초.중.고 다니던 날 싸움을 하지 않고는 못 베기는(?) 친구였다.

다행히 그 친구는 많은 독서를 하는 태도가 참 믿음직스런 친구였다. 그 역시 우리 동기 중에 체육과를 선택한 몇 안 되는 체육과 출신이었다. 이를 테면 싸움에는 이골이 난 실력자였다. 당시 벽지 학교는 묘한 일들이 있었다. 경북 S군 벽지 학교에서의 일이다. 시골학교 체육시간이면 인근 시골 불량배들이 운동장에서 공들을 차고 학교 수업조차도 방해하는 실정이었다.

하다못해 교장선생님은 도교위에 좀 껄렁하고 싸움할 줄 아는 체육교사를 한 사람 보내달라고 요청하기에 이르렀다 Y군은 처음 부임하고 첫 수업을 시작하였다. 아니나 다를까 시골건달들이 몰려 와서 수업 중인 학생들의 공을 가로채서 차고 수업을 방해하는 정도였다 Y군은 일단 학생들은 다 교실로 보내고 건달을 불러 모았다.

교장선생님은 먼발치로 교장실에서 조마조마하게 내다보고 있었다. Y군은 느닷없이 한둘씩 때려뉘었다. "엇 뜨거라" 하고 건달들은 줄행랑을 놓았다. 그 날 저녁 동네 주막집을 구석구석 뒤지면서 낮에 그 건달을 잡아내어 족치니 삽시간에 동네 치안은 저절로 확보된 것이다. 이것은 경찰 능력에도 못 미치던 일이었다.

Y군은 이 학교에서 교장선생님의 배려와 사랑 속에 근무하다가 경미한 사고로 인해 사표를 내고 말았다. Y군의 경우 집안 형편도 퍽

넉넉한 형편이었고 중, 고등 시절이 유난히 독서광이었던 탓에 체육교사로써는 괜찮은 실력자였다. 각종 운동은 못하는 것이 없고 대학시절 역도 라이트급 우승자이기도 했다. 다시 어떤 경로로 W시 사립학교에 부임하게 되었다.

학생들과 좁은 W시에서는 Y군의 이력을 어떻게 알았는지 불량기가 있는 학생들은 꼼짝을 못했다. 여기서도 또 사건이 났다. 소위 교원노조의 젊은 교사가 어느 과정에서 교장의 멱살을 잡는 과격한 행동이 있었다한다. 보다 못한 Y군은 "젊은 교사가 이유야 어쨌건 이럴 수가 있느냐"면서 젊은 교사를 한 대치고 그대로 다시 사표를 내어 버렸다.

어느 날 어느 술집에서 술을 마시고 있는데 인근 건달이 시비를 걸어 왔다. 상대가 술이 취했고 싸우지 않으려고 팔을 쭈욱 펴고 싸움을 피하고 있는데 지나가든 옛 제자가 Y선생이 봉변을 당하는 줄 알고 그 술 취한 건달을 구타하자 Y군은 그 제자를 뜯어말려 집으로 보냈다. 이를 본 주인 매담은 "Y선생 싸움 되게 못하네요." 하던 이야기를 전해 들었다.

Y군이 학생을 손찌검한 일은 단 한 번도 없었다. 오래 전에 필자가 봉직하던 경희대 체육대학김진호 학장님과 반 한담(閑談) 반 진담(眞談)으로 이런 문제를 얘기한 적이 있다.

이즈음 젊은 체육교사들이 모양부터 안경을 끼고 허약한 모습으로 양산되고 있으니 옛날 체육교사의 위엄은 거의 찾아 볼 수 없어 우려된다는 담소를 나눈적이 있었다. 필자 역시 두 개 체육대학에 봉직하면서 거의 필수적인 빳다 한번 친일 없었고 60년대 초 그 험악한 해병대 3년 동안 단 한번도 빳다를 친 일이 없이 위신을 잘 지켰었다. 강조하고자 하는 것은 학교주변 폭력을 경찰이 해소 하지는 못한다. 일단 경찰력으로 표면적인 근절은 가능할 자는 몰라도 그 내면의 본질적 해결은 못한다.

이 때 정서 공허한 불량 학생들 쪽에 거의 상담 역은 자연적 체육교사가 되고 무언의 위엄이 그들의 행동을 저지하는 효가 있어야 한다.

재미있는 통계를 필자는 내어 본적이 있다. 안경을 낀 사람이 가장 적은 직장이 어디 일까? 바로 체육대학 교무실이다 우스운 표현이지만 체육선생이 안경을 끼면 왠지 허약해 보인다. 그런 전형적 위엄의 선생님이 바로 손호근 선생님이셨다. 팔순이 넘으신 노선생님이 현재도 생존해 계시고 이즈음 가끔 전화로나 문안을 드리곤 한다. 최근 건강이 좋지 않으시다는 소식에 안타깝다.

1958년 9월 30일 (화) 맑음

고등부 선봉은 윤정길, 이위 서경교, 중견 배찬한, 부장 진원준, 주장 유재정, 후보 박경팔, 박경조로 정했다.

■

필자의 평생에 참으로 아깝다고 생각하는 선수가 더러 있어 늘 그리워한다. 훌륭한 장수를 거느린 군주는 행복하다. 그런 뜻에서 제1차적으로 아깝게 놓친 선수가 있다면 바로 고등부 선봉의 윤정길군이다. 2년 후배로 앞서 설명 했지만 정말 소질 있는 선수였지만 중도에 검도를 포기해 버렸다. 얘기 나온 김에 정말 아까운 제목들을 열거해 보면 인천체고의 곽정현 (1976년)퇴계원 고의 박승현. 경희대의 김현조. 그리고 황호문. 선충근등은 두고두고 아쉬운 귀재들이었으나 인연이 없어 선수로 대성 시키지 못한 사람들이다.

1958년 10월 2일 (목) 맑음

오전 상무계로 가서 경찰국장 경무과장 한테 인사하고 오후 운동 마치고 내일 체전 출발 준비했다. 일반부 선봉은 김재일 2위 김성안 (뒤 김중교로 개명), 중견 윤병일, 부장 서갑득, 주장 강용덕.

■

> 일반부가 경찰국장에게 인사하러 가는 경우는 경찰관 선수들이 다수이기 때문이고 당시 경찰 국장은 대단한 위치였다. 그 무렵 대고 매일 신문시사에 이런 글이 있었다. 모 행사에 경북지사가 앉고 다음 경찰국장이 앉고 다음 국립대학 총장이 앉았다. 서열상으로는 당연히 국립대학 총장이 제일 윗자리에 앉아야 이치가 맞다는 것이다 그 만큼 경찰국장의 위상이 대단하던 시절이었다. 예나 지금이나 변함 없는 것은 권위주의 문화다.
>
> 이즈음도 체육대회에 가보면 본부석에 도지사가 앉고 교육감 국회의원 경찰국장. 장성들이 앞 자리에 앉고 정작 체육 원로는 그 위치에 모습을 볼 수 없는 씁쓸한 현실이다.

필자는 생에 최초로 일반부도 선봉의 중요한 포지션 맡아 한 편으로는 기쁘지만 무거운 책임감도 없지 않았다.

그 간 주욱 주장만 뛰다가 선봉을 뛰게 되니 그 책무감이 다른 각도로 내게 다가왔다. 여기서 또한 짚고 넘어가야할 현대 검도의 문제점을 검토해 보고자 한다.

현대검도가 스포츠인가 무도인가 하는 논란 속에 양분된 의견이 공존하고 있음은 현실이다.

스포츠성과 무도성 구분
스포츠성:1. 길게 치고 나간다. 타돌부위가 중혁에서 선혁까지이다.

무 도 성:1. 진검은 물타로 친다
스포츠성:2. 퇴격머리가 있다.
무 도 성:2. 진검승부에는 퇴격머리가 없다
스포츠성:3. 3판 승부다
무 도 성:3. 진검승부는 단판승부다
스포츠성:4. 선봉, 중견, 주장 등 포지션이 있다.(단체전)
무 도 성:4. 선봉, 중견, 주장 등 포지션이 있다.(단체전)

■

일반 구기 같은 종목은 각자의 협동이 동시에 이루어지나 검도 같은 무도 종목은 각자 개인의 경기를 통산한다.

스포츠성:5. 야구는 콜드게임이 있다. 검도는 앞의 선수가 많이 지고 판정이 끝났지만 나머지도 끝까지 싸운다.
무 도 성:5. 스포츠 검도와 동일하다.

   이외에도 검도의 스포츠 성과 무도성이 많이 섞여 있는 부분이 한 둘이 아니지만 여기서 4번과 5번 항이 짙은 무도성을 내포하면서 검도가 꼭 스포츠라고만 할 수도 없고 꼭 무도라고도 할 수가 없다. 그래서 무도성 짙은 스포츠란 결론이 나온다.
   여기서 4번 항의 포지션에 대해서 논해 보기로 한다. 그냥 아무나 나가서 싸우면 되지 구태여 선봉 이위 중견 부장 주장이 무어냐 라고 하겠지만 포지션마다 꼭 꼬집어 말하기는 어렵지만 각각의 다른 뉘앙스를 품고 있다.

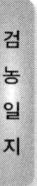

제 13 화
용병술 오더(order)짜기

전 시간에는 검도의 무도성 중 선봉 중견, 주장 같은 포지션(position)이 있다고 했다.

오늘은 삼국지의 한 장면을 인용하여 포지션에 대한 설명을 하고자 한다.

삼국지의 조조 원소의 백척간두(百尺竿頭) 건곤일척(乾坤一擲)의 관도대전에서 조조는 승리를 거두고 원소와 최후의 일전을 꾀하면서 소위 십면 매복지계(十面埋伏之計)를 꾸민다.

이때 좌군일대는 하후돈 이대는 장료 삼대는 이전 사대는 악진 오대는 하우연이요 우군일대는 조홍 이대는 장합 삼대는 서황 사대는 우금 오대는 고람 바로 중군 주장이 허저다.

꼭 그런 것만은 아니지만 하후돈 조홍은 선봉장이 될 만하고 서황은 중견 격인데 역시 맹장이고 주장 허저는 최후의 전체를 감당한다.

10면에 장수를 매복하고 일부러 후퇴하면서 유인하여 황하가에 이르자 배수진을 친 허저가 분전하여 원소군을 몰아내자 10면의 매복장들이 차례차례 뛰어나와 포위하니 이 전투에서 원소는 완전히 패한다. 선봉은 예기(銳氣)로 그 팀의 승리의 기회를 열어주고, 중견은 무르익은 전투의 고비를 잘 넘게 해주어 주장이 우승의 마무리를 잘 할 수 있도록 해야 한다.

다들 강해야하지만 무조건 주장이 제일 강해야 한다. 선수로서의 경력을 살피는데 그 사람이 주장을 띈 선수인가 아닌가 하는 평가는 대단히 중요하다.

국내에서 내 노라 하는 고단자 중에 어려운 주장 자리에 있으면서 우승을 많이 한 고단자가 실력자라는 평가를 해도 과언은 아니다. 주장 한 번 못해보고 개인전 우승을 한 번 해보지 못한 고단자는 적어도 국내에서는 고단자 행위를 하는 것은 다시 생각해 볼 문제이다.

나는 그런 자랑스런 주장자리에서 2년 우승을 하면서 1956년도부터 고단한 주장 역할을 했다. 주장인 필자가 주로 2대 2 상황에서 우승함으로써 우승을 결정지었을 때, 그 기분은 정말 통쾌하고 유쾌한 것이었다.

1957년도 부산 전국체전 때 부장을 띈 진원준 군은 1년 후배로서 연습량도 풍부하고 실력도 만만치 않은 선수였는데, 앞의 선수가 이겨 2대 1로 유리한 상황에 단 한 번도 이기지 못하고 짐으로써 2대 2 스코어를 주장인 나에게 부담스럽게 넘겨주곤 했다. 본인이 얼마나 미안하게 여겼던지 옆의 휴지조각을 쥔 주먹의 휴지가 흥건히 젖어 있었다.

주장인 내가 2대 2에서 이겨 들어올 때, 부장인 진원준 군이 미안

해하던 모습이 생생하다. 그렇다고 부족한 선수가 아니면서 이상하게 꼬여 불운한 선수가 되는 경우가 더러 있다. 진원군 군은 끝내 운동을 포기하고 말았으나, 후에 사업가로 대성했다. 그 때 필자가 결승전에서 싸운 선수가 충북 오세억(전 충북 검도회장) 사범이었다. 주장 전에서 손목 한 판을 먼저 뺏겼다. 이어서 두 판을 필자가 이겨 우승했지만, 그것은 계속해서 오세억 선수가 필자에게 밀리는 징크스를 갖게 된다.

이후 대학부, 일반부 시합에서 항상 필자에게 패한 오세억 선수는 약한 선수가 아니었다. 그러면서 유독 필자에게 패하는 이유는 첫 시합에 패한 징크스 때문인 것이다. 이즘 가끔 자신 없는 팀은 아예 주장을 제일 약한 사람을 세우고, 강한 사람을 앞세우는 편법을 이용하지만

그것이 정석은 아니다.

필자는 언제나 포지션을 오픈(open)시키고 당당히 싸우는 기개(氣 槪)를 버리지 않는다. 구차스럽게 상대팀을 살펴가면서 이 사람, 저 사람으로 포지션을 바꾸지 않는다. 언제나 넉넉한 연습량을 가지고, 지더라도 포지션을 바꿔가면서 이기고 싶지는 않다. 성웅 이순신 장군께서 배 12척을 가지고, 왜선 수 백 척을 상대하는 기개와 지혜는 꼭 숫자만을 가지고 이기는 것이 아니듯이, 기개와 지혜가 중요한 우승 요인이다.

필자는 평생에 단 한 번도 강한 선수를 스카웃한 일이 없다. 경기도 검도회 전무 신분으로 경기도 선수의 외부유출을 방지하기 위한 가벼운 권유정도는 몇 번 있었으나, 편한 훈련을 위한 스카웃은

한 적이 없다. 오히려 무명 선수를 길러 유명 선수를 제압하는 유쾌함이 필자의 취미이기도 하다. 대개 상대는 필자의 선수 수준을 짐작한다. 상대가 우리 내부를 알고도 별 도리가 없게 하는 실력을 가지는 것이 필자의 방식이요, 그러기 위해서는 넉넉한 연습, 다양한 훈련 내용과 절대로 기가 죽지 않는 선수기질을 위주로 한다. 이기기 위하여 소아적이고 야비한 전법은 절대로 쓰지 않는다.

그러다보니 다른 팀에 가서는 능히 주장을 할만한 재목들이 워낙 선수자원이 풍부하다보니, 늘 그 포지션에서 선수를 마감하는 경우가 많았다. 그 대표적인 예가 전병구, 홍성수 선수다. 이 두 선수는 주로 선봉에서 끝내주는 시합을 해주었다. 특히 필자가 이끌던 경희대와 부천시 검도부가 전국체전 4연패와 한 해 싹쓸이 우승의 그랜드슬램(grand slam)을 해내던 시절의 선수 포지션을 보자.

선봉 정병구, 2위 김원태, 3위 태현대, 중견 김경남, 5위 황호문, 부장 선충근, 주장 고동수의 진용은 한국검도사상 전무후무할 것이다. 비슷한 성격의 고급선수가 모일 때는 자연 선배가 뒷자리를 차지하는 것이 관례이다.

김경남, 황호문, 선충근, 고동수 등은 거의 주장의 포지션에 해당하는 선수이다.

필자는 확실해야하는 자리 중견에다 김경남을 세우고 그 사이사이 태현대 황호문 선충근 등 주장감들을 포진시켜놓으니 거의 선봉에서 부장까지 전원이 비기든지 이기고 한판도 지는 일이 없었다. 아마 이 기록은 불멸의 기록이 될 것이다. 이때 대기 하고 있던 2진선수가 박상범, 민천기, 김제휴, 장한규 등이 있었으나 일선에 투입하지 못하고 그 이후 그 2진들이 출전했어도 여러 번 우승하기도 했다.

참고로 넉넉한 연습에 대해서 설명 코저 한다.

검도는 마음으로 친다는 말은 조건반사적 기능의 확보란 말로도 표현할 수 있다. 넉넉하다 함은 밀도 있는 훈련내용을 의미한다. 특히 연속공격의 의미를 빠른칼,강한공격력의 효과를 기대하는 것이 보통의 경우다. 필자는 그것에 만족치 않고 비장의 특수훈련을 시킴으로써 순간순간의 상황처리기술이 마음속에 기억으로 내재되어 상대의 허점이 나타날 때 조건반사적으로 칼이 곧장 상대의 빈곳을 찾아드는 방법을 시도해 왔다. 그래서 많은 우승이 가능했다. 그래서 마음으로 친다는 말을 실제 실천한 것이다.

1958년 10월 3일 맑음 금

오전 역으로 갔다. 윤병일 선생이 먼저 와있었다. 마침 영국황실 아세아학회 회장 관광단이 와서 수선스러웠다. 잠시 후 모든 선수들이 와서 통일호에 몸을 싣게 되었다. 가을바람을 헤치고 달리기 수 시간 만에 드디어 서울에 도착했다. 도착하자 전에 경중여관이었던 경보여관으로 숙소를 정하고 피로한 몸을 풀었다. 고등부학생들은 손호근 선생님과 체육 이선생님과 종로 현대여관에 투숙했다.

■

이때 전국대회는 전국체전 밖에 없었고 평소에 전투적으로 수련하던 선수들이 옛 장군 들이 출정하는 기분으로 시합에 임하는 일종의 비장함(?)같은 분위기가 감돌정도였다. 그리고 왕년에 야구로 전국을 휩쓸었던 경북고등이 당시에는 검도부만 유일하게 전국체전에 참가하게 된 것이다. 이럴 때 공부만 열심히 하는 소위 수재들의 학교에서 체육선생님 들은 좀 한가한 처지였다. 한가하다 함은 유능종목이 있어 빈번히 전국규모 대회에 학생들을 인솔하고 우승도 시키고 하는 재미가 체육선생님들의 유일한 낙일수도 있었다. 그럴 수가 없는 분위기의 경북 고등학교에서 검도부의 전국원정은 신나는 일일 것이다.

1958년 10월 4일 맑음 토

윤병일 선생과 단성사에 볼일이 있어 외출을 했다. 그리고 서울운동장에도 들렀다. 럭비, 역도, 복싱, 배구 시합의 백열전이 벌어지고 있었다.

■

당시로써는 전국규모대회의 다른 종목구경도 퍽 재미있었다.

1958년 10월 5일 맑음 일

드디어 시합 날이 닥쳐왔다. 택시로 재작년 시합 때 서대문 형무소(교도소)검도장으로 향했다.

작년까지 학생으로 출전했던 것이 이젠 일반부로 출전하게 되어 감개무량했다. 처음 고등부 대항전에서는 경북과 충남은 무난히 5:0의 스코어로 이길 수 있었다.

선봉에 윤정길, 2위 서경교, 중견 배찬환, 부장 진원준, 주장 유재정 다음 서울과 대전에서 경교, 원준이만 패하고 3:2란 스코어로 이겼다. 마지막 결승전에서 경남과의 시합에서 경교, 찬한, 원준의 석패로써 준우승의 고배를 마시게 되었다. 하염없는 눈물이 앞을 가렸다. 일반부 충북과 대전에서 선봉에 내가 이기고 2위 김중교가 이기고 중견 윤병일은 지고 부장 서갑득도 지고 주장 강용덕 사범이 이겼다. 다음 서울과 대전에서 워낙 힘이 지쳐서 서울선봉 김석순에게 2:1로 내가 지고 2위 김중교가 이기고 중견 윤병일이 지고 부장 서갑득 씨가 이채로운 시합으로 이기고 강사범이 이겼다.

다음 충남과의 대전에서 5:0의 스코어로 우리가 이겼다. 마지막 경남과의 대전에서 선봉 내가이기고 2위지고 중견이기고 부장 지고 주장이 이겼다. 이로써 대망의 검도시합은 막을 내렸다. 수상식에서 우승팀에게 금메달증정과 컵 증정이 있었고 중등부시합은 전북팀 뿐이라 부전승했다.

■

이렇게 해서 한국의 검도역사는 서서히 태동한다. 이때의 오세억 사범은 충북의 후보였다. 1953년 부산 토평국민학교에서 첫 3인조 단체전이 시작되어 경북이 우승하고 1955년도 첫 검도종목 전국체전참가 때 일반부가 경북이 우승 1956년도 경북일반부 우승 첫 학생부 고등부출전 경북고우승 그리고 1957년도 일반학생 경북우승 1958년도 일반부 우승 학생부 준우승이었다.

필자는 늘 우스갯소리 비슷하게 선수들을 독려할 때 꼭 이런 말을 한다. "연애와 고스톱에 2등이 무슨 소용인가? 검도시합에 2등도 죽은 것이나 다름없다 오직 우승, 우승뿐이다." 이렇듯 2등도 꼴지라는 생각으로 선수생활을 시작하고 지도자생활을 시작했다.

2년간 세웠던 우승의 금자탑이 무너질 때 후배들이 괘씸하고 얄미워서 한없이 원망스러웠다. 그 통분함에 눈물이 범벅이 되도록 울었으니 후배들은 얼마나 미안하고 민망했을까. 이 대회에서 필자는 두 가지의 큰 기억을 가지고 있다.

하나는 서울선봉과의 대전에서 김석순씨와의 대전이었다. 이분은 내가 기억하기로는 소위 비월(飛越)머리를 잘 쳤다. 천하에 내노라 으시대던 시절 서울 서대문 형무관 선수 정도쯤이야 하고 붙었으나 그게 아니었다. 아주 짠 시합을 하는 선수였다. 뛰어들면서 양손 왼 옆머리를 치는 척 페인트 모션(faint motion)을 쓰면서 치는 허리를 한 점 빼앗겼다. 다시 필자도 붙어서 뒷허리로 한판 득점했다. 1:1의 스코어에서 서로 신경전을 벌이면서 무려 57분간 시합을 했다. 이즈음 같으면 그럴 수도 없고 믿는 사람도 없을 것이다. 당시 도호문 선생 심판으로 시합장 구획선도 없고 시간제한도 없던 시절이 있다. 너무나 오래 시합시간이 지연되자 도호문 선생께서 중지를 시키고 가볍더라도 한판 인정하겠다고 예고하셨다.

다시 시합 재개 즉시 김석순 선수의 손목머리 이단치기가 들어왔다. 필자는 양손 비스듬히 오른쪽으로 틀면서 방어를 했으나 비스듬한 머리 한방을 선취당하면서 시합은 끝이 났다.

도호문 선생의 감독심판 때의 일이다. 물론 정확한 한판은 아니나 시간이 너무 오래 지연되기 때문에 심판재량으로 가볍더라도 한판 인정한다는 전제가 있었기 때문에 그냥 패하고 말았다. 그러나 이 김석순 선생으로 이르자면 필자가 알기로는 그 연배의 고단자 중에 개인전을 2~3회씩 우승한 경력을 가진 몇 안 되는 분으로 기억한다. 대단히 실력 있는 선수출신의 고단자라고 믿고 있다. 또 한 가지 오랫동안 기억에 사라지지 않는 장면은 부장전에서 서울의 김석춘 선생과 경북의 서갑득 선생의 시합장면에서 그 당시에는 머리 공격을 해오면 비스듬히 오른쪽에서 칼을 세워서 막던 그런 방어기술이 유행하던 시절이었다. 왼손으로 옆머리 치는 것이 보통 방법이었다. 이때 서갑득 선생은 오른쪽 손으로 코등이 밑을 잡은 상태에서 오른쪽 옆머리를 치면서 득점을 한 진기한 장면을 연출시켰다. 그만큼 눈이 빠른 선수였다. 평생에 다시 이런 장면은 두 번 보지 못했다.

검농일지

제 14 화

최초의 시참(試斬)연습과 진검수집

1958년 10월 7일 맑음 화

… 저녁 때 한국 체육관에서 펜싱부 찾아갔더니 영환, 경상, 양형 반가이 맞아주었다. 운동하고 나왔다.

■

체전을 마치고 펜싱 연습을 한국 체육관에서 연습하고 나온 것은 대구에 펜싱 보급차 내게 왔던 영환 씨와 박경상 씨가 그 곳에서 펜싱을 가르치고 있었기 때문이다.

1958년 10월 8일 수 맑음

오전 동화 백화점에서 인환이 만났다. 같이 인환이 하숙집을 찾았다. 점심 먹고 뚝섬으로 놀러 갔다. 과연 듣던 대로 경치가 좋았다. 숲속으로 전차가 다니는 모양이며 낙조가 물에 어른거리는 장면이며 참으로 로맨틱한 생각들이 향기처럼 피어올랐다.

■ 근년에 러시아 쌍뜨, 빼떼르부르그의 시 외곽 지역에 차를 타고 가면서 옛 뚝섬의 전차가 지나가는 모습 흡사하여 '서울이 변해도 많이도 변했다.'라고 생각되었다.

1958년 10월 10일 금 맑음
상무회에 가다 운동했다.

■ 체전 5일후 즉시 수련에 돌입했다. 이 무렵이면 도장이 텅텅 비어 쓸쓸한 분위기가 감돌았다. 그러나 필자는 꾸준히 수련의 리듬을 깨지 않으려고 무척 노력했다.

1958년 10월 31일 맑음 금
오전 반장집 상문이가 왔다. 자기 동생이 상무에 붙들려 갔다나 같이 가서 담당 심홍보 형사한테 말했더니 잘 해결 해줄려 했다.

■ 당시 상무회 건물 뒤 탈의장 및 사무실은 운동시간 외에는 가끔 검도, 유도, 사범 및 무도 경찰들은 피의자를 끌고 와서 취조하곤 했다. 이 때 잡혀온 피의자들은 소매치기, 깡패, 사기꾼 등 다양했으며 어쩌면 당시 대구 시내 건달, 소매치기 들이 으스스 떨고 있던 곳이 바로 유도, 검도, 무술, 경찰관 수련장이 있다. 그러나 학생들이 출입하는 곳에서 바람직한 풍경은 아니었다. 뒤에 얘기하겠지만 심홍보 형사는 악명 높은 고문형사라고 듣고 있으나 평소에는 그렇게 사람이 좋을 수가 없었다. 가끔 우리들은 경미한 사회 사건들은 이들 무술 경찰들이 곧장 해결해주곤 했다.

1958년 11월 11일 화 맑음

… 경교가 가지고 온 짚단을 만들어서 베어보니 반밖에 안 나갔다. 과연 어려웠다.

■

진검을 어렵게 구했다. 그때만 해도 필자 손수 짚단을 묶어 너덜한 채 베기 연습을 시작했다.

이후 필자는 좋은 칼을 몇 자루 구할 수 있었다. 생각만 있었다면 일제시대 일본인들이 두고 간 일본도가 명품이 더러 있어 구하기가 크게 어렵지 않았다.

현재도 일본도 서너 자루가 있는데 특히 좀 큰 칼이 있는데 제작자명(名)이 충의(忠義)라고 씌여져 있어 감정을 언젠가 한번 하고자 한다.

이후 60년대 접어들면서 짚단 베기 대나무 베기 연습을 꽤나 열심히 했다.

1981년도 이외수 소설 칼을 드라마화 한 내용 중에 짚단 베기 장면이 필요해서 필자가 급히만든 짚단으로 짚단 베기를 하였다. 그때만 해도 직접 필자가 짚단을 묶어서 시범하던 시절이었다. 주연은 오지명씨로 주인공 박정달 역을 맡았었다

대나무를 짚단으로 감아서 베는 연습과 대나무를 왼손으로 땅에 놓으면서 끊던 수준은 당시로서는 훌륭한 볼거리가 되었다.

경북 성주 경찰서 검도장 개관식 때 정태민 선생님을 모시고 택시 창밖으로 긴 대나무를 들고 가서 대나무 베기 시범 보이던 때가

엊그제 같다. 그때 동행한 후배가 김경동 사범이다. 그날 필자는 김경동군과 쌍검시범을 보였다 아마 국내 최초의 쌍검시범이라 생각된다. 그때 그쌍검 연습이 이후 1975년 국제사회인 검도대회 단체전에서 일본의 강호 야기선수와 비김으로써 우승을 결정짓는 밑천이 되기도 했다.

일찍이 타계한 그는 동무관 관장으로 아까운 후배다 경북을 대표하는 선수로 대외적으로 경북을 빛낸 선수의 계보를 작성 한다면 초대 국내 개인전을 석권한 정태민 선생님을 필두로 강용덕 선생 이어 윤병일 선생 이어 필자라면 그 다음의 김경동이 될 것이고 그 다음이 김종덕 군이 될 것이다. 지금 거명한 사람들은 전국대회 개인전 2,3,차 우승경력이 있고 단체전도 우승 경력이 많은 것을 기준 하는 것이다.

이미 김종덕군도 8단까지 승단 되었고 세월이 흐른 만큼 다음 기회에 소상이 내용을 밝히기로 한다. 그때 꽤나 짚단 대나무 베기를 열심히 하던 시절이었다.

1958년 11월 13일 흐림 목

… 기문군 집 들러 검(劍) 빌렸다. 과연 마음에 드는 검이었다. 집에서 짚단을 베니 잘나갔다.

■

친구 성기문군에게서 세전지물(世傳之物)로 좋은 칼을 지니고 있었다. 외부 장식도 깨끗했고 집 화단 옆에서 베기를 했는데 너무 세게 쳐 돌과 칼이 부딪혀 불이 튄 기억이 난다. 함에도 칼날이 상하지 않은 기억이 난다. 성기문 군을 졸라 칼을 선물하라 했으나 그는 막무가내로 가져가 버렸다.

1958년 11월 21일 금 맑음

… 금강 영화사 연출부에서 나는 일하기로 했다. 남 대구 경찰서 윤석우 외근 주임 여동생 결혼식에 갔다가….

■
대개 이 무렵 전국 체전을 마치면 검도장은 스산하고 개인 시간이 좀 한가한 무렵이었다.

당시 젊은이들은 영화를 무척 좋아하고 그 길을 지망하는 바람이 불던 시절이었다.

이 시기에 혜성처럼 등장한 불세출의 스타 강신성일 선배 (고등 2년 선배 남승희 형과 동기이다) 가 만천하 청소년의 우상으로 자리를 굳혔다. 이후 "검은 장갑낀 손의 가수" 가수 손시향 선배도 강신성일 선배와 동기이다. 그 이후 1년 후배 전우열 영화감독이 있었고 탈랜트 신충식 동문이 2년 후배다. 연예계 진출 동문이 크게 많은 숫자는 아니지만 비중이 만만찮은 동문들이다. 특히 강신성일 선배는 가히 그 인기 배우로써 비중은 불멸의 위치에 있고 전우열 감독은 숱한 힛트작을 감독하고 미국으로 이민 갔다. 손시향 선배는 미스코리아 손미희자와 손양자의 친 오빠로써 대힛트작 "이별의 종착역" "검은장갑 낀 손" 등을 남기고 역시 미국에 거주하고 있는 것으로 안다. 가요계 큰 별로 뜰수 있었던 분이다. 2018년 신성일 선배는 많은 팬들의 오열속에 떠났다.

수재들 풍부한 공부하는 학교에서 체육이나 연예계 진출의 희망자가 극히 희소한대 필자는 우연히 심취한 검도계로 발을 디뎌 오늘에 이른 것이다. 우리 경북고등 동문 중에 체육계의 인물로써 전국체전 우승 국가 대표 활약 등은 할 정도로 깊이 체육과 연관된 사람은 오직 필자 뿐이었다. 이승엽 같은 야구 스타는 그 훨씬 후의 인물이다.

　지금 회고하면 강신성일 선배의 본명은 강신영이며 고등학교 시절 늘 반듯하고 바른 수려한 모습이 아련히 떠오른다.

　이런 저런 자극적인 주변 상황이 그쪽도 눈길을 돌리는 기회가 왔었다. 특히 11월부터 이듬해 3월까지가 가장 시간이 많은 시기였다. 우연히 길거리에 영화배우 연출 등 영화 전반의 사람들을 모집한다는 내용으로 대구시내 곳곳에 광고가 붙어 있었다.

　"울고싶은 사람들"이란 제목으로 주연배우는 도금봉 이라고 광고에 적혀 있었다. 영화사명은 "금강영화사"였다.

　영화구경시작은 어릴 때 부친을 따라가 본 일본 검술 영화였다.

　그후 초등학교시절 "자유만세" 등이었고 중고등 시절에 본 외국영화 "쿼바디스", "지상최대의 쇼" 등은 엄청난 꿈을 키워주던 필자에게는 퍽 자극적 영화였다.

　주로 연출이나 시나리오 작가가 꿈이었다. 이때 필자는 굉장히 지식이 풍부한 한 친구를 만나게 된다. 제헌 국회의원 한 모 의원의 아들인 한창수씨를 만나게 된다. 한 모 의원은 당시 대구에서 K병원을 운영하고 계셨고 한창수씨는 참 좋은 가문의 아들이었다. 그는 개인적으로 중학교 1년 선배이고 서울농대를 다니다가 영화계에 발을 디밀었다가 모종 작은 사건으로 낙향한 사람이다. 당시로써는 그 만큼 다양한 지식을 지닌 사람을 나는 만나지 못했다. 시나리오 지망생으로 영화에 대한 이론이 필자와는 아득한 차이가 있었다.

함께 영화이야기를 많이 나누고 필자역시 어줍잖은 실력으로 시나리오 라고 열심히 습작을 하고 있었다. 이럴 때 영화사 광고를 본 것이다.

처음 입사를 목적으로 갔다가 사장이 천안에서 모종 불미스런 사건으로 구속이 되어 부득이 우리가 영화사 업무를 떠맡기로 했다. 우리라 함은 당시 영화사에 입사하려온 연기지망 연출지망 시나리오 지망생들끼리의 모임이었다. 그렇게 규합이 된 사람들이 연기자로 지망한 박중호란 당시 대구 지방 연극계에서 꽤나 이름 있는 분이었고 또 한 분은 강영훈이란 분으로 흡사 마론 부란드의 잘난 얼굴을 한 연기 지망생이었다. 두분다 필자보다는 4,5세 선배였다. 우리는 의기투합하여 사장이 구속된 회사를 우리가 살리자는 구호를 걸고 다시 배우 연출부 시나리오부 모집을 시작했다. 물론 구체적 진행은 전 사장 직속의 김사랑 이라는 회사 기획실장이 주도 했다.

그러나 중요한 것은 자금이었다. 이때 강영훈씨가 자기 지인을 설득하여 자금을 댈 사람을 물색했다. 그러나 꽤 자신 있는 의지를 보였다. 사장이 구속되고 무너지는 소영화사를 우리가 떠맡게 된 것이다. 총무부에 강영훈 연기부 박중호 문예부에 필자 연출부에는 원래 간부였던 김사랑 전 기획 부장이었다. 늘 이런 조직으로 새로운 것을 창출하는 필자의 생리는 이 영화사 인수에서 다시 그 버릇이 나타난다. 이때 필자나이 20세 당시 대구대학 유도부는 전국정상수준이었으나 대구대학 검도부는 배찬한군이 적을두고 있었고 필자역시 적을 두고는 있었으나 대학대회도 없고 그저 유도 검도부가 적극적 훈련을 하던 시기는 아니었다.

이것이 필자가 최초로 검도를 잠시 이탈한 1차 행동이었다.

이런 분위기가 잠시 검도수련을 가볍게 이탈하는 상황이 된 것이다. 그 같은 영화사 인수를 끝내고 다시 연기자 연출자 시나리오작자 모집이란 광고문을 붙이고 시내 각 극장 개봉관에 광고 상영까지 하였다. 당시 젊은이들의 선망대상인 영화예술을 지망하는 사람은 엄청스레 많았다. 하여튼 수 백명이 모여들었다. 우리는 각 파트별로 분담하기로 했다.

1958년 11월 29일 토 맑고 저녁에 흐림

예회(藝會)에 가니 김용태 씨가 와 있었다.

■

예회는 오로라예술동인회의 약칭이고 큰 행사도 못 치른 채 필자는 그대로 회장직을 유지하면서 동인회를 유지하고 있었다.

1958년 12월 4일 맑음 목

금강영화사가니 문이 잠겨 있었다. 신○○ 씨(남승희 형의 댄스교사)의 댄스교습소에서 알게 된 서울 아줌마를 만났다.

자기가 운영하는 ○○공장으로 한번 놀러오라 했다.

■

이때 김여운(가명)이란 서울 아줌마는 필자에게 경이로운 점과 호기심을 유발하는 10세 연상의 여인이었다. 가무 잡잡한 얼굴에 썩 미인은 아니었으나 특이한 매력이 있는 얼굴로 좀 카랑카랑 허스키한 목소리가 듣기가 좋았다. 누나 같은 기분으로 가까이 서고 싶은 그런 분이었다. 뒤에 자주 만나는 기회가 생기지만 그는 명문이라고 하는 원산 루시 고녀(高女)를 나온 당시로써는 인텔리였다.

이북 평안북도 양덕이라 했다. 피난와서 서울에서 살게된 것이다.

연세대 교수를 남편으로 하고 5남매의 엄마였던 그는 남편이 미국 유학 갔다 오는 사이 갖은 고생 다하며 5남매를 키우고 있는 동안 귀국한 남편은 엉뚱하게 다른 여자에게 가버렸다. 자식 다섯 남편에게 맡기고 혼자 떨어져 나온 김여운 아줌마는 대구의 가까운 친척의 직물공장을 맡아하는 것이었다.

필자의 시집도 빌려보기도 하며 문학 얘기도 많이 했었다. 지금쯤 살아있다면 호호할머니가 되었으리라.

1958년 12월 7일 맑음 일

오전 9시경 금강영화사 갔다. 내가 심사위원으로써 맡게 된 파트는 병력관계 교육관계, 품행, 사상 등이었다. 연기는 박중호씨가 맡았고 연출시나리오는 김사랑씨(원래 영화사 기획부장) 총무는 강영훈씨였다.

사회인으로써 그리고 한 단체의 일원으로써 처음 당하는 이일은 야릇한 공포감 마져 들기도 했다. 고등학교 2년선배, 전직교사, 기자, 현역군인, 이발사, 공무원, 중학생, 고등학생, 대학생, 건달, 양재사, 가정부, 등 각층의 남여가 모여들었다.

■
> 필자의 나이 20세 운동도 해야 되고 공부도해야 되고 할일들이 많은 시기에 전국체전 마치고 좀 한가한 때의 일이긴 하나 대단히 당돌한 일이었다.

1958년 12월 9일

　본심(本審)의 날이왔다. …… 남자는 경주서 온 응시자가 제일 낮았다. 여자는 김정순이란 여자와 또 다른 여자 2명이 제일 나았다.

1958년 12월 24일 맑음 수

　…… 강영훈총무의 말에 의하면 1월 20일경 대구에 사장이 올 것이라 했다. 금강프로덕션의 책상 등을 김사랑 김영백 조태익 3명이 매각처분해서 도망했다고 했다.

■

　　이 시기에 사이비 영화인들이 지방에 영화사를 차리고 많은 금품을 갈취하고 사라지는 일들이 번번해 사회문제가 되기도 했다.

　우리는 금강영화사가 그런 영화사가 아니기를 위해서 강영훈 씨의 제안대로 우리가 인계 맡아 꾸려나갔으나 결국은 원래 대구에 내려온 김사장이란 사람과 몇몇 무리들의 이탈로 우리 입장이 난처하게 되었다. 새로 연기자까지 뽑아 논 상태에서 더욱 일은 난감하게 되었다.

　그때 알게 된 강영훈 씨는 지금 기억으로 동아대학 법과를 졸업한 분으로 참으로 미남이면서 중후한 인격자였다. 그후 정치세계에 기웃거리다 빛을 못본 분으로 지금쯤 꼭 한번 만나고 싶다.

1958년 12월 29일 맑음 월

　상무갔다. 새로 학생들 와있었다. 기초생들이었다. 찬한이 왔다.

■
　연말이지만 우리는 운동을 했다. 이렇게 해 1958년 한해는 저문다. 거듭 말하지만 검도기술이 강하게 진전하는 시절이었고 다음해해 1959년까지 생애 최고의 강한 수련기간 이었다.

　정리를 해보면 55년 전국체전에 검도가 첫 채택이 되고 56년,57년 필자가 고등부 2연패의 주도했으며 58년도 대학부시합이 없는 이유로 당시 일반부 선봉으로 필자는 투입된다. 그 사이 두 차례의 대통령 친람무도대회가 있었으나 대통령 축하의 분위기로 억울하게 2년 연속 준우승에 머물게 되었다.

　여기서 필자가 늘 은사 정태민 선생님의 용병술을 참으로 필자가 따라가질 못할 경륜 높은 선생님의 기능이라고 느낀다. 당시 자신이 우승을 하고 인계하는 선수가 바로 강용덕 선생이요 학생 선수로써는 필자를 길러내어 학생 검도를 석권하게 하는 탁월한 지도력은 지금도 필자가 다르지 못할 훌륭한 선생님의 능력이셨다.

　철이 들고 생각해보면 정태민 선생님 못지않게 승부욕이 강하신 도호문 선생이 어쩌면 질투 비슷한 감정을 가졌을 것이다. 라는 느낌을 느끼게 된다.

　그 이유는 일반부에 도호문 선생의 뒤를 이은 김인식 선생은 정태민 선생님의 뒤를 이은 강용덕 선생에게 연패를 당하고 학생 선수 역시 필자를 위시한 경북선수들이 독무대가 되었으니 도호문 선생이 샘을 내실만도 하였다. 그렇듯 찬연한 기록을 세우던 1958년이 넘어가는 것이었다.

제39회 전국 체전 1958년 -체전명단기록-

1958년. 39회

임 원 장 : 서정학

부임원장 : 호익용, 신응균

총무부장 : 김영달

임   원 : 김병철, 김창규, 이기건, 유훈, 정방훈, 김창환

경기부장 : 변정욱, 최영인, 박종규, 이백린, 최상조

심판부장 : 이종구, 호익용, 전승호, 도호문, 김영달, 정태민, 정동섭, 변정욱, 김성화, 남정보, 조의영, 신응균. 김영배, 박우영, 배성도, 김기성, 황우혁, 박종규, 조병용, 임병인, 전맹호, 서정석

시설부장 : 김영배, 유종식, 임종만, 최정환, 김동근

〈일반부〉
- 경남
  감독 도호문
  선수 : 주장 김인식, 부장 김하익, 중견 박영수, 2위 윤운영, 선봉 서만근, 후보 원장희
- 충남
  감독 정동섭
  주장 정동재, 부장 유두향, 중견 이운영, 2위 안승필, 선봉 곽중석, 후보 송규영
- 충북
  감독 이교신
  주장 김승태, 부장 이상춘, 중견 이은문, 2위 조병설, 선봉 장인철, 후보 오세억
- 경기
  감독 서정석

주장 김한규, 부장 김복남, 중견 이준우, 2위 이상희, 선봉 후보 박기남
- 전북
  감독 전승호
  주장 염종수, 부장 문동원, 중견 김화원, 2위 최동근, 선봉 정영모, 후보 김주현
- 경북
  감독 이순영
  주장 강용덕, 부장 서갑득, 중견 윤병일, 2위 김성안, 선봉 김재일, 후보 천삼수
- 서울
  감독 김영달
  주장 최상조, 부장 김완준, 중견 김석춘, 2위 박영순, 선봉 김석순, 후보 유만복

〈학생부(고등부)〉
- 충북(청주고)
  감독 임병인
  선수 : 주장 박상호, 부장 오병사, 중견 오재현, 2위 이성우, 선봉 김진규, 후보 이원배
- 경북(경북고)
  감독 신성
  선수 : 주장 진원준, 부장 유정길, 중견 배찬한, 2위 박경조, 선봉 서경교, 후보 박경팔
- 경남(경남고)
  감독 김대경
  선수 : 주장 김문웅, 부장 박일성, 중견 이종길, 2위 이종림, 선봉 유

철경, 후보 권오출
- 충남(대전고)

  감독 조건형

  선수:주장 신대식, 부장 염수암, 중견 진병하, 2위 서상원, 선봉 김재찬, 후보 유인의
- 전남(광주일고)

  감독 박달중

  선수:주장 남연우, 부장 정상태, 중견 김진중, 2위 안장환, 선봉 지근택, 후보 이수형

〈학생부(중등부)〉
- 충북(청주사범병설중학)

  감독 임병인

  선수:주장 박종열, 부장 이창근, 중견 김정혜, 2위 김용기, 선봉 김동성, 후보 고규철
- 전북(전주 서 중학교)

  감독 전맹호

  선수:주장 전영술, 부장 손 창, 중견 김종출, 2위 전영태, 선봉 문충구, 후보 배기환

  ■

이 해에 한글세대 유일한 일반부 첫 선수로 김재일이 등장한다.

이때 가록은 충북 고규철이 중등부 후보로 등재되어 있고 전북 전영술이 중등부 주장으로 손창이 부장으로 이종림이 고등부 2위로 등재되어 있고 오세억이 충북 일반부 후보로 등재되어있다.

1958년도 39회 전국 체전 일반, 학생부로 출전한 현존(2018년 11월 현재)인물들이다.

검 농 일 지

5

59년도

검
농
일
지

제 15 화
행각(行脚)연습과 서울 진출의 꿈

1959년 1월 1일 목 맑음

신년이란 기분도 조금도 나지 않았다.

예회(藝會)에 가서 신년 프로그램을 짜고 왔다.

오후 예랑이 와서 잤다. 서울로 6월경 출발한다고 했다.

사정인 즉 딱하고 보내기가 굉장히 섭섭했다.

■

1959년은 역시 필자가 가장 강도 높은 훈련을 했고 그 기량이 가장 발전하던 시기였다.
이때 신년은 거의 음력설을 쉬던 습관이 있던 시절이라 신년의 기분은 나지 않았다.
그때 주변의 친구들의 예술을 한답시고 이름도 예랑으로 한 친구가 서울 진출을 한다고 떠나던 때의 기록이다. 그리고 필자가 잠을 자는 곳은 앞서 얘기했듯 선친이 운영하시던 그 약방의 방이기 때문에 친구들이 자주 자고 가던 일이 많았다.

1959년 1월 2일 금 맑음

예회 경교와 같이 있다가 상무갔다. 기초생 들을 지도했다.

■

이즈음처럼 경기가 빈번한 때에도 1월 2일부터 운동하는 경우가 드물다고 할수 있다. 그럼에도 그 시절 그렇게 1월 2일부터 운동을 했다. 그리고 이 무렵은 거의 필자가 후배들을 기초부터 지도하고 있었다.

1959년 1월 3일 토 맑음

날씨가 겨울 날씨답게 차가웠다. 상무회가서 운동하고 정태민 선생님께 서울 출장 좀 다녀 오겠다고 말씀드렸다.

5일 경찰국 체육관 실로 오라고 하셨다. 김영달 김영배 호익용 선생님께 천거 편지 써주시려 했다.

■

경북대구의 좁은 울타리 속에서 비록 경북이 최고 수준의 선생님이 여러분 계시긴 했지만 여기저기 다니면서 기량을 겨루어 보고 싶어 좀이 쑤시던 시절이었다.

당시 학생 세계에서는 상대가 없던 시절이었기 때문이었다.

그리고 서울 지역에 소위 대 선생님이라면 최 고위직에 계시든 서정학 선생님을 위시해서 시경(市警)의 호익용 선생 치안국의 김영달 선생 경찰 전문학교의 김영배 선생등이셨다.

낯선 서울지역 행각(行脚) 연습을 목적으로 서울행을 시도한 것이다. 그보다 더 큰 목적은 서울 진출의 길이 없을까하는 기대였다. 고등학교 시절에 서울 양정고 주장으로 나온 유원일 군이 경무대 이승만 박사를 모신다고하기에 부러워했으나 그는 말단 순경이라 그때 정서로는 그런 직위로 가고 싶지는 않았었다.
　경찰 간부로 갔으면 했다.
　그때 유도의 이○○ 선배는 실력 있는 유도선수로 대구대학에 다니다가 경찰 전문학교에 입학한 것으로 안다. 당시에 경찰 간부는 대단한 것으로 여겼었다. 왜냐하면 우리 주변의 사범들조차 최고 경사가 아니면 말단 경찰이었기 때문에 경위 정도면 상당히 선망하던 시절이었다. 이 시절 얘기를 몇 가지 해보자 이즈음 군병역 미필 사건이 사회적 큰문제로 소란하다 그리고 과거사 정리라는 문제로 또한 소란하다.
　그런데 왜 병역문제 과거사는 정치인이 정치가로써의 행동할 때 꺼집어내어 곤욕을 치르게 하는가 하는 생각이다. 이왕이면 생존해 있는 세대 전부를 문제 삼아 과거사를 정리하자고 제의하고 싶다. 그때도 배경좋은 사람들의 자제들은 방법만 있으면 군에 빠졌다. 특히 대구의 제○○육군병원은 진짜 환자일부와 편법제대를 목적한 "빽"이 있는 사람들의 자제들이 속칭 "나이롱 환자" 즉 가짜 환자로 잠시 머물다 제대 하는 그런 곳이었다.
　주변에 그런 친구들이 더러 있어도 그런 행동들이 보편화 되어 있던 시기였다. 너도나도 왜 빠질수 있으면 빠지지 군대 3년 아까운 세월을 소비하랴 하는 생각들이었다.
　그때 경찰들은 치안국장까지 지내셨던 서정학 선생님은 아득한 상부에 계시었고 검도 고단자중 경위는 최상조 선생과 전동욱 선생 두 분 정도이고 경북도 강용덕 선생 서갑득 선생 그리고 정태식이란 분만 경사였고 모두 순경이었다. 이런 때 경찰전문학교 졸업생은 그대로 경위가 되는 시기였다. 이즈음 경찰대학이나 마찬가지다. 그러나 군대를 갔다 오지 않고는 경찰대학을 갈수가 없다 그러나 한 가지 방법은 있었다.

당시에 이북에서 월남한 사람들에게 가 호적이란 제도가 있었던 것으로 안다. 여기에 편법이 도사리고 있었다. 적당하게 관공서를 구슬려 나이를 4~5세 올리면 군대를 입대하지 않아도 되고 자연 군 필한 자와 같은 대우를 해주던 시절이 있었다. 이런 시절 이런 사례하나를 들어보자.

검도를 열심히 하는 실력 있는 선배가 군대갔다오는 사이 그에게 배우기 시작한 후배가 교모하게 군에 면제되어 3년 만에 돌아오니 자기보다 윗 단(段)을 받아서 있다면 이것은 과거사 정리의 대상이 않되는가? 이 부분은 현제까지 단급을 받아야 하는 검도 특유의 서열 세계에서는 지금 이라도 과거사 정리를 하는 것이 타당하기 때문이다. 그러나 이제와 살벌하게 따져 무엇 하랴. 과거사 정리 과거사 정리라고들 야단들이니 그렇다면 고구려, 고려, 이조, 모두 정리해야 마땅할 것이다.

각설하고 행각연습과 유도의 이○○ 선배처럼 가능하면 다 접어두고 경찰 전문학교에 갈 길을 찾아보리라는 생각으로 상경을 마음먹었던 것이다.

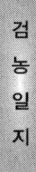

검
농
일
지

제 16 화

김영달 대 선생님과의 연분(緣分) 시작

1959년 1월 7일 수 맑음

서울역에 내리니 맞아주는 것은 찬바람뿐이 였다. 남대문 부근 식당서 100환짜리 우동으로 아침식사를 때우고 노량진 상도동 동운군의 집으로 향했다. 동운군은 시골 갔다고 해서 짐만 맡겨 놓고 나왔다.

배우협회와 감독협회 가봤다.

김동원, 변기종, 윤일봉 조항 제씨들이 앉아 있었다.

충무로 미송 다방 부근서 김영백, 조태익 군 만났다. 얼굴 야윈걸 보니 아마 고생 심하게 한 것 같더라. 오전은 치안국 김영달 체육관님 찾아뵈었다. 경북경찰국 정태민 체육관님께서 어제 전화가 왔다고 하셨다. 경찰전문학교 입교를 말씀드렸더니 잘 생각해보라고 하셨다. 저녁 전씨 6촌 형의 알선으로 하류 연인숙에서 잠자고 식사했다.

■

　　오래전의 일이긴 하나 그때 필자의 행동과 오늘과 무슨 관계가 있을까 생각해보면 참으로 무모 했다. 그러나 그때 그 경험들이 미지의 세계로 꾸준히 부딪혀 보고자 하는 그 욕구의 생리는 지금도 여전하다. 동운군은 지금 잘 기억은 나지 않으나 남승희 형의 춤 친구로 기억되며 거의 친구처럼 지나다가 서울로 이사 온 친구로 여겨진다.

대구서 이끌던 오로라 예술 동인회의 생리로 배우협회를 찾아 봤을 때 저 유명한 연극 배우 김동원씨를 보게 되었다. 황홀할 지경이었다. 당시 악극과 순극이 구분되면서 악극이 다소 천시 되던 시절 동경 유학파의 인텔리 배우 김동원 선생은 연극계 부동의 위치에 있던 분이었다. 가수 김세환 씨의 부친이시다. 김영백 조태익은 대구서 알고 지내던 영화가 입문을 열망하던 사람들로 일찍이 서울로 와서 고생하고 있던 터였다. 전 씨라는 사람은 경북 영해 사람으로 대구서 고생고생 끝에 배우가 되겠다고 서울 온 사람이다. 그때 대구에서 검도, 펜싱을 필자에게 배운바 있는 관계에 있었다.

그리고 당시 서정학 선생님의 배려로 이루어진 검도, 유도, 체육관 제도는 10개 시도 즉 서울 경기 경북 경남 전북 전남 충북 충남 강원 제주로 부산 대구 광주 대전 인천 울산 등이 분리되지 않았던 시절이었다.

그때 각도 도 사범은 서울은 시경이 호익용, 치안국이 김영달, 경찰전문학교가 김영배 선생 그리고 경기의 황우혁, 경북의 정태민, 경남의 박우영, 전북의 전승호, 전남의 김기성, 충북의 이교신, 충남의 정동섭, 강원의 한기익, 제주의 한재정 선생이었다.

검도 유도 고단자 각 1명씩 20명이 서정학선생의 큰 은혜를 입었고 검도 유도 발전에 큰 기여를 했다. 참고할 것은 부산은 도호문 선생은 경찰 신분으로 다른데 근무하시었고 평양서 피난 오셨던 박우영 선생이 부산의 체육관이셨다. 그 외 대구 형무소의 배성도 선생 서울 형무소의 김영달 선생(김영달 선생은 치안국과 형무소사범을 겸직하고 계시었다)마포 형무소의 최영인 선생 등이 별도로 검도 사범으로 계시었다. 대개 이분들이 거의 비슷한 연령대의 인물들이었다. 이때 박종규 선생은 서정학 선생의 명으로 제주도에 가 계시었다. 그 중 각종 시합에 우승의 기록을 가진 분들을 실력자란 기준으로 친다면 개인전 2연패한 정태민, 도호문 선생 1회씩 한 전승호, 이교신 선생 그리고 강용덕 선생이다. 그리고 전남의 김기성 선생은 애당초 검도계 깊이 관여하지 않았던 분으로 어쩌면 대학 교수란 고급 직장이 보장된 것이 그 이유가 될 것이다. 어쨌건 그 서정학 선생님을 받쳐 드릴 만한 인물도 없었고 한국 검도계의 제1실력자요 초기 검도발전에 결정적 역할을 한 분이 서정학 선생님이다.

필자가 처음 정태민 선생님의 문하를 잠시 떠나자 즉시 서울의 김영달 선생께 전화를 걸어 주시던 배려, 그리고 당시 그 레벨의 선생님들의 조심스런 관계들은 이즈음 선후배 관계가 뒤틀린 고단자들과는 근본적으로 분위기가 달랐다. 서로 공경하고 특히 1년 연상이신 정태민, 김영달 선생은 깍듯이 1년 연하이신 서정학 선생을 고단자로 대우하셨다. 이즈음은 누가 선배인지 후배인지 우습게 되어 있는 부분도 없지 않다.

후배들이 무엇을 배울 것인지….

1989년 1월 8일 목 맑음

　객지에서 잠을 자지 못해 퍽 피로 했다. 동원군의 집에 갔더니 푸대접이었다. 검도복은 가지고 나왔다. "미송"다방에서 김영백에게 도복을 마꼈다.

　남대문 부근 창고에 조긍하 프로덕션의 세트 촬영을 구경하며 밤을 세웠다. 문정숙, 김훈 등 신인 여배우들의 열연으로 타이틀은 "세 번째 남편"이었다.

■

　해방 후 검도장비는 일본인이 두고 간 장비로 겨우 검도가 맥을 이어가고 있었다. 현제 일본 다음에 가장 검도가 흥왕한 나라가 한국이다. 이 시점에서 왜 우리가 일본 다음에 가장 검도가 흥왕한가? 깊이 생각해 보아야 한다. 그 이유는 어느 부분이 옳고 어느 부분이 그르고 어떤 부분을 과감히 시정하여 새로운 이상적 방향으로 설정할 것인가 를 연구 개발해야 한다.
　그리고 그 긴 세월 넘게 한 번도 개인전 우승의 일본 벽을 넘지 못하는 기록의 원인은 무엇인가도 밝혀야 한다.
　우선 한국이 일본 다음에 검도 인구가 많고 일본 다음에 가장 연조가 깊은 나라이다.
　그것이 이유가 된다. 그리고 일제가 강점한 시기에 뿌리 내리고 연결된 무술문화가 한국의 검도, 유도 태권도 합기도 거합도 등이다.
　그러나 태권도는 일단 일본"가라데"를 모체로 해서 완전 탈바꿈한 것은 한국 무술 사에 큰 업적이요 쾌거이다. 그러나 검도는 유도 태권도 합기도와는 달리 맨손이 아닌 죽도, 호구, 목도 진검 등의 장비가 필요한 종목으로써 일반 보급의 어려움이 일차적 발전 속도를 늦게 한 원인이다.
　해방 후 일본인이 두고 간 호구 중 지금처럼 가죽으로 덮어씌운 갑(甲)은 극히 드물었고 거의 대나무 살로 가죽을 입히지 않고 만든 갑(甲)이었고 대단히 조잡한 수제품 호완이 당시의 장비였다.
　죽도 역시 일제시대의 죽도제작 기술자가 자기 직업을 별도로 가지고 있으면서 차마 자기의 특수한 죽도 제작 기능을 버리지 못해 필요에 따라

소량(小量) 제작하던 시절이었다. 지금은 경제 사정이 크게 윤택해진 관계로 검도 장비 구입 문제가 해결되자 검도가 발전을 꾀 할수 있게 된 것이다. 일반 용구는 얼마지 않지만 검도장비도 고급품은 몇 백 만원을 호가(呼價) 한다.

그 시절에 행각(行脚) 연습은 대개 도복 하나만 들고 다니면서 죽도와 호구는 그 현지에서 빌려 입고하던 시절이었다. 실은 행각 연습도 필자가 최초가 아닌가 생각된다. 기억으로는 김영달 선생님이 맡아 하시던 서대문 형무소와 마포 형무소 그리고 그 뒤 부산의 도호문 선생님을 찾아뵙고 연습했던 것이 필자가 처음 실행한 행각연습이다.

(행각(行脚)연습-각지를 돌아다니면서 무술을 익힘) 필자는 그 때 서울을 갈 때 도복만 가지고 갔다.

그 때 도복은 솜씨 좋은 어머님이 좋은 천으로 직접 누벼서 만들어 주신 도복이었다. 초기 우리 동기들은 일반 평상복을 입은 채 호구를 착용하고 수련했다. 동운 군이 자기 집에 검을 맡긴 것 자체부터 별로 달갑지 않게 생각하는 것 같아 도복을 가지고 나와 다른 친구에게 맡긴 것이다. 그리고 늘 궁금하던 영화촬영소에 가본 것이다.

문정숙 씨는 초기 한국 영화계의 대 스타로 이후 월북하여 인민배우가 된 문정복의 동생으로 퍽 미인이며 연기력이 우수한 배우였다. 중견 연기인 양택조 씨의 이모이다.

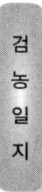

제 17 화

검도 1세대들의
차(次)세대 후계자 배출시기의 기록

1958년 1월 9일 금 맑음

호형 군과 아침식사를 하고 "미송" 다방 부근서 서성거리다 전택이 씨의 세트 촬영장을 구경했다.

항태 형의 집을 찾았다.

항태 형의 아버님은 3개월 전부터 병환에 계신다고 했다. 항태 형과 함께 나와서 장흥여관을 찾았다. 용남 군의 어머니는 너무나 반가이 맞아 주어 고마웠다. 그간 그리던 회포를 풀어 놓고 식사를 하고 2호실서 오랜만에 따뜻한 방에서 편히 쉬었다.

■

"미송"다방은 지금 세종호텔 바로 옆 골목에 위치하며 충무로 영화 가와 가까이 위치한 곳으로 전국에서 모여든 소위 영화바람 든 사람들의 집합 처 같은 곳이었다.

세종호텔은 바로 세종대학 전신인 수도 여자 사범대학 이었다. 객지에서 만나 담소할 유일한 장소였고 낯선 서울 찾아갈 친인척 하나 없는 곳에서 찾아갈 집이 꼭 두 집이 있었다. 그 하나는 항태 형 집이요 또 하나는 용남 군 집이었다.

항태 형으로 이르자면 필자보다는 2년 선배 격이나 피난 와서 대구의 소위 연합 학교라는 피난민 학교에 다녔고 그의 부친은 개성서 유명한 한의사셨다.

그 가족들이 피난을 와서 고생할 무렵 사변전만 하더라도 개성인삼 거래가 있던 시절이요. 대구 약령시와는 깊은 관계가 유지되고 있었다.

대구 약령시의 "김홍조" 약국은 알 사람은 다 아는 유명한 약재를 팔고 사는 한·중·일 삼국의 약재 판매처였다. 당시 대구 약령시가 서면 어린애들이 길에 흘린 엽전을 주으려고 법석대었다고 하니 얼마나 흥청망청 했던가를 짐작할 수 있다.

물론 필자가 탄생하기 훨씬 전의 이야기였다. 그 정서가 흐르고 있던 시절 개성의 명의(名醫)가 대구 약령시에 나타나게 된 것이다.

대인 교제가 넓으신 부친은 약방 방을 하나 내어 드려 김종태라는 함자를 지니신 그분이 바로 개업을 했다. 그때 고려제약사 우리 약방은 문전성시를 이루었다. 당시 한의사가 청진기로 진료하던 모습은 퍽 드물었고 그 때 그분이 처방하던 처방전들을 가보처럼 60년 이상 보관하고 있지만 최근 모 한의학 박사가 자기에게 달라고 하는 것을 그대로 보관하고 있다.

이때 개성 피난민 유지들은 말할 것도 없이 우리 약방으로 수시로 몰려들었다. 그중 기억나는 분이 마해송 선생(아동 문학가)으로 중견 시인 마종기 시인의 부친이셨다. 또한 사람 용남군은 6.25 직후 피난민들이 오갈 데 없이 헤매다가 판자촌을 형성해 가면서 주거가 크게 어려웠던 시절, 필자의 집 방 하나를 그냥 내어 주었다. 어느 연줄로 용남 군과 그의 모친 두 사람이 와 있게 된 것이다. 용남 군의 아버지는 어떤 이유인지는 분명히 아는 바 없으나 그야말로 철사 줄로 묶이어서 미아리 쪽으로 인민군에게 납북 되어가고 그 형은 바이올린을 전공하던 음악도였는데 군대에 징집되어 갔다고 했다. 용남 군은 필자보다 두 살 아래인데 모자 단 두 사람이 피난오게 된 것이다.

원래 전라도 장흥이 고향이고 서울 을지로 즉 지금의 롯데호텔 바로 길 건너편 골목에 위치한 "장흥여관"을 경영하고 있었다. 물론 당시 여관은 이즈음의 모텔과는 그 내용이 틀리는 순수한 여행객들의 잠자리와 식사를 제공해 주는 그런 곳이었다. 그 때만 해도 전차가 다니던 시절이었다. 항태 형은 환도후 53~4년경 상경했고 용남 군 역시 그 비슷하게 상경했다. 그 집들을 찾아간 것이다.

1959년 1월 10일 토 맑음

치안국 김영달 선생님을 찾아갔다. 내년 봄에 경무대 근무하도록 주선 하겠다고 하셨다.

시경(市警)의 호익용 선생님을 뵈러 갔으나 계시지 않았다.

1959년 1월 13일 화

서울 형무소 도복 가지고 찾아가니 오늘부터 모한 연습기간이라고 해서 운동하지 못했다.

■
당시 모한 연무는 철저히 시행되었고 관(官)의 모한 연무는 외부 사람을 꺼리는 분위기여서 운동을 못했다.

1959년 1월 14일 수 맑음
오전 치안국에 가니 김영달 김영배 두 선생이 계셨다.
이런저런 얘기하다 나오다….

■
이때 김영달 선생님이 43세이시고 김영배 선생이 35세이셨다.
지금 초기 제자들이 60대 중반이니 세월의 무상함을 느낀다.

1958년 1월 17일 토 맑음
치안국에 가니 김영달 선생은 계시지 않아 자택으로 전화 드려 대구로 내려간다고 말씀드렸다.

■
경찰전문학교 입교 꿈을 포기하고 고향으로 내려가기로 했다. 당시 대구대학 경상학부경제과에 적을 두고 운동만 한다는 것이 별로 달갑지 않았다.

이렇게 해서 서울행 꿈은 일단 접고 만다. 그러나 검도에 관한한 가장 우수했던 대구에서 다시 수련을 더 하라는 숙명으로 여기고 고향으로 돌아오고 만다. 경북에 당시 4단이상이 정태민 선생(5단), 남정보 선생(5단), 배성도 선생(5단), 이순영 선생(4단), 강용덕 선생(4단), 한대덕 선생(4단), 배종규 선생(4단) 등이었으니 서울에 버금가는 수준이었다. 더욱이 정태민 선생님의 선수연계(連繼) 업적은 타시도가 넘 볼 수가 없었다.

정태민 선생님이 이끄는 경북이 전국체전 일반부 7연패를 했고 고등부가 50년대 우승 2회 준우승 1회였고 대학부가 우승 1회 준우승 1회였으니 그 지도력은 독보적인 존재였다.

물론 직접 호구를 입고 가장 열심히 지도해 주신 모범적인 사범이셨다. 당신께서는 입으로 하는 검도를 가장 싫어하는 분이셨다.

이때에 정태민, 도호문, 김영달 선생님이 비슷한 연배이면서 정태민 선생 문하의 강용덕 윤병일 필자로 이어지는 전국적 기록 거양을 한 지방은 없었다. 그 다음으로 충북 이교신 선생이 한글세대인 오세억 김춘경 고규철 등을 배출하고 정태민 선생문하를 떠나 필자는 역시 경기도에서 수명의 국가대표를 배출시켰다. 그리고 인천체전 경희대 부천시청 경기도를 전국정상의 반열에 올려놓았다. 결정적으로 정태민 선생님의 승부 기질과 남정보선생의 학문적 기품과 배성도 선생의 강훈이 있어 오늘 날의 필자가 가능했다. 그리고 인격적 귀감이 될 만한 이순영선생과 고급 검리(劍理)에 의한 강용덕 서갑득 선생의 기술과 윤병일 선생의 끈질긴 노력이 필자 성장의 큰 자양분이었다.

> 검
> 농
> 일
> 지

제 18 화

50년대 최대 난적. 오세억과 김석순, 이사길. 선생과의 최장시간 연장전.

1959년 2월 21일 토 맑음

오늘 전국대회 대비하기 위해 특별연무가 시작되었다.

김천서(署)의 금우동 경사, 봉화 ○○ 순경, 포항서 김영운 씨, 남대구서 권재봉 경위, 본국의 임윤수 주임, 달서서 ○○ 주임 등이 나왔다.

■

아마 전국경찰관 무도대회 대비 연무로 맺어진 금우동 경사는 서울서 무슨 이유에서인지 김천서로 전출해갔고 김영운 씨는 바로 만주파라 일컬어지는 오카다 도라오씨 제자군(群)들인 이사길. 전동욱. 김영운 중의 한 사람이다.

1959년 2월 26일 목 맑음

오전 김영달 선생님을 찾아뵈었다. 내일 9시 30분까지 오라 하셨다.

1959년 3월 3일 화 맑음

서대문 형무소서 연습하고 치안 국에 가니 김영달 선생님과 다른 검도사범 한분이 와 계셨다.

펜싱도장 가서 김 사범과 대구지부 개설에 대한 의견 교환했다.

■

돌이켜보면 한국의 몇 분 최 고단 선생님 중 은사 정태민 선생님 다음으로 깊이 모신 선생님은 김영달 선생이 되시었고 그때 외부인으로는 처음 김영달 선생님을 찾아 운동을 했다.

1959년 3월 5일 목 흐림

오전 서대문 형무소에 운동하러 갔다.

작년 전국체전 서울 선봉으로 출전해서 나와 붙어 2:1 스코어로 나를 이긴 김석순 씨 와도 한판했다. 빠른 편이었다.

■

이날 일기장의 기록처럼 김석순 선생은 현재 필자의 기억으로는 그 연배 중 가장 개인전 우승기록이 많은 분으로 기억되고 그 연령대에서 제일 강한 분으로 생각된다.

1959년 3월 6일 금 흐림

서대문 형무소가서 검도는 못하고 한국체육관가서 펜싱연습 했다.

일본 명치대학출신 김창환 선생은 날더러 자꾸 대구지부 설립을 권하는데 나를 직접 지도한 김영환 형에 대해서 미안한 감이 없지 않아 딜레마에 빠졌다

3월 8일이 서울3.1절 대회인데 서대문 형무소 팀으로 한번 출전해

달라했다.

유만복 씨가 고마운 친절을 베풀어주어 감사했다.

■

겨울동안 행각(行脚)연습으로 몇 가지 볼일을 보고자 상경했었다가 필자는 두 가지 일에 연관될 수밖에 없었다
첫째는 김창환 선생의 부탁과 한체(한국체육관 약칭) 펜싱사범 김영환 형과의 사이에서 내 입장이고 둘째는 그 당시로써는 서울지역 시합이니까 교도소 직원이라고 하고 시합을 한번 정도는 뛸 수 있는 분위기였다. 그래서 서대문 형무소 팀으로 뛰어 줄 수 있는 여건은 되어있었다. 더욱이 고단 선생이신 김영달 선생이 이끄는 서대문 형무소 팀이기 때문에 감히 강하게 항의하는 사람도 없었다.

1959년 3월 7일 토 흐림

북한남동 집으로 와서 세수하고 서울형무소로 가니 이미 운동은 끝난 후였다.

2시경 감독자 회의에서 회의를 마치고 나오시는 호익용 선생, 김영달 선생, 김영배 선생 그리고 마포형무소 최영인 선생을 만났다.

호익용 선생 왈 "정태민 군의 제자 한사람 김 선생이 맡게 됐군 그래"

김영배 선생 왈 "야 이거 거물들 다 모이는구만 응"

그렇게 웃으면서 들 말씀하시었다. 내일시합 7인조에 나는 5위로 출전하라 하시었다…….

■

이때 필자가 이끌던 오로라 예술동인회의 총무 성기문군이 북한남동에 얻는 임시거처에서 필자는 잠시 잠자리를 신세지고 있던 터라 그곳에서 기거 중이었다.

그리고 필자는 서로 이기기위한 도장서 잠시 김영달 선생님의 팀에 편법으로 출전하는 샘 이였다. 마침 서울 볼일 보러 온 사이, 어디를 가던 도복은 가지고 다니던 필자의 버릇은 객지 서울에서도 운동하러 간 것이 그 전 계기가 된 것이다. 시합에는 어떤 형식이던 지지 않으려는 영민한 두뇌의 김영배 선생이 가장 쇼-크를 받았을 것이다. 제1회 대통령기 대회에 전국 경찰 선수를 어떻게든 끌어 모아 단체전 첫 우승을 시킨 유능한 분이다 그 숫한 강팀을 제치고 우승할 수 있는 선수 결집의 능력이 유능하다는 것이다. 그리고 필자가 당시에 하늘같이 모시던 정태민 선생을 정태민 군이라고 말씀하시던 호익용 선생님이 대단한 분이라고 생각했다. 호익용 선생님이 1901년생이 시니까 1916년생이신 정태민 선생님을 정태민 군이라 할 만도 했다. 이 기회에 돌아가신 옛 선생님 몇몇 분의 생년월일을 기록하고자 한다.

1. 호익용 1901. 7. 26~1972. 10. 31
2. 이종구 1908. 2. 25~1993. 11. 13
3. 이복원 1908. 11. 12~1977 .7. 2
4. 박종규 1914. 11. 11~1988. 8. 8
5. 김응문 1920. 4. 11~1984. 11. 14
6. 서동준 1923. 4. 23~1981. 8. 27
7. 김영배 1924. 5. 1~?
8. 송성식 ?~1973. 8. 14
9. 김석춘 1927. 4~1991. 11. 4
10. 황우혁 1902. 12. 9~1997. 2. 28
11. 전동욱 1925. 2. 25~1983. 1. 6
12. 서정석 1918~?

13. 남정보 1913. 2. 3~1996. 1. 7
14. 신성 1917. 4. 15~?
15. 정태민 1916. 4. 3~1995. 11. 7
16. 강용덕 1924. 1. 15~1976. 10. 20
17. 신성균 1900. 12. 13~?
18. 김중교 1926. 1. 2~1970. 2
19. 조건형 1909. 10. 17~1980. 8
20. 곽중석 1923. 8. 3~?
21. 이홍국 1914. 8. 20~1982. 10
22. 도호문 1920. 3. 5~1983. 10. 1
23. 김성동 1910. 8. 6~1979. 10
24. 김유섭 1913. 5. 25~1985. 2. 6
25. 오세철 1939. 1. 23~1993
26. 김성태 ?~1967. ?
27. 이교신 1920~?
28. 정동섭 1909. 8. 7~1983. 4. 26
29. 조병용 1901. 3. 18~1984. 6. 21
30. 전맹호 1919. 2. 21~1972. 9. 18
31. 김영달 1916~1998. 1. 25
32. 서정학 1917~2005. 7. 1

어떤 젊은 사범이 서정학 선생이 누구시냐고 물으니까 "약간은 압니다. 그러나 전 호구입고 한 번도 배워 본 적이 없습니다."라로 말하더라. 한신은 십만 정병을 거느릴 수 있으되 유방은 만 명도 거느리지 못한다고 했다 그러나 그 유방은 십만 정병을 거느리는 한신을 거느린다고 했다. 서정학 대 선생님이 제자가 없다고들 하는데 이런 때 어떤 제자를 말하는 것인지 모르겠으되 도장을 차려놓고 회비를 받는 그런 수준의 사범은 아니다. 적어도 현재 7~80대 지도자를 가르친 수준의 사범들을 지도한 대 선생이시다.

58년경 선생님은 각 지역 실태 및 수련상황 점검 같은 사유로 순회를 하셨다.

반일감정이 철저했던 이승만 대통령을 설득하여 검도 유도를 다시 부흥시켰다.

각도 경찰국 그리고 치안 국 서울시경 경찰 전문학교 등의 총경급 대우로 체육관 제도를 신설했다 이같이 지역고단자가 그 어려웠던 시절 생계보장이 일단 해결되었기 때문에 검도보급에 전념할 수 있었다.

서울시경 호익용, 치안국 김영달, 경찰전문학교 김영배, 경북 정태민, 경남 박우영, 충북 이교신, 충남 정동섭, 경기 황우혁, 강원 한기익, 전북 전승호, 전남 김기승, 제주 한재정, 이때에 김기승 선생은 대학 교수직에 계시는 이유로 검도에 깊이 관여치는 못하시었고 이종선생은 체육계의 요직에 계신 관계로 같이 합류 하시지 못하셨다.

서정학 선생이 계시지 않아서 체육관(體育官-직명) 제도가 없었더라면 검도의 발전은 좀 더 늦어졌을런지 모른다. 선생님께서는 일찍이 일본의 관서대학을 나오시었고 좋은 무예를 터득하시었다.

대통령경호실장, 치안국장, 강원도지사, 대한검도회장 등등 두루 두루 고급의 관직을 거치셨지만 그를 받쳐줄만한 인물이 없었던 것 같다. 그때는 경남, 부산, 경북, 대구, 경기, 인천, 전남, 광주, 충남,

대전, 경남, 울산 등이 분리되지 않았던 시절이었다.

경남의 박우영 선생은 평안도에서 피난 오신 분이었고 경기의 황우혁 선생과 김영달 선생은 원고향이 황해도이시다. 호익용 선생도 평안도이시다. 그 외의 분들은 그 지역의 출신이었다.

1955년 일반부가 전국체전에 참가하고 1950년 고등부가 참가하고 1957년 제1회 학생대회가 개최되었다.

1959년 6월 24일 개최된 이 대회는 고등대학부의 시합으로 기념비적 대회이다.

이때 필자가 1958년도 대학부가 없던 시절 일반부 선봉으로 출전하고 1959년 대학부가 생기면서 대구대학 주장으로 출전한다.

출전 팀이 7개 팀으로 대구대 청주대 전남대 부산대 성균관대 서울대 신흥대(경희대전신)가 참가했다.

특히 이 대회는 고등학교 때부터 라이벌로 주장에서 맞붙던 청주대학주장 오세억과 이사길 선수와 대결이 의미 있다.

57년 부산대회 결승 주장 전에서 충북과 격돌해 필자가 소속된 경북고 팀에 의해 충북 고등부가 준우승한 바 있다. 그리고 다시 2년 후 대학부 결승전 2:2 스코어 주장 전에서 필자의 승리로 대구대가 우승하고 청주대학이 준우승한다. 특기할 것은 신흥대학 주장 이사길 선수이다. 그는 만주 하얼빈에서 학생시절에 호랑이라고 불리었다고 했다.

그해 3월에 우연히 길을 가다가 검도장에 들렀던 것을 계기로 해방이 되고 14년 만에 검도 계에 나타나게 된 것이다. 준결승전 주장 전에서 격돌하게 되었다. 약 40여 분간 싸웠으나 승부가 나지 않아 1인

심판시절 심판인 도호문 선생이 일단 중지를 시켰다.

너무 오래 걸리므로 가볍더라도 한판으로 인정한다하고 다시 시합을 개시 했다. 한판으로 이기긴 했으나 필자의 평생에 가장 어려웠던 시합으로 기억된다.

그후 우연히 46년 만에 그를 만나게 되었다. 공주 땅 시골에서 쓸쓸하게 독거노인으로 지내시는 것을 그 봄 찾아뵙고 왔다.

1959년 3월 8일 일 맑음

… 도복을 끼고 서대문 형무소 도장으로 갔다.

유도는 중앙 도장서 시합하고 검도는 서대문 형무소 도장서 시합하기로 했다.

호익용 선생의 축사에 이어 드디어 3.1절 기념 경축 검도대회의 막이 올랐다.

7인조 시합에 내가 5위이다. 첫 게임은 경찰 전문학교와 대전 두 번째 마포형무소, 세 번째 성북 경찰서, 다음 영천 학생 팀, 전부 4전 4승으로 내가 소속된 서울 형무소 팀이 우승했다.

개인 득점수는 내가 최고 득점자이고 다음이 김석순 씨였다. 준우승은 마포, 성북, 3위 경찰 전문학교 팀이었다. 유도에서 서대문 형무소 팀은 준우승이었다.

형무소장 호익용 선생, 김영배 선생, 김영달 선생 그리고 서대문 형무소 선수 전원이 신신 백화점 뒤 한일관서 잔뜩 먹었다.

경북마크를 떼면서 얼마나 울었는지 모른다. 고향 쪽으로 절을 했다. 시합장에서….

■

겨울 방학 동안은 시간이 꽤 많고 특히 수련시간도 여름보다 한가한 탓에 잠시 서울 로 올라와 좋은 일이나 없나 하고 올라 온 김에 잠시 3.1절 대회에 출전한 것이다.

그러나 필자는 도복의 경북 마-크를 떼게 된 것이 그렇게 울적했다.

특히 정태민 선생님 문하를 잠시 벗어나 허락 없이 남의 팀을 위해 시합을 뛴다는 것이 죄송스러워 시합 시작하기 전 고향 쪽으로 향해 넙죽이 절을 올렸더니 호익용 선생이 "어딜 보고 절을 하느냐? 물으셨다. "고향에 정태민 선생님 허락 없이 출전하기 때문에 고향 쪽에 절을 올리고 시합한다."고 말씀드렸던 것이다.

1959년 3월 9일 월 맑음

… 서대문 형무소 갔다 오면서 오병철 선배를 만났다.

퍽 반가워했다.

■

그 때 오병철 선배님은 서울대학 재학 중 이었다.

그리고 서울대학 검도 동아리를 만들어 많은 후배들을 지도하셨고 후에 서울 대학을 전국 정상에 올려놓은 업적도 쌓았다.

그의 지도를 받은 후배 중에 박석도(작고) 선수가 유명 했고 이경제 교수는 실력 있는 교수로 서울대학 사범대 체육과를 나와 한국체육대학에 봉직하다가 현재 LA에 있다.

1959년 3월 22일

… 해마다 시합 때면 투숙하는 봉황여관으로 갔다 마침 정태민 선생님이 마루에 앉아 계시다가 반겨주셨다.

강용덕 사범, 유도의 이석도 사범, 신성 선생 다 만날 수 있었다. 윤정길 군도 물론 만났다.

1959년 3월 25일 수 그름 비

… 도호문 선생님을 만났다.

■

이 무렵 우리에게는 도호문 선생님이 멀리서 치는 머리가 아주 일품기술 이었다고 듣고 있었다.

1959년 3월 26일 목 맑음

… 정태민 선생. 강용덕 사범, 금우동 경사, 윤정길 군과 같이 택시로 경무대 이대통령 관저로 갔다.

일반부는 동군의 강용덕 사범이 강원. 전남 등과 시합서 결승에 올라 서군에서 올라온 김인식 사범과 결승전서 우승했다.

학생부는 윤정길이 경기, 충북, 전북(전영술) 등과 대전에서 이기고 결승전에서 아깝게 경남에 권오출 군에 패하여 준우승했다.

실력은 윤군이 나았으나 기력이 부족했다. 무엇보다 전북의 꼬마(전영술)한테 이긴 게 다행이다. 전자의 나의 설분을 풀은 셈이다. 유도부는 학생 일반 다 우승했다.

■

이 친람 무도대회를 마지막으로 1953년부터 시작된 가장 권위 있는 대회가 1960년 4.19혁명으로 그 막을 내리게 된다.

이 날 시합은 강용덕 선생이 무난히 결승에 올랐고 그 연패를 노리던 이교신 선생이 준결승 전 에서 경남(당시 경남 부산 분리 전)의 김인식 선생과 자웅을 겨루었다. 마침 심판은 정태민 선생님이셨다.

작년까지 같은 선수로 뛰던 정태민. 이교신 선생이었으나 일 년 후에는 정태민선생의 심판으로 김인식 선생에게 패하여 강용덕 우승, 이교신 선생 준우승이었다. 학생부는 필자의 2년 후배 윤정길 군이 경남의 권오출에게 패하여 2위를 했다. 다양한 기술의 윤정길이 투박한 기술을 구사하는 권오출 군에게 2:1로 힘에 밀려 지고 말았다. 1:1 오래 끌다가 손목 머리 2단 치기에 패했다. 전북꼬마라 불리던 전영술 선수는 윤정길에게 2:0으로 패했다. 2년 후배 윤정길이 고 3일 때 전영술이 이제 겨우 고 1일 때의 일이다.

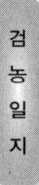

제 19 화

한글세대 최초의 입단(入段)

1959년 4월 7일 화 맑음

서울 온 김에 서대문 영천 형무소 들렸다가 총당 시합을 했다.

퍽 고단했다. 점심 식사 후 다시 마포 형무소에 가서 운동했다. 최 사범(최영인 선생)과 한판 그리고 전의 마포 형무소 송성식 씨와 한판 했다. 송성식 씨도 2단이고 나도 2단인데 내가 최영인 선생이 송 2단에게 무례했다고 하여 불쾌했다. 저녁때는 기진맥진했다.

■

50년대 말 필자는 그 시절 우리 또래에서는 무적의 시절이었던 터에 꽤나 교만감에 젖어 있었던 것 같다. 객지에서 하루 동안에 오전 오후 남의 도장에 둘러 연습하는 기백은 참으로 열성적이었다고 생각한다. 1959년 1월 31일자 2단 승단한 필자는 굉장히 일찍이 2단에 승단된 것이다. 당시 필자가 2단일 때 그 윗 단에 계신 분은 최상조 선생, 조승룡선생, 김복남 선생 등이 3단이었고 이순영 선생이 4단이셨고 김대경 선생이 3~4단으로 기억된다.

그 때 마포형무소 송성식 씨가 2단이라 했다. 이때까지 단은 지방 단이 인정되는 시절이고 중앙에 상신해서 중앙단에 하달되기는 1960년대로 넘어서면서 5.16 이후 이종구 선생님이 대한검도회장에 취임한 이후부터이다. 1959년도까지 김석순 선생, 유기순 선생 등도 단 외자(무단자)였고 그 분들보다 더 아래 분들로 필자보다 연세가 많아도 거의 모두가 승단이 필자보다 늦었다. 50년대 전국대회 출전 회수가 필자가 가장 많았던 사실이 인정되고 고려된 것이라고 사료된다.

그 구체적 얘기는 뒤로 미룬다. 그 사정이야 어떠하였던 50년대의 선수 행적과 당시 승단 상황을 파악하여 검도계 특유의 서열 문화를 바로 잡아야 검도가 가진 단급의 권위가 빛을 발할 것이다. 참고로 송성식 씨의 검도계의 행적을 잠시 살펴보면 그는 일찍이 독자 노선을 걸으면서 외골수길을 택한 것으로 안다. 독자적으로 제자를 키우고 옛 무술 연구를 시작한 분이다.

그의 제자로는 일찍이 고동수 군이 대한 검도회 2단증을 들고 1975년 인천체전의 필자의 문하로 입문했고 방선호 군이 초단증을 들고 필자를 찾아왔다. 그 당시 고동수군은 송석식 씨 발행 3단증과 방선호 군의 2단증을 소지하고 있었다.

그 당시 유일하게 개인 발행 단증과 대한 검도회 공인 단을 함께 받게 되는 도장 운영을 현재와 비교해 볼 만하다. 그리고 타계한 울트라 건설의 강석환 회장, 미국의 이인기, 호주의 그의 자제 송병관 등이 있다. 모두 송성식 씨의 제자이다. 여기에 주목할 것은 자기 스승 숭모의 모습이다. 송석식 씨의 제자들은 참으로 그 스승을 숭모하고들 있다.

이즈음 제자들과 많이 틀리는 모습이다. 어쩌다 그 자신이 대한 검도 회 징계를 당하고 그의 제자 강석환, 이인기, 고동수, 송병관이 모두 징계를 당하는 불행한 검도인으로써의 운명은 먼-훗날 검도 사에 어떤 의미로 재조명되어 평가될까? 어쨌건 행각 연습으로는 강도 높은 훈련을 자청해서 경험한 날이었다. 이런 후배들이 얼마나 있을까? 이즈음이야 교통 편리하고 생활 윤택하니 별일 아닐 것 같지만 그 당시 그런 행적은 내 개인이 검도 정상에 오르는 충분한 자양분이 되었다.

1959년 4월 14일 화

…… 상무회는 남승희 형이 나오고 권주임, 김주임, 세무서원 등

이 나왔다.

경북고등 윤정길 군이 나왔다.

■

이 무렵의 경북 검도 회 도장에는 꽤 다양한 신분의 사람들이 나왔다. 경찰간부 김충철 선생이 추천한 세무서원을 그리고 학생 등이 많이 참여했고 2년 후배 윤정길 군의 큰 선수재목으로 자라고 있었다.

1959년 4월 17일 금 맑음
경북고등 신입생 검도부가 나왔다.

■

1950년대 최초로 전국 대회 2연패한 경북고등 검도부는 그대로 연계되면서 유지되고 있었다. 필자 다음으로 1년 후배 진원준 군이 명맥을 이어 주었고 2년 후배 윤정길 군이 다시 이어 주었다. 그 때의 윤정길 군의 동기 중 박경팔 5단이(전 삼성전자 전 사장) 있고 도재승 7단(전 외교관)이 있다.
그 윤정길 군이 신입생 후배들을 데리고 온 것이다.
이때에 정문화 8단이 입문하게 된다. 이 후배들을 필자가 주로 기초부터 지도 했다.

1959년 4월 19일 일 맑음
예회(예술 동인회의 약칭)에서 서성거리다 경교와 같이 상무 갔다. 가니 초보학생들이 와 있었다. 연무 끝나고 여학생 1명의 상의를 도난당하고 또한 학생 1명은 만년필을 도난당했다.

■

예회(藝會)라 함은 필자가 고등학교 시절부터 예술계 지망의 친구들과 조직한 오로라 예술 동인회의 약칭임은 이미 언급했고 대구대 진학 후 당시

청구 대 재학 중이던 성기문등과 조직한 단체이다. 연극에 성기문 미술에 서경교군 등이 모였고 서경교군은 성광고등학교 시절 고등부 미술대상을 맡은 미술학도였다. 상무(商武)라 함은 당시 필자의 검도 수련장인 상무회의 약칭이다. 필자의 성격상 후배들을 일요일을 이용하여 훈련시키고 평소에는 학업에 충실 하라는 배려로 필자의 사생활도 후배 지도에 많이 할애했다. 이 때 가끔 도난사건이 발생했으나 당시 경북고등의 수재들 간에는 참으로 딱한 사건들이었다. 더러 학업을 등한 하는 당시 2~3류 학교 불량학생들을 필자는 철저히 막아 주었다.

검
농
일
지

제 20 화

지도자 숙련의 길

1959년 4월 20일 월 맑음

상무회에 강서 경북고등 초보자 지도했다.

당시에 필자 또래의 2단은 단 한 명도 없었다. 후배들은 아득한 하위의 초보자들이었다. 선배로써 엄격하면서 퍽 사랑스럽게 지도해 주었다.

1959년 4월 21일 화 맑음

상무 갔다. 경교 신체검사 갔다.

■

이 무렵부터 서서히 동료들이 한 둘 군에 입대하기 시작하면서 신체검사를 하기 시작했다. 그 때나 지금이나 인생의 중요한 시기에 군대 문제 대두는 적지 않은 고민이었다. 당시 어지러웠던 시절. 몇 가지 부도덕 부정된 풍속을 살펴보자.

첫째 : 소위 빽 있고 돈 있으면 군대에 가지 않고 빠지는 경우가 허다했다.

둘째 : 일단 입대는 하고 당시 대구 제 1육군 병원에 소위 나이롱환자로 있다가 의병제대하는 경우
셋째 : 관공서를 적당히 구슬려 이북서 피난 온양으로 몇 년 나이를 높여 군을 면제 받는 경우도 있었다.

필자는 군을 필해야 경찰전문학교 입학이 가능한터라 세 번째 방법을 생각해 보았으나 실행하지 않고 결국 군에 입대하고 만다.
이즈음 과거사청산 운운 하면서 과거사를 들추어내고 남에게 흠집들을 내고 있다. 예를 들어 필자보다 후배가 필자가 군에 간 사이 불법으로 군에 면제를 받아 제대하고 나오니 필자보다 앞질러 단을 받았다면 이런 경우는 어떻게 해야 하나?

1959년 4월 24일 금 맑음

초보자 오늘 호구 입혔다.

■

이 때 수련은 수업 다 마치고 오후 5시 경 운동을 했다.

1959년 5월 4일 월 흐림

바람이 세차게 불었다. 그리고 세찬 비가 내렸다.
대구서(署)에 운동 한판 하러갔더니 하지 않았다.
형무소 이종윤 씨에게 죽도 받으러 갔더니 없었다.

■

당시에 각 서(署)마다 경찰대회 대비 관계로 서별(署別)로 운동을 했다. 가끔 필자는 행각(行脚)연습을 했다. 오히려 연습 파트너로써 필자가 가면 반겨주었다.
그리고 죽도 구하기가 어려웠던 그 시절 대구형무소 재소자들이 만든 죽도가 가끔 나왔다.
그것을 구하러 가끔 대구형무소에 가곤 했다.

1959년 5월 7일 목 맑음

예회 들렀다. 상무가다. 학생들 심사 있었다. 삼성 이모할머님이 오셨다.

팔순하고도 둘을 더 지나신 늙으신 할머니가 아직도 정정하신데 놀랐다.

아들(李孝祥氏)자랑······.

자랑할 만한 인물······.

■

전회에 언급했지만 이효상 전 국회의장 모친이 필자의 할머니와 친자매여서 언니인 필자 할머니가 작고하신지 오래되어도 계산동 성당을 다녀가실 때 꼭 인근의 필자의 집으로 오셔서 쉬어 가시곤 하였다.

1959년 5월 9일 토 맑음

······ 상무 일찍 갔다. 이 사범님(이순영 선생) 나오셨다. 심사 날이다. 순전히 내가 가르친 학생들이 심사를 받는 순간 감개무량 했다. 그중에는 우수한 학생들도 많았다. 최고 4급까지······.

1959년 5월 10일 日 맑음

······ 청구대학 문학 강연회에 갔다. 이철범, 모윤숙, 김광섭 씨의 열변, 모윤숙 씨의 강연은 박력은 있었으나 일방적인 견해에 치우친 감이 있었다. 똑똑한 여자 같았다.

1959년 5월 11일 월 흐림

상무 갔다 오는 길에 회장 김수근님을 만났다. 한번 놀러 오라고 하셨다.

■

당시 대성연탄 사장이었던 김수근 경북 검도 회 회장은 이후 대성산업 회장으로 사업에 대성 하신 분이다. 기업가로써 별 말썽 없이 모범적 사업가로 실력 있는 재산가이시고 언제나 밝고 명랑하신 분으로 필자를 늘 사랑 해주신 분이다.

1959년 5월 12일 화 맑음

…… 상무 갔다. 강 사범(강용덕 선생)과 시합연습했다….

1959년 5월 15일 금 흐림

…… 상무서 김주임(달성서), 권주임(남대구서)과 시합해서 이겼다.

1959년 5월 16일 토 맑음

…… 상무서 권주임과 시합해서 이겼다.

정태민 선생이 경찰국 검도조교 신분증을 발행해 줄려고 하셨다. 심사 단급 증을 수여했다.

저녁동생과 의사 안중근(대도극장) 관람했다. 조명이 좋지 않았고 주연의 전창근은 딱딱했고 의사다운 기색이 없이 악한 같았다. 이대엽, 황정순은 무난했고 기타. 최남현, 주선태도 무난했으나 김승호는 애매한 연기였다. 의사의 일대기로 돈을 번다는 것은 대경실색할 노릇이지만 작품상 의도는 좋았다.

■
영화평이라고 혼자 적어본 글이다. 당시 출연배우 이대엽은 전 성남시장이다. 그는 국회의원도하고 성남의 시장과 연기인으로써 그리고 정치가로 성공한 케이스다. 이순재, 이낙훈, 강부자, 최불암, 신성일 등도 일시 정치세계에 기웃거렸으나 모두 제자리로 돌아갔다. 근래(2018년) 경북고 2년 선배인 원로연기자 신성일이 타계한 것이 몹시 애통하다.

1959년 5월 17일 일 구름
9시까지 동촌 야유회 준비관계로 상무회 정선생 댁에 갔다……. 마이크 장치하고 재미있게 잘 놀았으나 진행부의 우리는 신명나게 놀지 못했다…….

■
이때 딱딱한 수련분위기를 벗어난 야유회의 즐거움은 별난 분위기였다.

1959년 5월 18일 월 맑음
상무 갔다. 남 선생(남정보 선생)의 기술상 주의가 있었다.
경교와 제일극장 미쓰 경북 선발 대회에 갔다.
초등학교 동기 김영자양이 출전해서 관객의 호평을 받았으나 낙선한 것이 애석했다.

■
남정보 선생은 일본최후의 10단 오아자유지씨의 제자로 참으로 해박한 검도지식을 가지신분으로 남승희 선생의 부친이다.

1959년 5월 19일 화 맑음
대구상고 강당에서 신체검사가 있었다. 갑종 합격이었다. 상무에 갔다 서갑득씨와 시합연습을 했다.

■

서갑득 선생은 당시 유일하게 특이한 기술을 구사하는 분으로 언제나 틈을 주고 반드시 허점을 치는 장자(長子) 설검편(說劍篇)의 후발선지(後發先至)의 이론이 부합되는 기술로 강용덕 선생님의 그늘에서 큰 빛을 못 보았으나 50년대 1급 명선수였다.

1959년 5월 24일 일 맑음

…… 구 국립극장서 청도관 태권도 연무대회가 있었다…….

남 선생(남정보 선생)은 이번에 6단 승단 했다고…….

■

이때만 해도 태권도는 검도 유도 그늘에 빛을 못 보던 시절이었다. 이런 시범으로 발전을 시도하고 있었다. 드디어 검도를 앞지르고 올림픽에까지 채택되었다.

남정보 선생은 1913년생으로 일제 강점기 4단이다. 일제시 5단 서정학 선생이 1917년생이고 정태민 김영달 선생이 1916년 생 도호문 선생이 1920년생이다.

그러나 승단은 많이 뒤로 밀렸다. 다시 생각해 볼 지난 일이다.

제 21 화

대학검도 태동기(1)와
다능(多能)한 윤병일 선생

1959년 5월 26일 화 맑음

상무회 가니 제 1회 학생검도대회가 6월 14일경이라 했다. 재정과 인환이 경북을 배반하고 서울 팀으로 출전한다고 한다. 괘씸하다.

■

그간 한국의 검도는 대회라고는 전국체전의 1955년 일반부 1956년 일반부 고등부만 진행되다가 1959년 비로소 대학부가 전국체전에 출전하게 된다. 개인전은 1953년부터 1959년 까지 대통령 친람 무도대회가 있었던 학생부는 고등부로 1957년부터 1959년까지 있었다. 유일하게 전영술 사범이 1957년 58년 중학생으로 출전한다. 그리고 경찰 대회가 별도로 있을 정도였다. 이때에 제 1회 학생검도 대회가 개최됨은 한국 검도가 크게 그 방향을 전환하는 획기적 계기가 된다. 그 대회가 현재까지 이어지는 고등대학 학생검도대회이다. 이 첫 대회는 필자의 가슴을 두근거리게 했다. 그런데 고등부까지 경북에서 뛰던 이인환군이 한양대학에 입학하고 유재정군이 서라벌 예대인가 하여튼 서울에 있는 이유로 서울로 출전한다는 뉴스가 그 시절은 경북을 배신한다 하는 정도의 정서였다.

1959년 5월 28일 목 맑음

상무에 가서 배찬한 군과 6월 14일 시합에 대한 의논을 했다. 당시 대구공고 졸업생 배찬한 군이 대구대학에 재학 중이었다.

1959년 5월 31일 일 맑음

경교 군과 윤병일 씨(대구 윤승원 군 부친)와 동촌 수영 연습하러 가다.

■

윤병일 선생은 꽤 많은 특기를 가지고 있었다. 검도 외에 일제시대 총검도 2단이었다. 가끔 총검도와 검도연습을 하는 장면을 보았다. 강용덕 선생은 곤욕을 치르시는데 의외로 서갑득 선생은 능하게 대처함을 보고 두 분이 검도 실력이 소위 이종(異種)무술에 대처하는 능력과 센스는 서갑득 선생이 훨씬 앞섰다. 그리고 윤병일 선생도 그렇게 생각한다고 늘 말씀하셨다. 그 만큼 서갑득 선생의 칼은 정확하고 특이했다. 그리고 해박한 검도지식으로 무한한 새로운 검술 쇼를 연출하시던 남정보 선생은 일찍이 화랑류 발도술(?)을 창안하셨지만 이즈음 엉터리 조선세법 엉터리 본국검 등등에 비하면 대단한 연구와 연출이었다. 그만큼 남정보 선생은 그만한 검도 실력의 바탕이 있었고 한 번 더 밝히지만 자신을 가르친 스승으로 친다면 일본 최후의 검도 10단 오이자유지 선생이 그의 스승이었다. 확실하게 남정보 선생은 일제시대 4단이 거짓이 아니라고 생각된다. 아까운 분이다 이 남정보 선생이 어느 검도 대회 식전행사에 윤병일 선생과 검도 대 총검도 시합을 연출하시었다. 물론 볼거리로써 시범이기 때문에 2:1로 윤병일 선생이 지는 씨나리오로 진행되었지만 그 시절은 충분한 볼거리가 되었다. 그 연기 일품의 남정보 선생은 좌 편수 상단으로 윤병일 선생의 총검도와 시합을 보기 좋게 연출하였다. 그리고 윤병일 선생은 말을 잘 타고 트럼펫 연주도 하는 분인데 그의 수영 실력은 프로 수준이었다. 과장된 얘긴지 몰라도 그 당시 그의 기록이 100M 1분 수준정도라 했다. 그리고 미술을 잘하는 서경교군 역시 수영을 잘 했다. 무슨 대회인가 출전한다고 서경교군과 동촌 금호강에 수영연습 하러 갔다는 기록이다. 검도에 대한 끈질기고 오랜 수련으로 유명한 원병일 선생 같은 분도 두 번 다시 검도 계에는 나타나지 않는다.

1959년 6월 3일 수 맑음

상무회 가다 윤정길 박경팔 송진선 도재승군 등이 왔다. 전국 학생 대회에 어떤 일이 있어도 우승해야 한다.

■

당시 대구대학 학생 체육부장 이던 박성재(현재 미국거주) 형이 대구대학 팀 출전을 주선했고 고등부는 필자가 경북고등 우승을 위해 팀을 이끌었다. 그러나 고등부는 수업을 하고 운동 시켰기 때문에 우승을 목표로 하는 것은 무리한 시도이기도 했다. 전에도 말했지만 윤정길은 필자에게 가장 위협적 후배였고 박경팔은 전 삼성전자 사장이었고 도재승은 레바논에서 납치 되었던 전 외교관인 바로 그 도재승 이다. 필자의 고교 2년 후배들이다.

1959년 6월 4일 목 맑음

대학부 출전 멤버는 배찬한 박경조 서경교 이회성 김재일 5명으로 확정했다. 이회성은 필자와최초의 고등부 전국대회에서 부장을 띈 고교동기동창이고 서경교는 늦게 출발했지만 굉장히 열렬하게 수련한 악바리 였다. 그리고 박경조 군은 농구 선수인 그를 검도로 끌어들여 수련하던 선수였고 배찬한 군은 대구공고 출신의 선수였다.

> 검농일지

제 22 화
최초의 종합 학생대회 시작
(1959년 6월)

1959년 6월 5일 금 흐림

··· 박성재 형은 시합출전 비는 충분하게 대줄테니 우승하라고 다짐했다. 박경팔군을 좀 꾸짖었다. 오전 이모할머니 장례식과 옆집 옥(玉)이 결혼식이 있었다···.

정태민 선생 댁서 식사했다.

■

이모할머니는(이효상 전 국회의장 어머니) 가끔 우리 집에 오시더니 작고하시었고 옆집 옥이는 초등학교 동기동창으로 21세의 필자에게는 21세의 동네 여자 친구가 그처럼 일찍 결혼한다고 하니 당시로서는 실감이 나지 않는 그런 나이다. 이상하다고 여겼다.

1959년 6월 6일

··· 현충일인데도 박두한 시합관계로 학생들과 연습했다.
정태민 선생의 승부욕은 대단했다. 현충일이라고 쉽게 하실 리 없었다.

1959년 6월 7일 일 맑음

영덕 재선거 김영수씨 낙선. 허무하다.

■

친구 김용욱군의 부친인 당시 항공대학 학장이었던 그의 부친 김영수 학장이 국회의원 출마에서 낙선했다. 당시 낙선을 서운해 하던 김용욱의 모습을 떠올리면서 이즈음 미국 워싱턴에 거주하고 있는 그 친구를 생각한다.

1959년 6월 9일 화 흐림

상무회가니 유병수 선생이 와서 경북고등 원정 타협했다. 대학부는 대구대학 체육부장 박성재 형의 주선으로 출전케 되었다.

출전 포지션은 정해졌다.

대학부 주장 김재일, 부장 박경조, 중견 배찬한, 2위 이희성, 선봉 서경교.

■

고등부 주장 윤정길, 부장 송진선, 중견 박경팔, 2위 도재승, 선봉 서용석이다.

당시에는 대구대학은 현재의 대구대학이 아니다. 전에도 말했지만 박성재형은 현재 인디아나주에 거주하며 명망 높고 체육교수로 있었다.

그는 비교적 늦게 유도에 입문했으나 뒤에 대구대학 졸업 후 다시 유도학교(현 용인대학 전신)에 입학하여 본격적 유도수업에 몰입한 열혈 파다. 그리고 당시 학생부 선수출전 각자 포지션은 필자가 늘 해왔다.

특히 이순영 선생께서 항상 자율권을 강조 하시면서 필자에게 짜보라고 늘 지시하셨다.

그 때부터 현재까지 필자는 선봉부터 주장까지의 포지션마다의 각각 틀리는 이미지를 가지고 있다. 그렇다고 해서 꼭 선봉은 이렇다 중견은 이렇다 주장은 이렇다라고 꼭 꼬집어 얘기는 못해도 나름대로의 특성을 이해하고 있다. 평생을 시합에 선수를 데리고 다녀도 한 번도 비굴한 승리를 위한 선수위치 장난은 하지 않았다. 이를테면 김재일 하면 선봉부터 주장까지는 오픈 시킨다. 그래서 상대가 필자의 출전 진용을 쉽게 파악할 수 있다. 이번에는 선봉을 누구를 내세우고 2위를 누구를 내세우고 다음에는 선봉을 다른 사람을 내세우고 2위를 바꾸고 하는 식의 편법을 쓰지 않았다.

각 포지션마다 독특한 특성이 있기 때문에 그 특성에 맞게 시합을 해왔다.

또 하나의 이유는 누구라도 덤벼 보아라. 나는 실력으로 할 것이지 선수 위치를 바꾸어 가면서 이기고 싶지는 않다는 자존심 지킴이요. 당당함을 보이고자 하는 필자의 기질이기도 한다.

필자의 평생에 가장 화려했던 선수진용은 전국체전 4연패를 하고 한 때 전국 각종대회를 싹슬이 하던 멤버를 살펴보자. 선봉에 정병구 2위에 김원태 3위에 태현대 중견에 김경남 5위에 황호문 부장에 선충근 주장에 고동수였다. 이 때 필자의 정서로는 선봉감은 정병구나 김원태이고 주장은 고동수, 황호문, 김경남, 태현대가 적임자고 선충근은 부장에 적임자라는 느낌이었다. 물론 이 선수들이 어느자리에 가더라도 자기 위치의 책무를 다할 선수이지만 이같이 걸출하게 뛰어난 선수들이 모였을 때의 필자가 짜는 포지션 배열형식이다.

이 중에 갑자기 한 두 선수가 빠지더라도 대기하고 있던 민천기. 김제휴. 장한규 박상범 등이 출전해도 거뜬히 우승을 쟁취하곤 했다. 어떤 의미에서 좀 미안하다면 정병구군과 홍성수군이다. 필자의 우승목적을 위해서 늘 주장을 못 뛰고 선봉만 뛰면서 선봉에서 큰 기록을 남긴 전형적 선봉 스타일이 되어 버렸다. 또 하나 재미있는 것은 한 때 대학시절 개인전 시합에 경희대의 김경남 황호문 정병구가 1, 2, 3위를 했다.

그 때도 단체전의 경우 이 세 사람을 기용하게 되면 선봉 정병구 중견 김경남 주장 황호문으로 짠다. 그만큼 황호문의 확실하게 믿음직한 주장스타일이고 주장으로써 역할은 오히려 김경남보다 앞선다. 평생에 참으로 아깝게 생각하는 필자 문하 선수로써 1호로 할만하다. 황호문과 연습하면 너무나 재미가 있는 그런 검도였다.

한 때 일본 나까구라 대회에 데리고 가서 일본선수와 연장 연장까지 가면서 일본심판의 치졸한 판정에 패했지만 국제 시합용으로 손색이 없던 선수였다.

특히 국가대표 선수에 선발되었음에도 별 흥미 없어 사양하던 인물이다. 그런 괴벽이 검도인으로써의 성공을 못 한 것인지도 모르지만 넉넉한 실력과 국내대회 개인전 단체전 여러 차례 우승한 그의 경력은 대형 선수라 할만하다. 더욱이 어쩌다 국내대회 단 한 번도 개인전 우승기록도 없고 단체전 주장을 뛰어 본 경험도 없이 어쩌다 국가 대표에 뽑힌 것을 매양 국가대표, 국가대표, 하면서 자기가 무슨 실력 있는 국가 대표선수인양 뽐내는 사람들을 보면 측은한 생각이 든다. 선충근 역시 국가대표에 선발 되고도 사양한 선수이다. 이 또한 자기 관리에 소홀한 사람이었다.

 그 자리를 메꾸어 대신 추천한 박상범은 선충근의 자리를 대신 메꾸었고 선충근보다 훨씬 성공한 케이스다.

 물론 선충근은 개인전 단체전 기록이 찬란한 경력을 보유한 선수이다. 그와 같은 선수기용의 감각적 판별은 오늘날까지 이어 오지만 당시 대학부는 앞의 진용이 좀 빈약했으나 고등부는 바로 주장이 윤정길 그해 3월 26일 대통령친람 무도대회 학생부에서 자신의 2년 후배격인 전북의 전영술을 2:0으로 누르고 준우승한 실력 있는 선수였다. 그리고 중견의 박경팔은 전 삼성전자 사장이었고 2위의 도재승은 전 외교관이었다.

> 검
> 농
> 일
> 지

제 23 화

"하얼빈의 호랑이" 이사길과 최장시간 혈투기

1959년 6월 11일 목 흐림

상무 가서 호구 묶어 역구 파출소에 맡겼다.

■

6월 14일 시합출전을 위해 역 가까운 파출소에 맡겨두었다가 출발 당일 기차에 편리하게 싣기 위해 시합에 갔다 와서 찾아가곤 하던 것이 이 시기의 풍속이기도 했다.

1959년 6월 12일 금 맑음

역에 가서 서용석군과 윤정길군이 나왔다. 출전비가 학교에서 나오지 않아 출전 할 것 같지 않다고 했다. 정태민 선생님과 신성 총무가 경북고등에 갔으나 출전비가 나오지 않았다.

기어코 경북고등 선수는 출전을 포기하고 말았다. 유도대가(柔道大家) 이선길 선생 생신이라 접대를 받았다. 고광찬 심홍보 김봉조 세분의 형사가 3천환을 주어 선수들 남포집서 식사했다.

- 이 기념비적 첫 학생대회에 절대 우승 후보인 경북고 등 불참은 참으로 안타까웠다.

- 1956년 57년 전국 최초 학생부 우승을 기록한 경북고등이 전력을 가지고도 출전이 불가하여 우승의 기회를 놓치는 경북고등의 입장을 살펴보자. 당시 필자의 2년 후배들인 경북고등 선수들의 검도부원들은 다음과 같다. 현승일(전 국민대 총장. 국회의원) 박철언(전 체육부장관 법무부장과 국회의원) 허봉열(서울대 병원의사) 박경팔(전 삼성전자사장) 도재승(전외교관)등 학업의 충실을 우선하는 학교의 검도부원들이었다. 예부터 남북한 통 털어 경기고보 (전 경기고등) 평양고보 대구고보(경북고등의 전신)이 한국 3대 명문고였다.

동남쪽 지방의 명문으로 지방 학교로써 보통 서울대학에 200~300명을 보내는 공부 위주의 학교에서 체육선수의 대회출전은 당시로서는 뉴스가 될 만한 사실이었다. 그런 학교였다. 슬프고 억울함은 필자의 안타까움일 뿐, 특히 승부욕 강하신 정태민 선생님의 안타까움은 필자의 안타까움과 같았을 것이다. 시합출전에 협조한다는 뜻에서 아마 세분의 경찰 검도인인 고광찬 심홍보 김봉조씨의 협찬은 참으로 고마웠다. 처음 입문할 때 다소 필자보다 일찍 시작한 분들에 고광찬 김봉조 심홍보 세분들이었다.

1959년 6월 13일 토 맑음

출발 9시반차로 선수 일행은 차에 올랐다. 차중에서 경남선수들 만났다. 국제 결혼한 아줌마와 심심찮은 말벗으로 차중에서 시간을 보냈다.

2시경 도착 경보예관에 들었다. 유도 부는 봉황예관으로 갔다. 무엇보다 체육부장 박성재형의 물심양면의 협조가 고마웠다.

이때 차중에서 만난 차복순이란 미모의 여인은 어린 딸 낸시와 함께 그 여인의 인생사들의 얘기를 들으며 가던 기억이 생생하다. 이후 로맨틱한 감정으로 "오수의 잠꼬대"란 글을 지방신문에 투고하여 활자화된 일이 있다. 그만큼 오랫동안 향기처럼 기억되던 미모의 여인이었다. 이런 글을 읽어 볼 리 없지만 언제 한번 만나는 기회가 있다면 얼마나 좋을까?

1959년 6월 14일 일 흐림

택시로 시합장소 서울 중고등 강당으로 갔다. 서정학 대회장 축사에 이어 드디어 대망의 제 1회 전국학생 검도대회는 막을 열었다. 첫 게임은 신흥대학 : 대구대학에 선봉 부장이지고 2위 중견이 이겨 2:2 주장 전에서 필자가 이기고 다음 대구대 : 경남 팀은 이위 만 지고 4:1의 스코어로 이기고 다음은 각도 주장 7명과 서정학 선생 지도대련에서는 평소 단련한 실력을 과시하는데 혼이 났다. 대구대 : 전남 대전에서는 중견만 패하고 4:1로 이겼다. 결승전 경북대 충북은 지난날 부산 전국체전 시 고등부 결승전 시합을 방불케 했다. 선봉중견이 패하고 2:2 주장서 필자가 이겨 우승했다. 중등부는 전주중 고등부는 서울경동고 대학부는 대구대학 우승으로 막을 내렸다. 개인상은 신흥대학 주장에게 갔다. 4전 무패인 전적을 올린 필자만 억울했다. 예상외로 대학부는 신흥대 부산대 청주대 대구대. 전남대 서울대 성균관대 7팀이었다.

필자생애에 가장 힘든 시합이었다. 당시의 필자가20세 이사길 선생이 33세였다. 그때에 신흥대학은 경희대 전신으로 나이든 유명 체육선수가 많았다. 신흥대학 주장으로 출전하여 필자와 잊지 못할 대전

(大戰)을 치루었다. 몇 년간 성남고등 인천체전 등지에서 지도하시다가 행방이 묘연했다. 2005년 우연한 기회에 조치원서 초등학교 검도대회에 구경 왔던 차 아무도 아는 사람이 없어 그냥 돌아 갈려다 평소에 필자에게 늘 얘기를 들은 도성기군이 이사길 선생 사시는 동네를 알아 114에 물어 찾아갔다. 46년 만에 찾아갔다. 공주 어느 산자락에 독거노인이 되어 혼자 쓸쓸히 지내고 계시었다.

"여보 그때 우리 한 세 시간 싸웠지?"

이 선생은 우리를 시합이 길었다는 기억을 세 시간으로 알고 계시었다.

일제 강점기 만주 하얼빈에서 검도 수련생 중 하얼빈의 호랑이라고 불렸다는 이사길 선생. 해방14년 후 나타나 1959년 6월 40여분 연장전서 혈투를 벌렸다. 생에 가장 힘들었던 시합중의 하나였다. 그 후 여러 사정으로 공주에 정착하여 계시기로 오랜만에 찾아 옛 이야기를 나누었다.
"하얼빈 호랑이였다"는 증언은 같은 시기 일본인 "모리 도라오"사범에게서 함께 배운 1년 후배 전동욱, 김영운 선생의 증언 이었다. 1969년 한국서 열린 제4회 국제 사회인 대회 참관 차 방한한 모리 도라오와 소위 만주파로 일컬어지는 이사길, 전동욱, 김영운 선생의 조우는 참 인상적이었다.

■

검도인으로 누가 서정학 선생님을 잊고 있는가? 바로 이 제 1회 학생대회도 서정학 선생님이 일선에서 활약 하실 때의 일이고 몸소 호구를 입으시고 대회 중간에 최고 기량의 대학 팀들 주장들만 뽑아 자신 있게 7인 대련할 분이 그때나 지금이나 아무도 없다. 그만큼 선생님은 최고의 실력자요 검도에 대한 애정과 애착이 제 1호라고 해도 틀림이 없다. 그 선생님의 말로를 보면서 누가 그 원흉인가? 치가 떨린다. 그때 7명 중에 필자가 다시 주장으로 나간다. 맨 마지막에 출전해서 주장 중의 주장답게 맹렬한 공격 일변도로 선생님의 지도를 받았다. 꼭 죽을 것만 같았다. "그만" 말씀하시기를 기다리는데 마지막에 상단을 취하시는 것이었다. 실은 상단은 가끔 남정보 선생님과 대련한 일이 있지만 참으로 틈이 없었다. 마치고 탈의실에 쓰러져 누워있는 필자를 보신 정태민 선생님이 "결승전 앞두고 무슨 힘을 그리 빼노?" 하시면 핀잔을 주시었다. 하긴 부장으로 뛴 청주대학의 오세억은 결승전을 앞두고 힘을 쏟지 않는 공격을 했다. 그렇게 결승전에서 맞붙은 필자는 다시 2:2의 스코어에서 주장 전으로 넘어와 오세억과 맞붙게 되었다. 지난번 고등부 시합 때에 2:2 주장 전에서 필자가 이겨 우승한 후, 다시 대학부에서 2:2 주장 전에서 이겨 우승을 했다. 그러나 이 시합에서 정말 기막히게 기억에 사라지지 않은 부분은 신흥대학의 주장 이사길과의 시합이었다.

그 해 3월 서울 3.1절 대회 시 지나가다가 우연히 둘러 다시 검도를 시작한 분이 당시 경희대 전신인 신흥대학 팀으로 출전한 것이다. 약 30분-40분간 싸웠으나 당시 단심제(單審制)였던 관계로 심판인 도호문 선생이 시합을 중지시키고 너무 오래 끄니 가볍더라도 한판 준다고 선언하고 다시 시합을 재개했다. 죽도치고 머리를 쳐 이긴 기억은 평생에 가장 힘든 시합 중의 하나였다. 그만큼 이사길 선생의 칼은 최고의 발랄함을 자랑하던 당시의 필자가 혼이 날 정도의 대 실력가였다. 필자보다 당연 연장이다. 46년 만에 그의 소재를 알고 그가 칩거하고 있는 공주 어느 시골에 찾아가 뵙고 왔다. 퍽 반가웠다. 경북고등 우승의 기회를 놓친 것이 안타깝고 고등부 우승의 경동고 김택준은 현재 8단이 되어 이태리에 살다가 타계 했다.

이때 김춘경이 고3이고 고규철이 고2이고 전영술이 고1이었다. 사진에 실린 모습 그대로다.

1959년 6월 14일 불같이 다투던 필자도 팔순으로 접어드는 시기에 옛 얘기를 풀어가고 있다. 일제 강점기 만주 하얼빈 출신 검도인 전동욱 선생 김영운 선생의 학교 1년 선배인 이사길 선생 별명이 "하얼빈의 호랑이"랄 정도로 검도 실력으로 명성을 날렸다고 했다.

검
농
일
지

제 24 화

대학시합최초의 우승과 환영 카프레이드

1959년 6월 16일 화 맑음

오전 11시 반 차로 하구(下邱 – 대구로 내려왔다는 말). 무개차(車)로 대구시가 행진하다.

대구 매일 신문, 대구 일보사 방문하다.

■

참으로 옛 날 이야기다. 전국학생대회 우승했다고 대구 시가지를 카퍼레이드 했다고 하면 이즈음은 상상도 못할 일이다. 그만큼 당시 운동 경기가 이즈음처럼 빈번하지 못했던 시절이다. 한국 세 번째 도시 대구에서 카퍼레이드를 했다 하면 제1회 학생 대학부 우승은 큰 영광이요, 한국 검도 역사상 최초, 최고의 기록이다. 더욱이 주장으로써 한 포인트 잃지 않고 전승한 필자의 만족과 기쁨은 비할 바가 없었고 이런 분위기에 깊이 젖어 오늘날까지 검도를 하게 되는 계기가 된 것 같다.

1959년 6월 17일 수 맑음

경찰국장에게 인사하고 대구 대학 이우창 학장님께 인사드렸다. 컵과 우승기를 봉납했다. 이순영 사범님 댁 가서 인사하고 저녁 때 향촌동 향미에서 연회 참석했다.

■

이 시절만 해도 경찰국과 유도 검도 도장은 밀접한 관계였고 주로 경찰국 상무 계와 연관되어 경찰 무도가 한창 성황을 이루고 있던 시절이다. 대학 검도부가 경찰 국장에게 우승 인사 방문은 이즈음은 상상도 못할 풍속 이었다. 그리고 2-3일 간 연달아 큰 축하연을 열어주곤 했다.

1959년 6월 18일 목 맑음
상무가서 운동했다.

■

전국대회 우승의 감격이 채 가시기도 전에 필자는 즉시 훈련에 복귀했다. 필자의 훈련 방법이 특이하다면 우승했을 때 더 훈련의 강도를 연장 연계시킨다. 만일 패했을 경우 충분한 휴식을 꽤 오래 취한다. 우승 분위기 때의 훈련과 패배 분위기에서의 훈련은 효과의 방향이 정반대라는 훈련 철칙이 이때부터 비롯하여 오늘날까지 선수지도의 방법으로 택하고 있다.

1959년 6월 22일 월 맑음
…… 상무 갔다. 정태민, 남정보, 배정도, 이순영, 신성 선생 등과 운동했다.

■

이즈음은 지도자 1명에게서 많은 선수들이 훈련을 받고 있다. 그러나 당시 필자에게는 이처럼 아득한 대 선생님이 여러분 계신 터에 그 집중적 각 선생님들의 특성을 익힐 수 있어 경북 검도가 그래서 막강했고 정태민 선생님이 전국의 어느 선생님보다 우승을 가장 많이 시키신 선생님이시다.

정리를 해보면 최초의 전국 체전 일반부시합 1955년도 우승을 기점으로 전국 체전 7연패를 했고 1956년부터 시작된 전국 체전 학생부 2년 우승을 경북고등이 했고 제1회 학생 대회에 경북 대구대학이 우승을 했은즉 도 사범 정태민 선생님의 지도 실력을 가히 쌍을 구할 수가 없다. 승부욕 강한 경남의 도호문 선생이 항상 샘을 내고 있었고 충북의 이교신 선생이 또한 승부욕 강한 선수였고 지도자였다. 그 후 제1회 세계 대회 감독이 정태민 선생이었고 선수가 도호문 선생이었다. 이 후 필자는 정태민 선생님의 가르침을 오늘도 잊지 않고 있다. 그 다음 이교신 선생의 제자 오세억, 김춘경, 반창남, 고규철 등을 배출한 사례는 우연한 일은 아니다.

1959년 6월 24일 수 맑음

······ 남정보 선생이 "검도교범" 책값을 수금해 달라 하였다···.

저녁 상무 가니 유도 지준달, 최종철, 장범용 사범 세분만 남고 강력반 직원들은 재선거구 월성 을구로 갔다가 오늘 돌아왔다. 저녁 상무 갔다. 오는 길에 17일자 대구 매일 신문에 기사화된 혈액은행서 피 판 돈 뺏긴 사람이 나를 잡고 밥을 좀 달랬다. 무술 회까지 가서 정태민 선생님 댁에 남은 밥 얻어주었다.

■

자유당 말기 부정 선거 만연할 때 이때 강력반 형사들인 검도 유도 사범들은 부정 선거 현장에 투입되기도 했다. 이 시절만 해도 가난한 시절이라 끼니를 잇지 못하는 사람이 허다했다. 오죽 배가 고프면 자기 피를 팔아 밥을 사 먹으려고 했을까? 어느 불쌍한 사람이 피를 팔아 나오는 순간 그 돈을 강탈당했다. 자기의 신문기사를 내게 보이면서 배고픔을 하소연하기에 하도 딱해 정태민 선생님께 가서 밥을 얻어 먹었다. 그때만 해도 인심이 후해서 그런 풍습이 있었다. 해방된 지 14년 후 6.25 사변 9년 후의 상황이었다.

1959년 6월 27일 토 맑음

오전 상무 가서 제1회 경북 학생 유도 대회 관람했다. 개인전 우승은 채일포 군, 준우승 윤창희 군, 고등부 단체전 영남고 우승, 준우승 부고, 대학은 경북대 우승, 경북대의 김주현 군의 후배 이우식에게 참패하는 모습은 참으로 비참했다. 언제고 나도 저 꼴이 될까 두렵다…….

■

우승의 채일포 군은 장사라 할 만큼 힘이 좋아 이후 씨름계에 진출하여 이름을 날렸다. 준우승 윤창희는 대통령 친람 무도 대회 고등부 우승자의 실력자로 미국으로 이민 갔고 뒤에 경북 유도 도 사범 신치득 선생의 사위가 되었다. 김주현 군은 필자와 함께 1957년 대통령 친람 무도 대회 준우승한 뛰어난 선수건만 일 년 후에 이우식에게 패한데 대한 필자의 충격은 컸다. 이우식은 당시에 굳히기 기술은 당할 자가 없던 선수였다.

검
농
일
지

제 25 화
도 사범 정태민 선생
순회지도 및 시범행각(示範行脚)

1959년 6월 28일 일 맑음

…… 정태민 선생님은 내일 6시경 김천 등지로 지방 순시 나가시게 된다고…….

■

이때만 해도 사범의 위세는 대단했다. 지방시군 검도 상황을 살피러 가면 융숭한 대접은 물론 검도 고단자 알기를 천황 폐하(?) 모시듯 하던 시절이었다.

1959년 6월 30일 화 흐림

상무 가서 배성도 선생과 서경교 군 셋이 운동했다…….

■

이따금 사람들이 없어 사범 한명에 수련생 2명이 수련할 때도 있다. 배성도 선생의 강도 높은 훈련은 그 소문이 검도 계에 파다할 정도로 강했다.

1959년 7월 1일 수 흐림

…… 저녁 대구 매일 신문에 나의 수필이 실렸다…….

■

가끔 끄적거리는 글을 신문에 투고했더니 기재되어 가벼운 흥분을 하기도 했다.

1959년 7월 2일 목 맑음

상무 가니 이순영 선생이 현금 만환을 주셨으나 받지 않았다.

■

선생님은 젊은 필자의 잡비를 하라고 주셨으나 예나 지금이나 까닭 없는 돈 받지 않은 것은 나의 버릇이었다.

1959년 7월 4일 토 맑음

종일 한국문학 전집 22호 황순원의 역작 "별과 같이 살다"를 읽었다.

■

당시에 필자는 참 많은 소설을 읽었다. 어릴 때 꿈이 서점 주인이 되는 것이 꿈일 정도로 참으로 책을 좋아했었다.

1959년 7월 5일 일 맑음

…… 저녁 정태민 선생 댁 가니 김천 상주 봉화 예천 등 6개 지역 순회를 마치셨다고…….

봉화 도장이 상무 도장보다도 약간 적다고 하시었다. 이때도 도 사범은 할 만 했다. 경찰 경급 대우에 차 도 한대 나왔으니 이 제도를 만든 서정학 선생님의 공적은 어디 갔는지…….

1959년 7월 9일 목 맑음

상무 갔다. 어제부터 세무서직원들이 많이 나왔다. 이사범(순영)과 운동했다. 황순원 선생의 카인의 후예 읽다.

■

늘 이야기하지만 필자의 검도 생애에 가장 흠모하던 분은 인격자 검도인 이순영 선생과 김종철 선생 두 분이라 했다. 그 때 동부세무서 간세과장 김종철 선생의 부하직원 세무서원들이 많이 나와 운동했다. 이 무렵 필자는 많은 문학작품과 가까이 했다.

1959년 7월 10일 금 맑고흐림

상무 갔다. 학생 넷과 나와 운동했다.

■

이 무렵 필자는 왕성한 2단(1959년 31일자 승단)으로 사범님들이 나오시지 않는 날은 필자가 사범 역할을 대신했다. 이 때 나오던 후배들이 명사 중에는 박철언 전체육부장관. 이의익 전 대구시장. 현승일 전 국민대 총장. 박경팔 전 삼성전자 사장 등이 있다.

1959년 7월 11일 토 맑음

상무 갔다. 학생들 지도했다. 이순영 선생께서 18일 영천(永川)서 도장개관식이 있으니 학생 5명과 서경교군과 같이 갈 준비하라 하시었다.

■

해방 된지 14년 되던 해로 잠시 소강상태에서 일본이 물러 간 후 다시 검도 유도가 살아나던 시기라고 할까. 기존의 일본인들이 지어놓간 검도 유도 도장이 부활의 의미로 새로 개관하곤 했다. 이 때 영천에 개관이 있다는 전갈이 온 것이다.

1959년 7월 15일 수 맑음

작년 일본서 귀국한 대건 고교 3년생이 검도 회에 입회했다.

■

일본서 돌아온 일본통의 검도수련생이 가끔 입회했다.

1959년 7월 18일 토 맑음

오전 8시경 도장 가니 서경교군이 오고 있었다.

정태민 선생님 지프차로 이순영, 남정보, 김종철 선생 불러 신성 총무차로 모두 출발.

동촌 부근서 타이어 펑크. 버스로 바꿔 타고 반야월 도착. 반야월서 기차로 영천 도착 윤병일 3단이 4인 대련 시범이 있었다.

서경교, 배찬한, 심홍보, 김재일 순으로….

정태민, 남정보 선생의 대도 소도의 본과 남정보 선생의 화랑류 발도술과 개인고점시합이 있었다. 저녁 귀향.

■

신성 선생은 유일하게 경찰이 아니면서 사업을 하시었고 오랫동안 경북 검도 회 총무이사로 수고하시었다. 그리고 심홍보 씨는 유명한 정보 형사로 주로 사상범들이 가장 겁을 먹는 사람이었으나 검도 고단자에 대한 그의 고분고분 함은 참으로 특이하다고 할까.

차라리 그 시절 일본인들이 지어 주고 간 도장들이 그대로 있었다면 전통적 검도문화가 존속되었을 것이다. 요즈음 체육관을 빌려 대회를 치루는 우리 검도 시합장 문화는 엉망진창이다. 라커룸이 없어 죽도 호구 던져 놓고 마구 타넘고 다니고 휴지, 빈병, 깡통은 물론이고 화장실은 담배꽁초 휴지 등 난장판이다. 검도장 하나 없는 우리 실정에 이제 경기도 검도 수련원이이 건립되었다. 검도의 전통문화를 다시 정비할 계획이다.
또 하나 집고 넘어가야 될 것은 남정보 선생의 화랑도 발도 술 이다. 해방 후 검도지식이 가장 해박한 남정보 선생의 발도 술은 이즈음 생각해 보면 비웃던 그들은 그런 발도 술을 창안할 만한 지식도 없는 사람들이었다. 그만한 지식이 있기 때문에 그런 작품 창안이 가능한 것 아니겠는가? 지금 우리 주변에 난립하고 있는 사이비 무술들과 검증 받지 않는 고전 무술 등의 성행은 극히 우려할 만 수준이다. 더욱이 귀한 무술자료인 조선세법 본국검 등을 강제로 교육시켜 보급 아닌 보급을 시킨다면 이 또한 엄청난 왜곡된 무술문화 전달의 범죄라고까지 규정지을 수 있을 것이다.

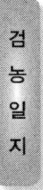

제 26 화

윗분들의 불화조짐

1959년 7월 23일 목 맑음

상무 갔다. 운동했다. 세무서 직원, 간세과장, 김종철 선생 나왔다. 수박을 한 가마니 따 오셨다.

1959년 7월 28일 화 맑음

정태민 선생님 지방 출장 갔다 오시었다. 형무관 세무서원 각 1명, 학생 1명 등 운동했다.

1959년 7월 29일 수 맑음

상무 갔다. 정태민, 이순영 선생 안 나오시고 배성도 선생과 오랜만에 나오신 강용덕 사범님과 운동했다.

충북과 아니 전국 시합 때 고전을 생각해서라도 열심히 해야지.

■ 해방 후 학생부가 경북이 선두 주자로 달릴 무렵 충북이 뒤따르고 있었고 충북의 오세억과는 주장으로 맞붙었다. 고등학교 시절 부산서 고전 끝에 이기고 다시 대학부에서 맞붙은 기억들이 더욱 더 연무를 해야겠다는 다짐을 하며 맹훈련을 했다.

1959년 7월 30일 목 맑음

… 상무갔다. 정태민 선생, 남정보 선생, 강용덕 선생 등과 운동하다….

1959년 7월 31일 금 맑음

거성(巨星)은 떨어지다. 전 진보당 당수 조봉암씨는 정치 운동한 죄밖에는 없다는 말을 남기고 세상과 이별주를 마시고 교수대의 이슬로 사라져 버린 허무한 무(無)의 존재가 되어 버렸다.

■ 정치에 관심이 있는 것은 아니지만 조봉암 선생은 아까운 분이란 걸 나는 잘 알고 있어 그의 억울한 죽음을 나는 애통해 했다.

1959년 8월 1일 토 맑음

상무 갔다. 정태민, 남정보, 배성도, 강용덕 사범님, 서갑득 씨, 고광찬, 심홍보, 김봉조 형사, 세무서 직원 다수 참가하여 운동했다.

■ 이 무렵이 모서(冒暑) 연무 기간으로 많은 인원들이 그럴싸하게 열렬한 수련을 하던 시절이다.

1959년 8월 9일 흐림

… 배성도 선생 댁 들렸다. 배 선생은 무슨 불만인지 정태민 선생님을 욕하며 운동하지 않겠다고 했다.

1959년 8월 15일 토 맑음

상무 갔다. 경북유도회 모서 특별 연무 기간 최종일로써 시합이 있었다. 이선길 선생 방영두 치안국 유도 체육관 님 등의 참석 리에 개막, 유단자 특선 시합에서 이우식군이 영남고의 윤창희 군한테 지고 윤창희가 최태룡에 졌다. 검도는 내 20일부터 모서 특별연무기간이라 했다.

■

유도의 이선길 선생은 전 일본 유도 선수권대회 3회 우승의 신화적 인물로써 필자의 검도 은사 이순영선생의 부친이시다.
윤창희는 1959년도 마지막 이승만 대통령 친람무도대회 학생부 우승자였다.

1959년 8월 17일 월 맑음

상무 갔다. 남정보 선생과 검술 본을 했다.

■

필자는 꽤 일찍이 검도의 본 대도 소도를 익혔고 남정보 선생의 높은 경륜 자상한 지도가 필자 성장의 큰 도움을 주셨다.

1959년 8월 18일 화 맑음

상무 갔다. 운동을 마치자 이 사범님이 나를 불렀다. 정 선생 비

행사실이 폭로단계에 이르렀다고 하며 내일쯤 무슨 사태가 벌어진다고 했다.

이순영 강용덕 사범만 제외하고 다른 사범들은 이미 중앙에 불신임을 상신하는데 날인 했다고 한다.

이 사범이 "정 선생이 너 한 테 암말 안하시던?" 하고 물었다 저야 아직 운동에 충실해야 할 따름이라 했더니"그렇지만 이제 너도 그렇지 않다고…. 경북이 싫어서 경북을 떠난 이유 중의 하나가 바로 정태민선생과 남정보 선생의 갈등이었다.

사적으로는 남승희 선배의 부친이요 공적으로는 나의 선수로써 직접 훈련을 정태민 선생님이 더 많이 관여하셨다.

검농일지

제 27 화
검도계 균열의 숙명적 원인

35화의 마지막 부분의 이야기를 반드시 연결하여 필자의 입장을 밝혀야겠다.

당시 정태민 선생님과 남정보 선생의 앙숙지간의 관계는 아래 사람들이 퍽 난처한 상황이었다. 남정보 선생은 1913년생으로 정태민 선생과는 3년 차이로 정태민 선생이 1916년생이다.

일본 사가 중학에 다니신 남정보 선생은 오아자유지(大麻勇次)선생 (일본최후의 10단)의 제자요 전통 고급 검도 지식과 검도 실기를 익히신 분이다.

경북 영양이 고향으로 사업 수완도 없는 바가 아니다 목재소도 경영하고 남영인쇄소도 운영하고 검도 외로 눈길을 돌릴 줄 아는 일찍이 검도외의 생계를 구상하던 그 당시로써는 꽤 영리한 처신의 인물이었다.

대개의 다른 분들은 거의 변통수 없이 검도에 매달려 구차한 생계에 매달리는 생활들이었다.

　대개 당시 상황으로는 어쩔 수 없는 입장들이었다. 남정보 선생 역시 일제시대 일본 명치 대학을 나온 드물게 좋은 학벌로 경찰에 투신했고 소위 학사 순경으로 경찰에 몸담고 있었다. 당시 대구 사회의 한국인으로 검도 고단자로 인식되는 분은 정태민 선생보다 남정보 선생이 더 알려져 있었다. 그러나 해방을 맞고 다시 경찰에 투신하여 경감까지 진급하고 6.25때에 공비 토벌 전투 중 오른손 부상으로 평생 강한 검도 연습을 못 하셨다.

　수련을 하는 필자 등 수련생들도 연습 중 선생님의 오른손목을 강하게 칠 수 없었다. 그러나 그의 유연한 검풍은 아찔아찔한 공격기술이 있어 깜짝 깜짝 놀라게 했고 해박한 그의 검도 지식은 지금도 머리 숙여지는 고급지식이었다.

　그리고 검도를 밑천으로 연출하는 재미있는 검도는 지금도 구경할 수 없는 대단한 볼거리 연출이었다. 그리고 그는 몇 안 되는 일제시대 4단 중의 한분으로 알고 있다.

　남정보 선생의 증언으로는 정태민 선생이 일제시대 3단이었고 김영달, 도호문 선생이 2단이었다고 말씀하시었다. 해방 당시 남정보 선생이 31세 정태민, 김영달 선생이 28세, 도호문 선생이 24세 였으니 설득력 있는 증언 같다. 정태민 선생은 원래 유도 2단으로 김천 경찰서 근무하고 있을때 남정보 선생이 불러내어 검도로 전향시켰다고 말씀하시었다.

　결국 검도 입문은 남정보 선생이 먼저 시작했다고 했다. 그 사실에 비추어 설명한다면 당시로써는 엄격한 검도 세계에서 위상은 남정보 선생이 훨씬 위쪽에 위치하고 있었던 셈이다. 그때 검도 회에 사환 비슷하게 근무하던 배성도 선생은 남정보 선생을 상전처럼 보시던 상관관계였을 것이다.

배성도 선생이 검도 회에 근무하면서 익힌 검도실력 역시 일본인에게 강하게 배운 좋은 검도였다. 그러나 그는 경찰에 투신 하지 못했다. 그러다가 해방을 맞고 남정보 선생은 사업 때문에 잠시 검도를 떠나 계셨고 정태민 선생은 즉시 중앙 서정학 선생을 찾아뵙고 대한 검도회 결성의 초기 멤버가 되었다.

이때 해방 후 한국 단 5단을 먼저 승단하고 남정보, 배성도 선생은 뒤에 승단한 그 애매한 사건이 돌아가실 때까지 평생 앙숙이요. 견원지간의 관계가 되었다. 팔을 다친 남정보 선생보다 건장한 체구의 정태민 선생은 유연하다기 보다는 그 전투성 짙은 검풍은 시합 즉 선수로써는 사나울 정도로 시합에 능한 분 이셨다.

더욱이 그 당시로써는 단 한명도 사용하지 않은 양손 찌름, 한손 찌름을 특기로써 구사하시던 분이다. 정리를 하면 "내가 불러내어 검도를 시작한 너는 내 후배가 아닌가?"하는 남정보 선생과 비록 그렇다 하나 "내가 너보다 5단을 먼저 승단했으니 현실적 기준은 내가 너보다 우선한다." 하는 식의 갈등은 끝없는 분쟁의 연속이었다.

이 고질은 현재까지도 이어오고 있으나 옳고 그름의 답이 쉽지 않다.

이런 소모적 논쟁은 얼마나 검도 발전에 큰 저해를 하는가, 정태민 선생과 남정보 선생이 평생같이 가지 못하고 균열된 부분을 심도 깊게 조망하면서 다시는 이런 상황이 없었으면 하는 생각을 한다. 이런 경우의 케이스를 모델로 하여 곳곳이 때때로 야기되는 불행한 사례를 근절하는 연구가 있어야겠다.

　남정보 선생은 검도를 먼저 시작 하셨고 정태민 선생은 늦게 시작 하셨다. 남정보 선생은 일제시대 4단이셨고 정태민 선생은 늦게 시작 하시어 해방 당시 3단이셨다. 이것이 두 분의 격렬한 분열의 첫 번째 이유다.

　그러나 남정보 선생은 사업 등으로 잠시 공백이 있는 사이 해방 후 5단을 먼저 승단하시었고 남정보 선생이 팔을 다쳐 격렬한 수련에 몰입할 수 없었다. 정태민 선생은 좋은 신체로 격렬한 수련에 임하고 있었고 초기 전국 규모 대회에서 도 대표로 출전하여 2회 우승을 하며 고단자의 제 1서열에 자리를 잡았다.

　즉 해방 후 한국적 상황의 입장에서 유리한 위치에 정태민 선생이 서시게 되고 남정보 선생의 과거 선배, 그리고 현실적 검도 기능(오른 손목 부상)이 불리함이 뒷자리로 밀리게 된 것이다.

　문제는 여기에 그치지 않고 한 시도를 이끌어가는 상부에 위치한 두 분들 불화 속에 아랫사람들의 처신이 퍽 곤란한 점이다.

　필자도 예외도 아니어서 어느 한쪽에 위치하기가 난처한 실정이었다.

　그러나 숙명적으로 필자의 선수로써의 관리는 정태민 선생님이 하시지 않으면 안 되었다.

　우선 강도 높은 직접 훈련이 정태민 선생으로 인해 이루어졌고 정말 죽을 지경의 훈련은 지금도 잊을 수 없다.

　그리고 1957년 대통령 친람 무도 대회에서 정태민 선생님은 일반부 경북 대표로 필자는 학생 대표도 출전하게 된다. 이때에 정태민 선생이 41세 필자가 18세였다.

그리고 1967년 최초의 국가대표 5인조 대회 때 정태민 선생이 주장 이었고 강용덕 선생이 중견이요 필자가 2위로 출전하고 이어 같은 해 제3회 국제 사회인 대회에 정태민 선생이 주장으로 필자가 3위로 출전하게 되니 어차피 정태민 선생님과 한 통속이 안 될 수 없게 되었다.

그러나 남정보 선생의 이론은 필자가 엄청난 지식 수급의 원천 이었다. 두분의 균열의 이유를 어떻게 판가름해야할지 의문 이지만 필자가 양분된 분위기에서 견디지 못하고 고향을 서럽게 떠나는 계기가 된다.

타향 경기도에서 온 정열을 쏟아 오늘에 이른 것이다. 이런 고질적 불협화는 검도 발전을 크게 저해됨은 틀림없다.

> 검
> 농
> 일
> 지

제 28 화

단급의 권위와
검도계의 질서 형성의 과정

정태민 선생도 남정보 선생도 다 떠나가셨다. 그분들의 싸움은 아무것도 남기지 않았다. 남겼다면 불화를 통해 편 가르기 같은 것인데 소위 실권을 쥔 자기에게 이익되는 편에 서게 되는 풍조이다. 이럴 때 질서유지의 행동강령이나 검도 특유의 계율을 실천하지 않으면 검도 회가 민주적 모습을 갖출 수가 없다.

어느 단체를 장악해서 나의 이익을 위하는데 만 열중 하는 무리들의 모임이 있다면 그 집단의 장래는 암담하다 일단 검도 회 얘기를 하기로하자 검도는 단급 서열 계급 문화의 단체다 그리고 그 단급은 권위가 있어야 한다. 이 기회에 단급의 권위와 우리나라 검도계의 현제까지 질서 형성의 과정을 정리하자.

한국 근대검도의 태동이 50년대 중반이다. 해방 후 처음 만난 낯선 검도인 들끼리 단급서열이 불가할 때 나쁜 말로 넉살 좋고 뻔뻔스럽게 남을 앞지르는 성격의 사람이 앞선 자리에 위치를 잡는 경우가 있다. 혹은 자신의 과거의 단급을 거짓으로 속여 위치를 잡는 경우도 있다. 보다 더 중요한 판별 방법은 그 분들의 실력이다. 실력이야 말로 그 사람의 시합이나 연습장면이나 실제 대련을 해 보면 알 수 있다. 1920년생 이전을 기준으로 한다면 일제시대 5단 서정학 이종구 호익용 선생은 더 물을 것 없이 실력자이시고 그 다음은 전승호 남정보 김기성 선생중 김기성 선생이 연배가 좀 아래지만 일제시대 4단이라 하시니 믿을 만하고 실력 또한 훌륭하시었다.

그 다음 대통령 친람 무도대회에서 당당히 우승하신 전승호 정태민 도호문 이교신 강용덕 선생 등이 실력을 인정 할만하다.

그런 기준 이라면 정태민 도호문 이교신 강용덕 선생 순이 될 수 있다. 이럴 경우 억지로 도호문 선생이 "형님! 형님!" 하면서 정태민 김영달 선생 윗자리로 서고 말았다. 도호문 이교신 선생은 같은 1920년생으로 안다. 정태민, 김영달 선생 1916년생인데 어떻게 해서 서로 다른 곳에서 검도를 익힌 분들끼리 그런 서열이 되었는지 의문이다. 그러나 김영배 서동준 선생 같은 경우는 시합기록이 실력으로는 강용덕 선생에게는 미치지 못하는 실력인데도 윗 자리로 가서 있었다. 특히 서동준 선생은 연령으로나 검력으로 강용덕 선생과는 차이가 엄청나지만 청와대 근무중인 서동준선생의 위세(?)에 불평스런 아랫자리에 위치하셨다. 이 때 서정학 호익용 이종구 선생 같은 분들이 위치를 정리 해 주었어야 했다. 그런 풍조가 아직까지 내려오고 있으니 이 단급의 권위가 있을 수 있는가. 사실 그대로 과거 선배지 현재는 내가 먼저 승단했다는 특수한 상황을 빼고는 열심히 오래한 사람이 단급이 우선해야 한다. 그리고 시합기록 시합 기능을 기준 한다 해도 합당한 판별을 기준해야한다.

참고로 중요 인물들의 생년월일을 적는다.

서정학 1917. 3. 26	호익용 1901. 7. 26	이종구
정태민 1916. 4. 30	김영달 1916 8. 13	도호문 1920. 3. 5
이교신 1920. 5. 23	강용덕 1925. 1. 15	김영배 1924. 5. 1
윤병일 1923. 9. 11	박종규 1914. 1. 11	서동준 1923. 4. 23
전동욱 1925. 2. 25	김응문 1920. 4. 11	박홍률 1925. 3. 27
이사길 1926. 7. 15	정동섭 1909. 8. 9	김춘경 1940. 3. 20
고규철 1942. 1. 21	홍재호 1939. 4. 6	배찬한 1934. 2. 25
이경제 1940. 6. 26	전영술 1943. 3. 25	김재일 1939. 12. 7

　　　　　　　　　　 - 이상 제4회 국제 사회인 대회 출전 임원 선수
　　　　　　　　　　　　　　　팜프렛 발췌 1969. 4. 27

남정보 1913. 2. 3	김유섭 1913. 5. 25	조건형 1909. 10. 17
전맹호 1919. 2. 21	조병용 1901. 3. 18	신성균 1900.12. 13
이홍국 1914. 8. 20		

　　　　　　　　　　　　　　 - 이상검도세계 1998. 10. 6월호

김석춘 1927. 8. 31	천화선 1924. 3. 18	이용팔 1926. 12. 13

　　　　　　　　　　　　　　　　　　 - 이상 1967. 10. 8
　　　　　　　　　　　제3회 국제사회인 검도대회 팜프렛 발췌

이상의 기록은 1965년 최초의 국제대회인 제1회 국제 사회인 대회 1966년(대만) 제2회 국제 사회인 대회(오끼나와), 1967년 제1회 국제 검도대회, 그리고 제 3회 국제사회인 검도 대회, 그리고 1969년 제4

회 국제사회인 대회까지의 기록을 뽑은 것이고 이 대회가 사실상 각국 대표 급들이 모인 시합이었고 일본을 제외한 다른 나라들은 전부가 국가대표 급 들이었다. 이어 1970년 제 1회 세계대회에서 일본을 제외한 다른 나라들은 국제사회인 대회 출전선수들이 그대로 출전한다. 이점을 명심하여 앞으로 한국 검도 사를 정리할 때 입상자의 실력 판가름을 올바르게 해야 할 것이다. 외국 유명 선수들의 얘기는 뒤로 미루기로 한다.

검
농
일
지

제 29 화

검도계의 서열과 불화

전 회의 검도회 불화의 여러 가지 요인 중에 서열 문제, 검도 경력, 실력 등이 바르게 정리되어 명확한 서열이 합리적으로 정리 되는 것이 불화의 요인 제거의 1차적 목표가 될 수도 있다.

남정보 정태민 선생의 불화 속에 판가름 비슷한 분위기가 형성되어 정태민 선생 쪽은 자연히 이순영, 강용덕, 김재일 등이 되고 남정보 선생 쪽은 배성도 선생이 서게 되고 중도 는 신성 선생 등이 있다.

그러나 필자는 감히 어느 쪽이란 선명한 위치가 아니었고 여러 정황상 다른 사람들이 그렇게 판단하는 것이었다.

여기에 실권의 정태민 선생 쪽은 아래 검도인들 특히 현직 경찰 들은 거의 정태민 선생 쪽이었다. 이용팔 전대 구 검도회장, 선수로써 활약한 김봉조, 고광찬, 서갑득, 정태식, 김영운, 심홍보 등이 그러했다. 여기에 중요한 변수가 윤병일 선생이었다. 50년대 60년대까지는 정태민 선생님 쪽이었다가 70년대는 다시 남정보 선생 쪽에 위치

했고, 필자와는 불행하게도 오랫동안 두 가지 이유로 코드가 맞지 않는 선후배가 되고 말았다. 첫째는 정태민 선생과 남정보 선생 사이를 오간 그의 태도(?)가 어린 나이에도 마땅치 않았고, 또 하나는 66년도 제 1회 이 충무공 탄신 전국 검도대회 경북 대표 선발 시합 때이다. 전무이사 남정보 선생이 지명을 하려 하시기에 시합해서 선발해서 대표를 뽑자고 필자는 우기고 말았다. 단 두 사람이 나와서 필자가 이기는 바람에 제 1회 이 충무공 대회에 출전케 되는 것이 윤병일 선생과는 별로 좋은 관계가 유지되지 못했다. 뒤에 소상히 밝히겠지만 결코 필자가 윤병일 선생보다 실력이 나아서 이긴 것만은 아니라고 생각한다. 이런 분위기 속에 50대가 될 때까지 윤병일 선생은 경북 일반부 주장 자리를 비워주지 않았다. 이 무렵 후배 김춘경, 전영술 사범도 이미 충북, 전북 주장으로 활약하다 거의 주장 은퇴시기가 될 무렵이었다. 필자는 필자의 독립무대가 절실히 필요했다. 부득이해서 고향을 떠나고 경기도로 정착한지 44년이 된다. 이와 같은 불행한 균열은 다시없어야겠다.

1959년 8월 20일 목 맑음

…… 오늘부터 경찰 모서 특별 연무 기간이다. 경찰들이 와서 견학했다.

■

이즈음의 경찰 무도의 열기에 비하면 당시 경찰 무도의 그 열성적 분위기는 비교가 않된다. 일제시대 지극히 정돈된 검도, 유도 무술은 경찰 무술의 완벽한 내용을 이루고 수련되었다. 도 시 군 까지 도장은 다 있었고 필수적으로 수련했다.

정신적 육체적으로 강도 높은 내용 있는 수련이었다. 이즈음 경찰 대학 심사를 가보면 간부라는 이유로 수련의 소홀함은 차라리 폐지시키는 것이 옳지 않을까 하는 수준이다. 즉 그 당시의 간부급 사범들의 실력들이 지금 경찰 간부 사범들 보다 못하다는 뜻이다.

1959년 8월 22일 토 흐림

······ 상무 갔다. 정. 남. 이. 강 . 서. 사범과 신성 총무 등이 전 날에 비해 수고가 많았다. 운동 끝나고 신성 총무 4단 승단에 대한 회의가 있었다. 1917년 선생인 신성 선생이 3단이셨고, 필자가 2단이었다.

검
농
일
지

제 30 화

일본이 정착시킨 일본무도의 한국 정착 사

상무 갔다. 2군(軍)의 태권도 연무 생들이 세무서 직원 검도부와 윤정길 군 등을 불러 모아 검도 발전을 위한 회합을 보았다. 2군(2軍)이라 함은 2군 사령부의 약칭이다 아마 5.16 군사혁명 당시 박정희 소장도 2군 소속이었던 것으로 기억된다.

■

이 무렵 태권도는 비로소 그 움직임이 보이기 시작했다. 원래 일본서는 검도 유도 궁도만 도(道)로 행하였고 가라데는 그 반열에 끼이지도 못했다. 그 가라데가 한국에서 태권도로 변하고 1957년 3월 26일 이승만 박사 생신 기념 무술 대회에서는 검도 유도 궁도 시합만 할 때 태권도는 겨우 시범이나 보일 정도의 종목이었다. 그 태권도가 검도 유도가 오래 사용해 온 도장에 침투 하는 그런 날이 된 셈이다.

당시에 필자는 퍽 우울했고 불쾌했다. 검도장에 왜 태권도가 와서 운동 하는 가고….

그래서 아마 필자가 후배 윤정길 군 등 실제 수련의 주인공들을 모아 대책을 강구하느라 회의를 한 것 같다. 왜냐하면 도장을 늘 텅텅 비워 두면 태권도등 다른 종목이 끼어들 수도 있기 때문이었다. 이 때 태권도는 저 최홍희씨의 오도관이 군(軍)에서 또아리를 틀 무렵이었다. 이 후 4~5년 이후 본격적으로 검도장에 함께 운동하자고 집요하게 찾아들고 하던 얘기는 뒤로 미룬다.

이렇게 출발한 태권도가 유도와 더불어 크게 발전하여 올림픽에 가입할 때 까지 검도는 올림픽은 커녕 아시안 게임에도 못 들어가고 있다. 이 부분의 중요성을 깊이 인식하고 그 원인의 과학적 규명과 그로 인한 검도의 진로를 잡아야 할 것이다.

그렇다면 유도 태권도는 어떻게 해서 그렇게 빠르게 발전하였는가?

첫째, 유도 태권도는 장비의 편리함 즉 도복만 있으면 된다는 조건이 유리했고
둘째, 더 중요한 것은 그 어려운 해외 보급에 일찍이 노력해 왔다는 점이다.
셋째, 다 같이 일본에서 건너 왔지만 가장 일본적인 것이 검도였다는 점도 이유의 일부가 될 수도 있다.

1957년 이대통령 친람 무도 대회때 일본 냄새가 난다고 기합을 넣지 말라고 까지 했으니까…. 그러나 검도는 한.일 감정을 배재하고 본다면 그 많은 일본 무사 이야기 등 많은 자료들이 검도 보급의 유리한 면도 없지도 않았다.

중요한 것은 태권도만이 가라데의 변신이면서 가장 우리 것이라고 강하게 우겼고 나름대로 많이 우리 것 화 시킨 것이다. 특히 미주 지

역의 보급은 유도 태권도인 들의 헌신적 노력이 었다. 심지어 불법 체류를 하면서 이리 피하고 저리 피하면서 보급한 태권도는 세계적으로 보급되는 전기가 되었다.

그 동안 검도인의 미주 진출 보급은 전무했다.

물론 장비 구입이라는 불리한 조건도 있었지만 유도 태권도, 만한 열렬한 노력가가 없었다.

필자는 현재 경기도 검도회 김제휴 전 부회장의 동기생인 전종근 군의 미주 활동을 얘기하지 않을 수 없다. 인천체전 6회 졸업생으로 검도부 주장이었다. 5단부 우승을 하고 오래 전 미국으로 떠났다. 인천체전서 필자 아래서 수련을 한 최성운 군은 2회 주장으로 일찍 필자의 문하를 떠나 광주에서 정착해 8단 승단을 했고 동기 정훈덕군은 캐나다로 이민 가서 되돌아 왔고 3회 고동수는 징계를 당해 제주도에 머물러 있다. 4회 도성기군이 오래 필자 곁에서 성장해 왔고 동기 김국환군은 충북에서 활약하고 있고 김재곤은 인천서 활약하고 있다. 또한 동기 김동진군 근년 미국에서 타계했다. 장한규는 경기도 검도회 부회장으로 필자 옆에서 오래 고락을 같이하다가 근년에 타계 했다. 민천기 이은범은 8단 승단하여 강원도와 경북에 정착 해 있다. 6회 전종근은 미국에 가고 필자의 해병대 전우로 미국에 거주하는 김정은씨를 소개시켜 검도 보급을 시작한지가 수 십년이 되었다. 그러나 필자가 세미나를 해서 초단을 준 전종근의 문하생이라 할 수 있는 K군이 대한 검도 회에서 6단까지 받게 됨으로 전종근은 불쾌하게 생각했고 미주자체에서 단급을 발행했다는 이유로 제명을 당했다.

그러자 전종근은 세계검도회(W.K.A)를 조직하고 말았다.

필자가 그 중간에서 많은 곤욕을 치르고 있지만 이 문제는 유도 태권도와 비교해 볼만하다. 그렇게 미주에서 독자적으로 단급을 발행하고 생계를 유지하면서 본국 국기원에 와서 단급을 받아가는 제도가 국제적 발전을 촉진 시켰다. 아무도 징계를 주지 않고 잘 발전되어 왔다. 어쨌건 미주에서 징계당한 여러 한국 검도인 들은 대한검도 회와 직결되는 팀과 균열을 이루고 있으니 안타까울 뿐이다.

이것이 검도가 유도 태권도 보다 발전이 늦은 이유의 전말이라고 분석해 본다. ○○검도 ○○검도가 오히려 우리 검도 못지않게 세계 무대에 진출한 사실도 간과할 수 있는 현실이다. 지금이라도 해외 진출은 계속해야 되고 해외 거주 검도 인들을 규합하여 대동단결 시켜야 할 것이다.

검
농
일
지

제 31 화

최초의 한,일 유도,
경북 대표(10인조)와 노천 공개시합.

1959년 8월 29일 토 맑음

경북고등 풀장에서 제 1회 남여 학생 일반 대항 수영대회 관람했다. 서경교군이 200m, 800m 두 종목에 우승 200m에 2명 800m 3명 이었다.

윤병일 선생이 100m, 400m, 1000m 세 종목에서 우승. 검도 아닌 다른 경기에서 보니 동료애가 치솟았다. 검도수련생(고려대학생) 최광길이 내일 만경관 구경 가자 했다.

■

> 앞에서 말했지만 서병교 군은 검도도 열심히 했지만 수영도 잘했다. 윤병일 선생이 많이 지도도 했다. 윤병일 선생은 검도뿐만 아니라 총검도 수영도 상당한 수준이었다.

1959년 9월 2일 일 맑음

오상훈 씨 사촌동생이라면서 일제시대 검도 2단이란 분이 찾아왔다. 아버님이 민주당 경상북도 연락부장의 직을 맡으셨다.

■

오상훈 선생은 드물게도 일제시대 대만에서 검도를 하신 분으로 머리 허리는 거의 칠 줄 모르고 손목만 전문으로 치는 분이었다. 그럼에 그는 거의 지는 일이 없었다.
아버님이 교제하시는 분들이 거의 야당 기질의 명사들로 기억된다.
특히 전 경북지사였던 명사 최희송 선생은 중앙에서 지방 나들이를 올 때는 반드시 우리 집에서 주무시고 가시었다.

1959년 9월 8일 화 맑음

상무 갔다. 운동 못했다. 정경사 와서 서경교군은 남대구서에 나는 대구서 조교를 발령 냈다고 했다.

■

이 무렵 비록 형식적이긴 해도 경찰서 무도 조교 증은 빨간 두 줄이 비스듬히 찍혀 있었으며 극장 구경을 무상을 출입할 정도로 편리한 점이 많았다.

1959년 9월 10일 맑음

상무 갔다. 다리가 아파 쉬었다가 오랜만에 운동했다. 경북체육대회(11일) 선수 중 찾아왔다.

■

이때만 해도 검도 시합은 전국체전과 도민체전인 경북 체육대회가 가장 큰 대회였다. 그만큼 큰 흥분과 열의로 참가하던 대회였다.

1959년 9월 11일 금 맑음

상무가니 서경교군과 나를 경찰국 상무계(尚武係)로 오라해서 가니 남 대구서, 대구서(大邱署) 검도 조교 발령이었다. 국장의 통지서를 가지고 배성도 선생을 찾았더니 배성도 선생은 거부했다. 그 자리서 통지서를 찢어 버리고 정태민 선생 댁에 가서 말씀 드렸더니 무척 화를 내시면서 기다리라고 하시었다.

■ 대구 경찰서 발령장을 가지고 당시 대구 경찰서 사범이신 배성도 선생께 보고 겸 갔다가 거부당했다. 그것은 배성도 선생의 사전 양해가 없었다는 것이 이유인 것 같고 정태민 선생님 선생님대로 도사범(道師範)의 권위가 손상된 것 같아 화를 내신 것이다.

1959년 9월 12일 토 맑고 흐림

엊저녁부터 시작해서 오늘 새벽 4시까지 시나리오를 원고지에 옮겼다. 글을 쓰는 순간 보다 더 행복한 순간은 나는 없다. 그 보다는 차라리 예술에 의해 교살(絞殺)당하고 싶기도 한 심정이었다.

상무 가니 경북 체육대회 유도 시합이 있어 검도는 못했다. 전국체전 끝나고 어떻게 검도 발전을 꾀할 작정이다. 유도시합은 대구대 영남고 대구시 대구 유도관이 각각 우승했다.

■ 참으로 글을 많이 썼지만 문재(文才)가 없어 이 모양으로 주저앉고 말았다.

1959년 9월 13일 흐리고 맑음

상무(尙武) 갔다. 재일 교포 유도 단이 내구(來邱)했다.

■
이때부터 간간히 일본 유도 팀이 오기 시작했고 그 시절 일본 유도의 실력은 경탄 할만한 정도로 한국보다 앞서 있었다.

1959년 9월 14일 월 맑음

상무 가니 형무소 김성안 도재권, 김태영 세 사람 연습하러 왔다.

종합운동장에서 재일동포 선수대 경북대표 유도친선 시합이 있었다.

주심 석진경 부심 신치득 박시기 선생으로 시합 시작 권용우 이석도 김학섭 3인만 이기고 김주현 윤상진 조현대, 김학섭 남이진은 다 졌다. 6:3.

대구 종합 운동장에서 다다미를 깔고 시민들에게 처음으로 공개 시범을 보이던 시절이 이 무렵이었다.

이때 한국선수는 권용우 이석도 김창기 남이진 윤상진 김학섭 조현대 김주현 채병길 등으로 기억된다.

권용우 이석도 선생은 대통령 친람무도 대회에서 유도 우승자이시고 김창기씨는 옛 대구 중학시절 야구 투수를 했고 씨름 또한 천하 장사였고 50년대초 대구 사회 체육계는 가히 신화적 명성을 펼친 체육인이었다. 유도 역시 그의 뛰어난 힘을 바탕 한 실력자였다.

공군 대위로 예편해 미국 이민 후 미국서 작고했다. 남이진씨 역시 유도 명문 대구 계성고 대구대 선수출신으로 수차례 경북이 전국대회 우승하는데 견인차 역할을 했고 특히 유도명문 대구대학의 주장이었다.

그도 고인(故人)이 되었다. 필자와는 2년 년 장인 윤상진 역시 대국대학 전성기에 출중한 선수였다.

윤상진은 왼쪽기술로 허리터기는 일품 기술 이었다. 김학섭은 유도를 하지 않는 대구공고 출신으로 큰 키에 힘이 장사였다.

그 후 그는 독일에 취업광부로 갔다가 훨씬 뒤에 귀국해 유도계는 떠난지 오래다.

조현대는 유도 명문 영남고 출신으로 "조장군, 조장군" 할 정도로 힘이 좋았다. 그러나 그는 유도 명문 당시 대구대학으로 가지 않고 경북대학 사범대학 체육과로 가서 체육교사가 되고 영남고등 체육교사로 재직하다 정년퇴직 했다. 김학섭 조현대는 필자보다 1년 연장이다.

필자와는 동년배인 김주현은 필자와 함께 1957년 3월 26일 이 대통령 친람 무도대회 경북 학생 유도대표로 출천한 뛰어난 선수였다.

채병길은 필자보다 한 학년 아래 선수로 특히 빼빼 마른체구이면서 그의 깨끗한 허리튀기 기술을 당시 학생 세계에서는 1인자였다. 국내에서 눈부신 전력의 그들이 과연 일본 유도와 시합하면 어떻게 될까 궁금했다.

과연 일본 유도 였다. 잔기술 큰 기술에 그처럼 국내에서 눈부시던 선수들이 맥을 못 추던 장면을 보고 아연질색 할 지경이었다.

더욱 놀라운 것은 그런 선수층이 너무 두껍다는 것이 일본 유도 세계의 저력 이었다. 그런 맥락에서 검도 또한 같은 현상이라고 유추 할 수 있었다.

유도 검도의 일본대표 선발은 최종에서 선발된 사람이나 탈락한 사람들은 당일의 운수지 꼭 최고가 선발된다는 기준이 없다고 할 만큼 일본 유도 검도는 지금이나 예나 두터운 선수층의 높은 기량을 가지고 있다.

일본의 무명선수 에게 졌다고 해서 국내에서 약자가 아닐 수도 있다. 그러나 유도는 이미 수차례 일본을 앞질렀다. 검도는 1967년 최초 강용덕 선생이 (1925년생) 2：0으로 일본을 제압했고 1970년 김춘경 사범이 (1940년생) 2：0으로 이겼고 1985년 김경남(1963년생) 2：0으로 일본을 유쾌하게 이겼다.

즉 이 세 선수는 국내에서 이름을 날리던 대 선수 출신 이었기에 그 기록은 기이함이 없다. 그러나 국내 기록은 전무한 선수가 어쩌다 일본 선수 한번 이긴 것은 우연의 승리라고 단정 지울 수 있다.

특히 김경남은 네 차례나 일본 최고 선수권자를 2:0으로 제압하였으나 그의 기술로 이르자면 그리운 제자다. 어쩌다 말로가 좋지 않아 필자의 가슴이 메어질 뿐이다.

제 32 화

교도관 검도와 김중교(김성안) 선수

1959년 9월 15일 월 맑고 흐림.

상무가다. 정태민 이순영 신성 선생과 서경교 김성안 도재권 김태영 등과 운동하다.

1959년 9월 16일 수 흐림

상무가다. 재일 교포 유도 선수단 가다.
정태민 선생 댁 가서 서경교군과 식사하다.

■

도장 바로 뒤의 정태민 선생님 댁은 그처럼 가까이 출입 할 수 있는 분위기였다. 지금 생각해도 후덕하신 선생님과 여성스러운 사모님이셨다.

1959년 9월 17일 목 흐림

추석이다. 태풍 10호가 북상(北上)이라더니 거리의 가로수가 쓰러

지고 전선의 줄이 즐비하게 길에 깔려 폐원(廢園)같은 장면은 전에 보지 못했던 장면이었다. 그 정경 또한 이상하게 심취가 되는 장면이기도 했다. 상무 갔다. 정승호 강갑수등을 고대에서 대구대학에 편입한 학생(최광길)소개 시켰다. 대구 대학생(최광길)과 자유극장 "황야의 결투" 관람했다.

■

이때 태풍은 그 유명한 "사라호" 태풍 이었다. 당시는 처음 보는 큰 태풍이었다. 정승호군은 초 중 학교 동기였던 전 대법관 친구 정귀호의 동생으로 필자는 정귀호군의 동생 이자 중고 후배인 정승호 정충호, 정철호 삼형제를 지도했다. 정철호군은 현제 검도장을 하고 있다. 고대서 대구대학으로 전학 온 학생은 앞서 말했든 이후 대구 직할시 검도회장이 된 최광길 선생이다.

1959년 9월 18일 금 맑음

태풍 14호 "사라"가 준 이번 경북의 피해는 45억이라 한다. 45억이야 어쨋건 폐허의 정경은 시인은 아니지만 나는 좋았다.

■

당시 사라호 태풍은 수년 만에 처음 보는 대형 태풍이었다. 그 스산한 폐허의 예술적 심미안이라 할까 그 정경 에서 느 끼는 다른 미적 의미를 새겨 보기도 했다.

1959년 9월 19일 토 맑음

상무 갔다. 경북고등이 10월 전국체전에 출전케 되었다고…. 윤정길, 박경팔, 도재승 송진선 군등도 나와 운동했다. 형무관 3명도 나와 운동했다. 연습시합에 나와 형무관 3명과 시합했다. 김성안에게 패하고 김태영 도재권 씨에게 이겼다.

■

해방후 최초의 체전 우승교인 모교 경북고등이 56년 57년 필자가 시합하던 이후 1958년에 이어 1959년도 출전하게 된 것이다. 공부 우선하는 학교에서 전국체전 출전이란 생각도 못할 일이지만 짬짬이 열심히 운동한 후배 들이었다. 선수 윤정길은 1959년 대통령 친람무도대회 학생부에서 호쾌하게 전북 전영술을 2:0으로 꺽고 2위를 한 선수이고 박경팔은 전 삼성전자 사장 이었고 도재승은 저 유명한 레바논에서의 납치사건 주인공으로 서울법대를 나온 외교관 이었다 송진선은 모 회사 중역으로 근무하다 은퇴했다. 그렇게 닦달해 가며 운동을 시킬 대상들은 아니었다. 어찌되었건 공부하면서 운동하는 모범적 모습이었다. 체육 교사가 가장 풀죽는, 공부하는 학교에서 전국체전 참가는 체육교사로써는 즐거운 일이기도 했다. 당시 대구 사회에서 "손오공"이란 별명으로 통하던 체육선생님 이셨던 "손호근은 대구 사회 체육계에서 잘 알려진 체육인이셨다. 그리고 그날 연습 시합한 김태영 도재권 김성안 세분 중 김성안씨는 참으로 특이했다. 직업상 경찰보다 수련조건이 별로 좋지 않아. 그르므로 가끔 형무소도장에서 연습치 않고 상무에 와서 운동하곤 했다. 그는 기초가 별로 좋지 않으면서 아주 난검(難劍)이 었다.

거의 칼끝을 상대의 목을 겨누고 있으면서 가끔 찌름을 하다가 손목을 치고 머리를 치는 나름대로 기술 철학을 가진 분이었다. 형무소 재소자들이 가장 두려워하는 형무관으로 가끔 경북 대표로 출전하기도 했다. 오랫동안 기억되는 꽤 까다로운 검도 기술을 가진 분이라고 생각된다.

> 검농일지

제 33 화
시합으로 보는 선수들의 유형

1959년 9월 21일 월 맑음

오전 오리지날 시나리오 "구출(救出)" 집필 마치다….

상무에는 사람이 좀 많았다.

남정보, 배성도 선생이 대구서(大邱署) 직원들을 충동여 나를 징병 기피자로 몰겠다고 해서 정태민 선생과 시비가 있었던 모양이다.

■

> 문학 공부를 한답시고 이 무렵 혼자 흥에 겨워 많은 시나리오를 습작했다. 앞서도 밝혔지만 필자의 뜻과는 관계없이 선수로서 앞선 기량이 경북 대표가 되고 정태민 선생님 역시 전문 선수이시기 때문에 자연히 정태민 선생편이 되는 모양세가 되고 말았다. 자연히 남정보 선생과 배성도 선생은 정태민 선생 건너편에 서시게 되었다.
> 그 두 분 들의 불편한 틈새에서 미움의 대상이 된 필자는 남정보 선생과 배성도 선생이 터무니없는 군 기피자로 몰 계략을 세웠다는 것이다. 이후 도호문 선생과 정태민 선생과의 보이지 않는 알력 같은 것으로 역시 도호문 선생님 역시 필자를 무리하게 견제했음을 알고 있다.

1959년 9월 22일 화 맑음

… 상무에서는 남대구서 직원 동부세무서 간세과 직원 학생등 35~6명이나 되었다. 정태민 선생님과 2번 남정보 이순영 선생과 각 한 번씩 남대구서 직원 3명 윤정길 군과 한번 도합 8번 연습했다.

- 하루에 정태민 선생님과 두 번 연습 했다함은 연속공격과 시합 연습을 의미 하는데 한 시간 내에 8번의 연습 상대가 바뀜은 그 만큼 운동 강도가 높았다는 의미다.

1959년 9월 23일 맑고 흐림

… 상무 갔다 오래운동 했다.

1959년 9월 24일 목 맑고 흐림

상무 갔다 경찰관가서 대항시합은 무기 연기 되었다. 오리지날 시나리오 "비극은 있다(일명 애정 분매)"를 원고지에 옮기다.

- 이즈음 전국 경찰관 대회에 버금가는 규모의 경부 경찰국 각 서 대항이 연기되었고, 역시 습작시대 작품 시나리오를 원고지에 옮겼다.

1959년 9월 25일 금 맑고 구름

상무 갔다. 경북 고등 교장이 결제를 해주지 않아서 출전이 어려울 것 같아. 교장댁 방문을 요구했다. 경조 회성군은 이제 사 나와 운동했다.

- 연 3년 출전한 경북 고등 검도부가 출전하지 못한다고 하여 필자는 기가 막혔다. 그러나 학업 우선의 모교 경북고등의 선수들을 꼭 체전에 끌고 갈 분위는 아니었다. 박경조 군은 대학 시합에 함께 띈 선수이고 이희성 군은 고등 대학팀에 늘 부장으로 뛰는 선수였다. 체전을 앞두고 늦게 훈련에 참가하여 주장인 필자는 늘 2:2 주장 전에서 곤란한 역할을 맡았다.

1959년 9월 29일 화 맑음

상무 가다 김성안 씨와 시합에 지고 서갑득 씨와는 비겼다.

- 평생에 서갑득 선생처럼 정확하고 특이한 칼은 보지 못했다. 연습 해보면 퍽 재미있는 상대와 퍽 재미없는 상대가 있다. 선수들의 기술구사성격을 구분하면 퍽 흥미롭다.

1. 자신도 깨끗하게 하고 또 깨끗하게 맞는 상대가 있고
2. 절대로 막지 않는 기술의 상대가 있고
3. 정말 잘 맞지 않으면서 자신도 잘 치지 못하는 상대가 있다.
4. 그리고 대담 무상한 형의 공격 기술의 상대도 있다.
5. 아주 빨라 날카로운 형이 또 있다.
6. 영리한 두뇌 게임의 국내 형 이면서 국제 대회는 전혀 먹히지 않는 기술의 유형이 있다.

1의 경우인 서갑득 선생은 정말 깨끗하게 막고 깨끗하게 친다. 선의 선 후의 선을 골고루 사용하지만 그의 선의 기는 거의 기회를 주어 상대 허점을 공격하고 그의 후의 기는 100% 정확했다. 이후 필자의 제자로 황호문 군이 그랬다. 연습하면 퍽 재미있고 잘 맞기도 하고 내가 또 맞기도 하는 선수이다. 그러나 정식시합에는 승리의 확률이 대단히 높다. 국가대표를 스스로 사양할 정도로 명리 심에 관심이 없다. 그러나 나까구라 대회에 참가시켜 본 결과 그의 일본 상대 수준은 대단히 우수했다. 연장전에서 억울하게 판정패 했지만 필자가 용병 할 때는 김경남을 중견에 넣고 황호

문을 주장으로 늘 기용할 만큼 그의 기량은 출중했다. 그리고 아담한 기술을 구사하는 고동수, 김진용 등이 그 비슷한 유형이다.

2의 경우는 옛날 대 선생님들의 검은 다들 그랬다. 서정학, 이종구, 정태민, 남정보, 김영달, 도호문, 이교신, 강용덕, 김기성 선생 등 이즈음 같이 치고 막고 가 아니라 치고 또 치는 그런 분들이었다. 김경남 그런 류에 속한다고 보겠다.

3의 경우가 바로 김성안씨 인데 도내 대회에서 몇 번인가 내게 패를 안겨준 분이기도 하다 전국대회에서 큰 빛을 못 보았으나 가끔 큰 선수를 잡는 기록도 있다. 그런 유형의 선수로 필자의 제자는 오재근 군이다. 어렵기만 하고 득점은 피차없이 재미없는 유형이다.

4의 경우는 김춘경 김경남이 그런 유형이다. 김춘경의 경우 "오아자 유지"(10단 범사)의 손자와 대가 "오네 이찌로" 선생의 아들 그리고 나기나다의 "와다 사찌고" 등 난적을 물리치고 우승한 바 있고 제 1회 세계대회 단체전에서 2:0으로 일본을 격파한 기록이 있다. 별로 세기(細技)가 뛰어나다고는 볼 수 없으나 대형 시합에 퍽 대담한 선수 였다. 김경남도 그런 유형이나 더 설명이 필요치 않다.

5의 경우는 강용덕 선생이 그러하고 그 뒤로는 강용덕 선생의 수준은 아니지만 선배 오병철 제심관 관장님이 그랬고 김민조 선수가 날카로웠다. 유형은 다소 틀려도 제자 정병군 군의 날카로움도 평생 선봉으로써 대 역할 해준 기술이다.

6 작고한 홍재호 사범 인천의 조익현 체전의 이성수, 인천의 주세영, 충북의 박종철 등이 그런 유형이라 생각된다.

검
농
일
지

제 34 화

한국 최초의 전국체전 우승대학은 경희대(신흥대)였다.

1959년 9월 30일 수 맑음

상무 갔다. 헌 도복상의 염색 맡겼다. 상경(上京) 이 내일 모레다 이미 대전표는 결정되어 내려왔다. 대학부 첫 게임이 경북대 전남이고 청주대학과 신흥대학 그리고 부산대학 이었다. 고등부는 춘천고와의 첫 대전으로 쉽사리 우승 후보에 진출할 수 있는 기세다.

■ 전국체전이 목전에 다가왔다. 대진표로 대개 대회 결과를 점칠 수 있었다.

1959년 10월 1일 맑음

상무서 내일 출발 준비 마쳤다. 3일부터 전국 체육대회가 개막되어 9일에 폐막 된다. 검도는 4일 시합이다.

■ 이로써 전국체전 4회째 출전하게 된다.

1956년도 고등부 전국체전 1957년 고등부 전국체전 1958년 일반부 전국체전 1959년 대학부 전국체전 출전으로 체전 4회1959년 6월 제1회 학생대회 대학부 출전 1957년 1958년 개인전 2회 출전으로 단체전 5회 개인전 2회 도합 7회로 단체 우승 4회 준 우승 1회개인 전 준우승 2회의 기록은 필자가 유일하다. 충북의 오세억이 있으나 1958년도 충북 일반부 후보로 시합은 뛰지 않았다. 이로써 금년까지 꼭 62회 회 전국체전에 참가 아니면 차관하게 된다.

1959년 10월 2일 금 맑음

오전 역에 가서 일반부 먼저 떠나고 12시경 군용열차에 몸을 실었다 이번 대학부 선봉은 서경교 2위이희성 중견 배찬한 부장 박경조 주장 김재일 후보 최한종의 멤버로 김서기와 같이 탔다 경북여고 기계 체조 부 학생들 자리 잡아주고 우리는 원화여고 탁구부 일행과 같이 갔다 저녁에 도착하니 밤이었다.

1959년 10월 4일 월 맑음

고등학생들과 대학생과 일반부가 묵는 경보여관으로 갔더니 일반부는 이미 준비 중이었다. 형무관 학교 가니 이미 선수들은 다 와 있었다. 고등부는 경동고와 시합에서 서용석 송진선 윤정길이 이겨 다음 경남과의 대전에서 도재승 박경팔 송진선의 패로 탈락하고 대학부에서는 선봉 서경교가 지고 2위 이희성이 이기고 중견 배찬한 부장 박경조 주장 김재일 이겨 4:1로 승리하다. 다음 부산 대학과 대전에서 선봉 서경교 중견 배찬한 이겨 2:2에서 주장이 이겨 3:2로 승리 결승에 진출하다. 신흥대학과 결승서 선봉 2위 지고 중견 이기고 부장 지고 주장이 이겨 2:3으로 눈물의 2위를 했다. 일반부는 경기도에 5:0으로 이기고 충북에서 앞에서 끊이나 3:2로 이겼다. 강용덕선생과 서갑득 선생만 패했다. 서울과는 김성안 윤병일 강용덕 이겨 이미 우승했다. 이사길 씨는 서울 일반부 2위였다. 태평로써 주영희 양 만나다.

■

이 시합이 50년대 필자의 마지막 시합이 되는 셈이었다. 필자가 대학 2학년으로 출전할 때이고 우승 신흥대는 현재 경희대의 전신(前身)이다. 아이러니는 그 신흥대학이 경희대가 되고 32년 후 필자는 처음으로 필자의 팀에 패(敗)를 안겨준 신흥대의 후신인 경희대에서 선수를 양성 하게 된다. 그때 김춘경 이종림은 고3이었고 고규철이 고2 전영술이 고1이었다. 그중에서 전영술이 이름이 나 있었고 그때까지 김춘경 이종림 고규철은 나는 알지 못했다. 60년대 김춘경이 경희대 체육과에 입학하게 된다. 그 해 일반부 우승팀 주장 강용덕 부장 서갑득이 3:2로 경북이 3:2로 승리할 때 두 사람만 뒤에서 패했다. 이 부분에서 우리는 깊이 그 시절 상황을 재 점검하지 않으면 안 된다. 왜냐하면 기록 자체로는 강용덕 서갑득이 패(敗)로 되어 있어 두고두고 역사는 두 사람의 패로 전해 내려갈 것이다. 이것이 범죄 성에 가까운 잘못된 기록이 될 수도 있다. 당시 시합은 절대로 대진 순서를 바꾸는 일이 없었고 앞에서 3:0으로 끝나면 거의 90%가 부장 주장을 지게 만들어 3:2의 스코어로 만들어 주는 것이 예절 이라 할까 풍습이었다. 천하무패 명장 강용덕 서갑득이 무명 선수에게 패했다는 기록은 후세에 그대로 믿게 되는 사실로 둔갑하게 된다. 필자가 대한 검도회의 검도 50년사가 있는데 굳이 검도일지(劍農日誌)를 쓰는 이유가 바로 여기에 있다. 현재도 바로 되지 못한 기록이 많이 전해져 내려가고 있기 때문에 필자는 소상하게 기록을 남길 필요가 있다. 그리고 후배들은 지난 역사를 바로 판독하여 바른 길을 가길 바랄 뿐이다. 이때 6월에 필자와 대학부 주장으로 싸웠던 이사길씨는 서울 일반부로 출전한 맹장으로 전번에 말했듯이 금년에 46년 만에 만났다. 공주에 독거노인으로 쓸쓸히 지내고 있었다. 태평로에서 만났다는 ○○○양은 필자보다 1년 아래로 경북여고 제1 미녀로 그의 별명이 "마리나 부라디"(당시 인기여배우)라고 불릴 정도로 아름다운 소녀였고 신사 이순영 선생이 그

녀를 보고 미스 코리아 감이라고 할만치 예쁘고 고상했다. 집안도 명문 B고등 교장 따님으로 가정도 좋았다. 고 3때는 필자에게 펜싱을 배운 관계로 한동안 같이 운동 했다 그는 서울 이화여대로 떠나고 1년 동안 보지 못했다가 우연히 만나 무척 반가웠다. 이즈음 세태라면 수월하게 가까운 관계로 발전시킬 수 있으련만 나는 그저 운동 세계로 길게 빠져들고 말았다. 이후 그네는 의사와 결혼해서 미국에 거주하고 있다고 듣고 있다. 큰 교통사고를 당했으나 다행히 완쾌 되었다는 풍문으로 소식을 들었다.

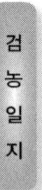

제 35 화
최초 한글판 검도교서 출간 시기

1959년 10월 5일 월 맑음
유도대학 유도시합 구경갔다.
일반부와 고등부가 경북이 우승했다.

1959년 10월 6일 화 맑음
대구 도착.

1959년 10월 7일 수 맑음
 상무계 가서 경무과장 및 경찰국장에게 인사했다. 남정보 선생 댁 찾아뵈었더니 계시지 않았다. 배성도 선생 댁 둘러 고려당 가서 경교 찬한 희성과 같이 얘기 했다. 배성도 선생이 나의 실력을 줄어들게 한다고 한다.
 남정보 선생의 검도교범 50권의 대금을 달라고 독촉했다. 찬한 군과 상무에 가 있으니 경산경찰서 강경사 와서 안부 전했다. 김 순경이 실력이 많이 늘었다고 했다.

■

> 예외 없이 체전 마치고 경찰국장에게는 관례처럼 인사하러 갔다. 이때 필자가 21세 남정보 선생이 45세 정태민 선생이 42세이고 배성도 선생 그 정도 연배셨다.

해방후 최초의 검도교서를 쓰신 분이 1959년도 곽동철 선생이었다고 했고 이어 1957년도 남정보 선생이 검도 교범을 출간 했다.

당시로써는 검도교서가 필요 하면서도 열심히 읽을 시간들이 없는 검도 인들이 대부분이었다. 결국 학구적 신분인 학생들에게 구독을 기대할 수밖에 없었다.

그 때 전체 학생들을 직접 관장하고 있던 필자에게 책 판매를 부탁하시었다.

문제는 예나 지금이나 수금이 문제 였다. 일부는 수금을 해드리고 약 50권의 수금을 못해 드렸더니 몹시 짜증내시던 기억과 필자 자신은 퍽 속이 상했었다.

그리고 배성도 선생은 사실 독신으로 계시면서 성미가 좀 괴팍하다고나 할까 남정보 선생과 짝이 되어 정태민 선생과 사이가 원만치 않은 이유로 정태민 선생님 곁에 있는 필자를 실력을 줄어들게 한다는 악담을 할 정도로 사이가 좋지 않은 사이에 필자도 어려움이 많았다.

특히 검도 교서 판매 문제는 소위 한글세대 1호로써 필자가 최초로 발간한 "검도총서" 역시 남정보 선생과 비슷한 입장이었다. 따지고 보면 금년이 필자가 초등학교 입학한지 72년째가 되는 해다. 1946

년 초등학교 입학하였으니 해방 후 첫 입학이니 한글세대 1호라 하는 것이다.

우선 필자가 "검도총서" 출간 배경을 설명해야겠다. 학교검도, 학교무도에서 최초의 무도 강의가 인천체전 전임교수로써 개설하게 된다. 이것이 1975년도였다. 검도는 실기를 하고 무도는 학론 강의를 개설한 것이다.

그리고 4년제 체육대학 최초의 검도강의가 경희대학에서 이루어졌다.

이것이 또한 한국의 최초였다. 그러나 마땅한 이론교서가 없어 서투른 일본어 실력으로는 어려움이 많았다. 일종의 사명감과 더불어 1987년도 "검도총서"가 발간된다. 축제 분위기에서 한국의 대선생님들(서정학, 이종구, 정태민, 박종규, 김영배 선생 등)과 많은 검도인 지인들과 출판기념회를 한지가 벌써 31년이 지났다. 문제는 그간 10,000부가 출판 되었으나 거의 3,000여 부는 소문 없이 사라졌다. 방송국, 신문사 기자님들 그리고 유관 관공서 기타 지인들, 수금 불능 등 3,000여 권이 수금이 안 된 것으로 기억된다. 당시 남정보 선생은 수금 불가능이 짜증이 나서 필자를 나무라셨지만 지금 필자도 어쩔 수 없이 손해만 보고 말았다.

그런데 지금껏 꾸준히 필요로 하는 독자의 전화가 쇄도함은 필자로써는 참으로 안타까운 현실이다.

새로 재 집필을 시도하건만 워낙 시간이 없어 엄두를 못 내고 있으나 금명간 재출간할 예정이다.

1959년 10월 8일 목 맑음

상무갔다. 신임 검도서기가 왔다.

요즈음 특별연무가 시작되었다. 희성 군이 경북 대학생 50여명을 모집해 오리라 했다.

■

희성군은 고등학교 시절 필자가 주장일 때 늘 부장을 맡아 좋은 경기를 치러 준 친구로 경북대학 농대 학장 이의배님의 아들임은 일찍이 소개 한바 있다. 경북대학 재학 중인 이유로 경북대 학생들을 모집해 오겠다고 했다.

1959년 10월 9일

오늘이 바로 한글 반포 500주년 기념일이다. 우리글에 대한 새로운 인식과 창의(創意)를 알아야겠다. 상무서는 운동하지 않고 죽도만 고쳤다. 상무서 나오다가 치한 형 만났다.

■

이 때가 한글 창제 500주년 되던 해 인가 보다 치한 형은 대구 계성고와 해양대학을 나온 미남 마도로쓰 출신으로 필자 보다 3~4년 연배다. 일찍이 영화계에 투신해서 김효천 이란 예명으로 많은 작품을 남기고 현재 미국에 머물러 있다. 김효천 감독은 필자를 무척 좋아했다. 당시 "후일" 이란 영화 촬영 중에 모종사건으로 무산되었다. 그런 그가 57년 만에 고국 방문을 했다. 이후 그는 약 100여 편의 영화를 감독 제작하며 왕성한 활동을 하다가 미국에 가서 정착하게 된 것이다. 실로 57년 만에 만나 오랜 회포를 풀었다. 그러나 그는 휠체어를 타고 나타나서 몹시 언짢았다.

검
농
일
지

제 36 화

활동 영역 확산 시기

1959년 10월 10일 토 맑음

쌍십절이라 중국집 집집마다 중국기가 걸렸다.

상무서 운동은 하지 않았다….

저녁시내를 지나다 남승희 형과 오복군이 같이 오고 있었다.

■

권오복 군은 초등학교 동기로 이후 소위 양키 시장 일대를 장악하는 협객이 되어 있었다. 어릴 때는 아주 귀여운 친구였는데 이름난 협객 되어 나를 반갑다고 악수를 하고 "반가워" 했다. 이후 그는 불행이도 교통사고로 작고했다.

■

이때만 해도 전족(纏足)을 한 중국 여인들이 시내 거리에서 가끔 보이고 우동은 정말 청국 식으로 제대로 된 중국 음식이었다.
지금 생각하면 청나라가 이 나라를 지배하던 흔적이요 그 얼마 전 까지 일본인들 지배하에 있어 우리 땅 역사를 새로 읽게 하는 이 땅의 쌍십절 풍경이라 할까? 왜 우리나라에 자장면 우동 탕수육이 있고 일본의 초밥

이 성업을 이루는가?

음식에는 죄가 없지만 유입된 역사적 배경이 슬프지 않은가? 게다가 일본인과 중국인이 남기고 간 무술을 검토 없이 답습하는 것은 아닌지 깊이 깊이 재고해서 새로이 정립하자.

1959년 10월 12일 월 맑음

상무 갔다 김종철 동부 세무서 간세과장이 왔다. 다방 몬 파리 가니 치한 형이 날 찾다 갔다 했다 치한 형은 나와 함께 영화를 하자고 필자를 찾았다.

1959년 10월 13일 화 맑음

오전 몬 파리 다방 치한 형 찾으러 갔더니 없었다.

아마 상경한 모양이다. 남정보 선생이 앉아 있다가 "수고했다."라고 냉정한 인사말을 했다

물론 전국체전 말이다. 상무 가니 모두 운동 중이었다.

■

그때까지도 남정보 선생과 정태민 선생과의 불화로 필자에게 남정보 선생이 늘 냉정 하셨다.

10월 14일 수 맑음

… 상무가다 저녁 책방 들렀더니 국제영화 11월 호에 내 작품이 나왔는데 예선 통과 된 것 같다.

얼마나 초조한지 짧은 지금까지 내 생에 중에 가장 큰 시련이 일이라….

■
　열심히 쓰던 시나리오가 예선 통과 된 것이 큰 흥분을 불러 일으켰다.

1959년 10월 16일 금 맑음
상무에서 운동하지 않는다고 정 선생님께 책망과 훈계를 들었다….
■
　중후하고 입이 무거우신 정태민 선생님이 한 번씩 꾸중하시면 안절부절 못할 지경이었다.
　이즈음 새 태라면 누가 안절부절 못할까? 돌아다니면서 선생을 비방하는 제자도 있는 현실이니…….

1959년 10월 17일 토 맑음
오전 상무 가서 죽도 4개 수리해 두었다
　상무 갔다 운동했다 목욕탕에서 남이진형이 반공 청년단 입단하라 했다.
■
　죽도가 귀하던 시절 헌 죽도 살을 모아 새로 조립한 넉넉함이란…….

　남이진 형은 계성고등을 나온 유도실력자로 중앙의 신 도환 반공 청년단 단장이 경북지구 사정 부장을 임명하고 지구 구성 중이었다.

1959년 10월 19일 월 맑음
…… 상무 가니 연습게임이 있었다.
　이번 경찰시합에 출전할 선봉 김영운, 심홍보, 정태식, 이준, 김봉조 순으로 우리 쪽은 남승희, 고광찬, 선산의 박노덕, 배찬한, 김재일 순으로 시합.

앞에 3명이 지고 배찬한 이기고 내가 김봉조 씨에게 이겨 3:2 스코어로 졌다.

1959년 10월 3일 금 맑음
…… 상무갔다 정태민, 남정보, 배성도, 신성 사범등과 운동했다.

1959년 10월 30일 맑음
…… 상무갔다. 고광찬 씨와 운동하다가 오른쪽 눈알을 다쳤다. 눈알이 사뭇 빠져 버리는 듯한 순간은 정말 아찔했다.

■

이때 만해도 장비 부족 부실로 죽도 끝딮이가 구멍이 나도 계속 연습하는 경우가 더러 있었다. 이럴 경우 댓(竹)살 하나만 빠져 나오다 눈을 찌르게 된다.
평생 죽도 고장으로 인한 가장 위험한 순간이었던 것으로 기억된다. 이즈음이야 죽도가 풍부해 그런 사고는 드물다.

1959년 11월 2일 월 맑음
상무갔다. 운동마치고 재홍 군과 반공청년단 사무실에 둘러 감찰대원 이력서 제출하고 왔다.

■

당시 신도환 선생의 위치나 남이진 형의 친분으로 반공청년단에 가입했었다.

1959년 11월 5일 금 맑음(저녁 흐림)

상무 갔다. 대구대학 방송극 회원들이 검도녹음 넣으러 왔다
전국대학 방송극 경연대회 때문이다. 상무서 나오다 성집이 만나다.

■

이때는 TV가 없던 시절로 주로 라디오 드라마가 인기가 있었고 성우들의 전성시대였다. 그리고 선망하는 직업이었다. 이때 홍성집은 대구대학 연극부에 있으면 방송극도 열심히 했다. 이후 중앙으로 진출하여 홍성민이란 예명으로 활약하다 당뇨로 실명하여 지나다가 근년에 타계 했다. 최불암과 동년배로 활약하다 요절한 아까운 배우였다. 고등학교 시절에 대건고등 재학중에 교제가 있어 동인 동 자기 집에 놀러가기도 한 사이였다.

검농일지

제 37 화
부친의 엄한 교육속의 청년기

1959년 11월 7일 토요일 맑음
… 상무갔다. 가는 길에 조정현 군 만났다. 자기 도장 20만환 물었다고. 상무서 신성 윤병일 사범과 몇몇 학생과 운동했다.

■

조정현군은 합기도를 하는 친구로 이루 경북대 사범대를 졸업하고 영남고등 교장을 거쳐 대구 교육 위원회 의장을 역임하기도 했다. 합기도 고단자로써 필자에게 친구지만 자기도장 단을 주었다. 이후 그 단증으로 필자는 정식8단 승단까지 했다. 이때 운동벌레라 할 정도로 열심히 운동하기로 이름난 윤병일 선생은 경찰 신분으로 그렇게 열심히 하던 시절은 아니었다.

1959년 11월 8일 일요일 맑음
… 상무갔다. 경북고등 검도부 학생들 졸업기념. 사진 찍으러 왔다.

■
　고등학교 시절 특별활동은 참으로 추억에 남는 시간이기도 하다. 특히 운동부가 크게 빛을 못 보던 시절 경북 고등 검도부 수련생은 특별한 바가 있었다.
　이때 검도부는 필자 2년 후배들로 현승일, 박경팔, 도재승, 윤정길, 송진선 등등이었다.

1959년 11월 14일 토요일 맑음

　… 상무가서 운동 끝나고(나는 운동 못했음) 반공 청년단 사무실 17일 결단식 건에 대한 토의와 단복을 배정 받았다. 거듭 언급 하지만 당시 자유당 말기 이승만 대통령의 제왕적 위세 속에 어쩔 수 없이 충성하는 단체가 많았다. 반공 청년단도 예외가 아니어서 당시 유도계의 총아로써 정치에 몸담은 신도환 선생으로써는 단체 운영을 위해서 향리 대구지역 무술 후배들의 협조가 필요했다. 그리고 최영호 선생, 신도환, 오영모 선생으로 이어지는 대구 대표 무술인의 위세 또한 대구 사회에서는 대단한 위세였다. 결국 이일로 해서 4.19 이후 신도환 선생이 큰 곤혹을 치르게 된다.

1959년 11월 16일 월요일 맑음

　… 아버지께서 편찮으시다. 내일 반공 청년단 행사는 참석 못하게 하셨다.

■
　지금쯤 꼭 밝히고 지나가야 할 거짓말 같은 이야기를 꼭 남기고 갈까 한다. 세상이 변하고 세월이 반세기 흘렀으니 역사 속에 묻힌 일이기 때문에 문제될 것이 없으리라 반공 청년단 행사에 참석치 말라는 아버님 말씀에 관하여 세 가지 이야기를 짚고 가겠다. 그 첫째는 민주당 도장 간부직에 있으면서 자유당 독재를 크게 거부 분노 하시던 부친이 이승만 제거에 실패한 김석현, 유시태 의원의 사건에 크게 상심하여 고민 하시던일, 둘째 자유당 어용 단체를 싫어하시던 분이 바로 어용 단체인 반공 청년 당에 가담하는 필자를 제지 하시던 일.
셋째 남에게 비루한 신세를 지지 말라는 엄격한 교육을 하셨다.
첫 번째 의협심과 의리를 늘 강조 하시던 부친은 일찍이 백범 선생의 서거 시 즉시 서울로 문상을 가셨더니 안동김씨 종친이란 이유로 가족석에 자리를 마련 해주었다고 감격하시던 일과 그처럼 백범선생의 서거를 애통해 하시었다.
안동 김문(金門)의 소위 구(舊)안동이 김구 선생이고 신(新)안동이 김좌진 장군이다. 필자는 구 안동으로 부친은 백범선생의 서거 후 더욱 이승만 대통령을 싫어했다. 이후 조봉암씨의 사형때도 그렇게 애통해 하시면서 이승만을 증오했고 만주벌판에서 풍찬노숙(風餐露宿)한 백범 김구 선생의 독립운동과 미주에서 교포들의 성금으로 편하게 독립 운동한 이승만의 독립운동은 비교가 되지 않는다는 생각이셨다.
특히 부친이 애석하게 생각 하시는 것은 1952년도 독립 운동가 이자 바로 우리 안동 김문의 한분 이신 김시현(金始顯 1883~1966) 선생이 이승만 암살에 실패한 일이였다. 또한 유시태(柳時泰 1890~1965) 선생의 1952년 6.25 기념식장에서 권총의 불발로 이승만 암살 실패도 부친께서는 충격적 사건이었다.
그런 부친이 필자가 철없이 어용 단체인 반공 청년단 행사에 참가하게 하실 리가 없었다. 그런데 1959년 3월27일 대통령 친람 무도대회에 참가하는 당시 고3인 필자에게 이런 말씀을 하시었다. 만약에 총을 주면 이승만 대통령을 쏠 수 있겠는가? 고 직감적으로 필자는 부친의 의중을 잃고 자신 있고 결연한 어조로 "그럴 수 있습니다."라고 말했다. 지척 간에서 시합을 하는 관계로 총만 잘 가지고 가면 암살이 가능하고 특히 어린학생인 이유로 검문검색이 소홀할 것이었다. 잔잔한 사고에는 잘 놀라고 흥분하지만 아주 큰일에는 오히려 초연 해지고 태연 해지는 필자의 습성은 일찍이 부친의 특수한 교육이 있었기 때문이었다. 검도를 특히 좋아 하시던 부친이 일찍이 일본서적 검호열전(劍豪列傳) 이란 책을 구입 하시어 수많은 검도의 이야기를 해 주시었고 특히 어린 시절은 직접 당신께서 천자문을 쓰서 토를 달아 필자가 독습하라고 만들어 주시었다 재일(在日) 문필가 김소운(金素雲) 선생의 목근통신의 일본 사무라이가 자기 자식의 결백을 보이기 위해 칼로 자식의 배를 갈라 결백을 보이던 얘기며 사무라이는 밥을 굶어도 입에 이쑤시개를 물고 배고픈 표정을 감추어 남에게 동정을 구하지 않다는 얘기를 해주시곤 했다.

기억에 지워지지 않는 것은 1950년 6.25가 나고 2~3개월 후 전후방 교대 차 대구 시내를 지나가던 미군 병사들의 장사진의 행군이 있었다. 뿌연 먼지를 뒤집어 쓴 무개차 위의 미군들은 보도 양 옆에서 "헬로! 츄잉 검 초콜릿 기브미" 하고 손을 내밀던 애들한테 껌과 초콜릿을 던져주었다 그러면 애들이 우루루 몰리곤 했다. 그때가 필자가 초등학교 5학년 이었고 학교 건물은 군에 징발 당해 급우의 큰 창고에서 공부하던 시절이었다. 필자도 그 초콜릿 껌이 먹고 싶었지만 그 애들 틈에 섞이지 않고 초연히 있었다.

부친의 엄격한 교육 탓에 얻어먹지 않겠다는 자존심 이었다. 이런 기질을 지금까지 이어오고 있다. 먼저 얘기한 대통령 친람 무도 대회 시 이 대통령을 쏠 수 있는가 하는 한번 질문 후에 그에 대한 얘기는 이후 단 한마디도 없으셨다. 김시현, 유시태 선생의 실패가 하늘의 뜻이라 이 대통령은 아직 죽을 때가 아니라는 것과 어쩌면 어린 필자가 성공 확률이 믿기지 않아 포기하신 모양 이었다. 만일 결행 했더라면 역사는 어찌 되었을까? 이렇게 해서 청소년기의 필자는 1959년을 서서히 보내고 있었다.

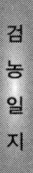

제 38 화

부산 행각연습과 도호문 대 선생님과 연분(緣分) 시작

1959년 11월 17일 화요일 맑음

오전 예회(藝會) 둘렀다가 권 내과에 갔더니 오후 4시경 왕진 오겠다고 했다. 6시경 권 내과 원장이 오셨다. 병명 미상의 병이라 했다.

■
　부친이 이때 몹시 편찮으셔서 권오성 선생(권 내과 의원 원장)께서 왕진 오신 것이다. 앞서 얘기 했듯이 권 내과 의원과 부친과는 자별한 관계였다.

1959년 11월 20일 금요일 맑음

상무 갔다.

1959년 11월 21일 토요일 맑음

상무 갔다. 배성도 선생님과 운동했다.

1959년 11월 25일 수요일 맑음
… 상무가다 정태민, 배성도, 강용덕 선생 내, 최한종, 구동진, 서용석 등과 같이 운동했다.

■

구동진 군은 필자의 4년 후배로 8단 정문화 군과 동기로 상당한 실력이 있었으나 중도에 포기했다.

1959년 11월 26일 목요일 비, 눈
… 상무 갔다. 서용석 군 한정복 군 3명이 운동했다.

1959년 11월 30일 월요일 맑음
상무가다.

1959년 12월 7일 월요일 맑음
상무 운동.

1959년 12월 8일 화요일 맑음
상무 갔다.

1959년 12월 9일 수요일 맑음
상무가다.

1959년 12월 10일 목요일 맑음
상무가다.

1959년 12월 14일 월요일 맑음

… 부산 도청으로 운동하러 갔다. 경찰관 때문에 운동 못했다.

■

이때 부산의 도호문 선생이 계시는 부산 도청에 있는 검도장에 갔던 것이나 운동은 못했다.

그때는 그와 같이 타 지역에 가면 반드시 그 지역 고단 선생님을 만나 뵙고 연습을 하는 풍습이 있었다.

그러나 학생으로써는 필자만이 행각(行脚-돌아다니면서 하는 수련.) 연습을 한 것이다. 이 무렵은 필자의 자신감이 최고조 달해있던 첫 번째 시절이고 이후 최초의 국가 대표로 선발된 1967년도가 두 번째이고 1970, 71, 72, 73년 무패의 행진을 할 때가 세 번째가 감정적 절정기였다. 다른 의미에서 교만심이랄까? 50년대 말 국내 대회에서는 필자가 학생선수로 써는 최선두에서 있었다.

고등 대학 일반부를 우승했고 고등 대학은 주장으로써 우승의 결정 역할을 해 왔기 때문이다. 여기에 기억에 오래 남는 것은 이때 도호문 선생을 찾아뵈었을 때의 그의 말씀이다. 도청 도장에서 운동을 마치고 학생 수련생 앞에 필자를 소개 하시던 말씀이 기억에 새롭다.

"김재일 군은 장래가 촉망되는 검도계의 훌륭한 선수로 크게 기대하는 검도인 이다."라고 소개 하시고.

"이런 곳에 다니려면 호구를 가지고 다녀야지…" 하시던 말씀이 귀에 쟁쟁하다. 하지만 그 시절 일제시대 일인들이 남기고간 호구로 겨우겨우 장비 해결을 하던 시절 이즈음처럼 자기 장비를 구비할 수 없었다. 그리고 그 무렵 서울이나 부산등지로 필자 나이의 선수가 소위 돌아다니는 행각 연습을 하는 사람은 아무도 없었다.

 서울은 이미 김영달 선생의 서대문 교도관 학교 도장과 최영인 선생의 마포교도소 도장을 둘러보았고 그리고 부산의 도호문 선생을 찾게 된 것이다.

 여기서 필자는 도호문 선생의 지기 싫어하는 독특하고 강한 의지의 세 가지 장면을 잊지 못한다.

 어느 때인가 고단자 모범 시합에서 최고 단자인 도호문, 김영달 선생과의 모범 시합 때 김영달 선생이 넘어지게 되었다. 그럴 경우 젊잖게 일으켜 다시 시합을 했으면 젊잖은 고단자의 모습이 아니었을까 생각했다.

 그러나 넘어지는 순간 도호문 선생님은 여지없이 공격을 가했다. 시합을 마치고 나오시는 도호문 선생께 웃으면서 필자가 "선생님 고단 선생 모범게임에서 쓰러지신 김영달 선생님을 일으키신 후에 시합하셔야 되는 것 아닙니까"라고 말하자 "이 사람아 시합에 그런 게 어디 있어."라고 하셨다 또 한 번은 부산 팀 선수가 시합하는 장면을 그저 얼굴을 찡기시면서 선수의 죽도 움직임에 따라 몸이 따라 다니시기에 "선생님 좀 가만히 계시지요"라고 하자 "이 사람아 예수도 이 때는 못 참을 거다."라고 말씀하시었다. 이렇듯 승부에는 지극한 욕심이 있는 분이다.

 필자도 남 못 지 않은 승부사라고 자부하지만 지독하신 분이라고 여겼다. 여기에 필자로써는 굉장한 피해를 입은 사례를 기억하고 있다. 해방 후 시합장에서 가장 난적이었든 정태민 선생님이 학생 일반 대회에 전국 싹 슬이 우승하던 초기 시절, 경북의 김재일이 도호문 선생의 경남 팀은 물론 전국을 압도하니 얼마나 필자를 견제 했을까?

　최전성시기 1969년 제4회 국제 사인 대회에서는 필자를 단체전만 기용하고 개인전은 빼 버렸다. 1970년도 제1회 세계대회에서 단체전에 필자를 빼고 당신이 주장을 뛰면서 필자는 개인전에만 투입시켰다. 다시 1979년도 제4회 대회에 필자를 단체전 후보에 넣고 개인전 단체전 다 못 뛰게 장치를 했다. 참 어처구니없는 일이었다. 이 무렵도 인천 체전 재직 중 강도 높은 훈련을 하고 있었고 도호문 선생이 주도하는 합숙 훈련에 필자는 철저히 참가했다. 대회 전날 필자가 개인전 뛰겠다고 하니 "여행 온 셈 치라고" 하시었다 필자는 당시 집행위원장 이보(伊保) 선생을 찾아가 박종근(충남대생)을 빼고 필자가 뛰도록 조처를 취했다. 다행히 필자와 고규철 사범만 8강까지 진출했다.

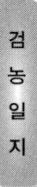

제 39 화

무인(武人)과 대인(大人), 소인(小人)

언젠가는 밝혀야겠지만 공적인 일에 사를 버릴 줄 아는 사람 그리고 그런 사회가 되어야 발전이 있다고 본다.

삼국지의 한 얘기를 들어보자. 조조 수하의 맹장 장료와 악진이 군명(軍命)을 받고 임지로 떠난다. 그러나 사이가 좋지 않은 장료와 악진 인지라 지휘권을 가진 장료의 지시를 사사건건 듣지 않는 악진이었다.

장료가 이른다. "군주의 녹을 먹고 군명을 받고 나온 터에 사사로운 감정으로 대사를 그르칠 수는 없지 않소." 참으로 그 말이 옳다고 생각한 악진으로 스스로 몸을 낮추어 "그렇소이다. 명을 내리시오 따르리다."라고 하여 군명을 성실히 수행했다.

반대로 원소의 수하 제장(諸將)들은 서로 반목하고 사적인 감정을 공적인 사건에 결부 시키다가 패망했다.

1969년 제 4회 국제 사회인 대회는 1970년도 제1회 세계대회 이전

까지는 최고 권위의 대회였다.

　제2회 대회(1966년도)때는 단체전 일본이 1위 중국이 2위 한국이 3위였다. 개인전은 오무라씨가 우승하고 3등을 정태민, 도호문 두 분이었다. 이때 주장은 서정학 선생이셨다. 이때 명단은 뒤에 밝히기로 한다.

　제3회 대회(1967년) 때는 필자와 김춘경 사범이 젊은 층의 선수로 참가한다. 이때 주장은 정태민 선생이셨다. 김재일, 김춘경, 강용덕, 정태민 등이 1무 전승으로 우승했다.

　개인전 5단 이하에서 윤병일 우승 김재일 3위를 기록했다.

　제4회(1969년) 대회는 한국에서 치렀다. 이때 김재일, 김춘경, 전영술 3인의 한국 세대가 단체전에 참가하여 일본이 우승 한국이 2위를 한다. 이때 개인전은 전성시기인 필자는 제외 되었다. 그래서는 안 되겠지만 필자는 퍽 섭섭했다. 다행이 김춘경이 5단 이하에서 우승하고 이경재가 3위를 했다. 이때 6단 이상부에서는 도호문, 서동준, 윤병일, 김응문, 강용덕, 정동섭 이었다. 이때 한국은 전원 탈락하고 특히 도호문 선생도 기대외의 초반 탈락했다. 상대는 마쓰바라였다. 이때 저 유명한 쌍칼의 대가 가야바도 출전했다. 결국 필자는 개인전은 출전치 못했다.

　다시 1970년 제1회 세계대회 때도 필자는 70, 71, 72, 73년도 4년간 단 한차례 패 한 적이 없던 전성시기 임에도 필자는 단체전서 제외시켰다. 선봉 전영술 비기고 0:0 2위 김춘경 2:0 으로 이기고 중견 강용덕 0:2로 지고 부장 서동준 0:2로 지고 주장 도호문 0:2로 졌다. 결국 한글세대인 전영술비기고, 김춘경만 이겼다.

그리고 1979년도 제4회 대회 또다시 필자를 선수로 선발은 해두고 대회 현장에서는 아예 개인 단체 다 못 뛰도록 구도를 짜놓고 있었다. 이 엄청난 홀대는 더 세월이 흘러 자유롭게 밝히겠지만 혹시라도 정태민 선생의 제자라는 이유로 또는 필자가 얄미워서 제외했음이 아니기를 빈다. 그 이후 유규홍도 국가대표로 가서 개인 단체 다 뛰지 못하고 말았다.

다시 홍성수는 개인전 3위까지 했지만 단체전은 뛰지 못해 전날 밤 많이도 울었다고 들었다. 여기서 말하고 싶은 것은 체육 세계에서 승패에 의해 감정들이 좋지 않은 관계의 사람들이 있을 수는 있다. 그렇더라도 공적인 일에는 사적 감정을 개입 시키는 일은 없어야 할 것이다. 김경남의 경우는 가히 불세출의 실력이기 때문에 뺄 수 없었던 것이고 그 큰 공적은 온데간데없고 실수로 인해 사라진 사연 또한 안타깝다. 어쨌건 그 큰 피해는 현재 고단자가 된 필자에 여러 가지로 교훈이 되는 사건이었다.

> 검
> 농
> 일
> 지

제 40 화

12월 마지막 달의 성실한 수련

1959년 12월 15일 화요일 흐림

… 도청 가서 운동은 못하고 그냥 왔다.
동광동 하숙집서 투숙 경남 운동하는 애들에게 신세졌다.

■

한 번 더 도청에 운동하러 갔다가 무슨 이유인지 운동은 못한 것 같다.
이때 경남 학생들이 필자보다 1~2년 후배들이었다. 1956년 첫 전국체전 학생 대회 때 출전한 경남 대표팀의 1년 후배들이 김상한, 변종길 등이었고 그들이 숙소를 해결해 주는 친절을 보여 주었다.
지금 부산의 김상한 씨가 바로 그때 경남의 학생 선수였다.
이때 하숙집이란 이즈음 여인숙을 말한다.

1959년 12월 16일 수요일 맑음

상무 가서 운동했다.

1959년 12월 19일 토요일 맑음

상무 갔다. 눈이 왔다.

■

맑은 날씨였는데 오후에 눈이 왔나 보다.

1959년 12월 21일 월요일 맑음

영환 형 결혼식 가다.

■

김영환씨는 고려대 출신으로 3년전 펜싱 지도로 알게 되었고 친구 이원성군의 누님과 결혼했다. 그 훨씬 뒤에 친구 이원성군의 나이 차이가 심한 막내 여동생과 제자 정훈덕 군이 결혼하는 인연이 된다.

1959년 12월 22일 화요일 맑음

상무 갔다.

■

대개 이 무렵 연말이 되어 운동을 등한히 할 수도 있지만 정태민 선생님의 엄한 관리, 기타 여러 분위기상 운동을 게을리 할 수가 없었다.

1959년 12월 23일 수요일 맑음

… 상무에서 서경교 군 등과 운동하다.

1959년 12월 24일 목요일 맑음

상무 갔다. 서군 최 군(최광길 전 대구회장) 구동진 등과 운동하다.

■

이 무렵 늦게 입문한 최광길 사범도 운동을 열심히 했다.

1959년 12월 30일 목요일 맑음

상무 갔다. 1년 마지막 운동이다. 시보네 가니 일보 아줌마가 왔다 새로 공장장 된다고….

■

이때 대구의 "시보네"와 "하이마아트"라는 음악 감상실은 우리시대 대구 땅 유일한 휴식처 였다. 그때 개인적으로 매우 가깝게 지내던 누님 같은 일보 아줌마가 오랜만에 시보네에서 만난 것이다. 이로써 1950년대가 서서히 저물어 갔다.

제40회 전국체전 1959년 -체전기록-

1959년 40회

〈임원〉

회　　장 : 서정학

부 회 장 : 호익용, 신응균

이 사 장 : 김영달

상임이사 : 김영배

이　　사 : 이종구, 전승호, 도호문, 정동섭, 정태민, 변정욱, 조의영, 남정보, 김만석, 김창규, 김병현, 최영인, 이백림, 정방훈, 유종식, 임종관, 김창환, 황우혁, 한기익, 이교신, 조건형, 배성도, 박우영, 강인선, 김기성

감　　사 : 유 훈, 최상조

〈경기임원〉

임 원 장:서정학

부임원장:호익용, 이종구

총무부장:김영달

임　　원:유훈, 김창규, 김병철, 김창환, 정방훈

심판부장:이종구

임　　원:박종규, 이백림, 변정욱, 김영배

심판부장:호익용

임　　원:서정학, 이종구, 전승호, 도호문, 김영달, 정동섭, 정태민, 변정욱, 남정보, 황우혁, 박우혁, 조의영, 김성화, 김영배, 배성도, 박종규, 김기성, 조병용, 이홍국, 한기익, 최영선, 이교신, 조건형, 전맹호, 서정석, 최기순, 양진용

시설부장:최영인

임　　원:최상조, 유종식, 임종만

〈일반부〉
- 서울

　감독:조의영

　선수:주장 전동욱, 부장 김석춘, 중견 박영순, 2위 김석순, 선봉 이사길, 후보 윤근환

- 충북

　감독:이교신

　선수:주장 김승기, 부장 박광선, 중견 이상춘, 2위 손병규, 선봉 장인철, 후보 김유섭

- 경기

　감독:서정석

　선수:주장 김한규, 부장 김복남, 중견 이동엽, 2위 이준우, 선봉 장

형필, 후보 박기남
- 충남
  감독 : 조건형
  선수 : 주장 안승필, 부장 이운영, 중견 이진우, 2위 양춘성, 선봉 전길현, 후보 송규영
- 경북
  감독 : 이순영
  선수 : 주장 강용덕, 부장 서갑득, 중견 윤병일, 2위 김성안, 선봉 도재권, 후보 김태영
- 경남
  감독 : 김대경
  선수 : 주장 장경용, 부장 이근주, 중견 천화선, 2위 조학래, 선봉 이종태, 후보 남상덕
- 전북
  임원 3명, 선수 6명

〈대학부〉
- 서울(신흥대)
  감독 : 최영인
  선수 : 주장 최의승, 부장 김문기, 중견 이무익, 2위 문정길, 선봉 이원재, 후보 양임식
- 충북(청주대)
  감독 : 곽동윤
  선수 : 주장 오세억, 부장 오세철, 중견 김태항, 2위 송기환, 선봉 김태선
- 경북(대구대)
  감독 : 송희원

선수 : 주장 김재일, 부장 박경조, 중견 배찬한, 2위 이희성, 선봉 서
          경교, 후보 최한종
  • 전남(전남대)
    감독 : 박달종
    선수 : 주장 김영은, 부장 강길원, 중견 최태석, 2위 김경수, 선봉 조
          인환, 후보 김윤국
  • 경남(부산대)
    감독 : 김대경
    선수 : 주장 박일성, 부장 박영두, 중견 유철정, 2위 금길남, 선봉 변
          종길, 후보 이무창

〈고등부〉
  • 서울(경동고)
    감독 : 김영달
    선수 : 주장 조태석, 부장 서광배, 중견 김학준, 2위 심광갑, 선봉 김
          은영
  • 강원(춘천고)
    감독 : 한기익
    선수 : 주장 심영식, 부장 조동승, 중견 백동현, 2위 김봉균, 선봉 허
          남춘, 후보 박근오
  • 경기(안성농고)
    감독 : 정경엽
    선수 : 주장 허 정, 부장 유오준, 중견 송일성, 2위 박상한, 장석민,
          임희동
  • 충북(충주세광고)
    감독 : 이교신, 주장 김춘경
    선수 : 오재헌, 김정현, 이지희, 고규철, 라영찬

- 충남(공주고)

  감독: 전광수

  주장 오욱환, 선수 윤석근, 곽○기, 이철원, 이○재, 최덕봉
- 경북(경북고)

  감독: 유병수

  주장 윤정길, 선수 안진, 박경팔, 도재승, 서용석, 정승호
- 경남(경남고)

  감독: 김대경, 주장 오출

  선수: 강홍호, 홍상석, 장호탁, 박정남, 이종림
- 전북(전주고)

  이원 3명, 선수 6명
- 전남(광주공고)

  감독: 임인추, 주장 김○○

  선수: 전건일, 정송하, 고재봉, 장지양, 노희두

⟨중등부⟩
- 서울(성남중)

  감독 김웅문, 주장 라세정, 선수 신재균, 정세영, 길용화, 김용봉
- 충북(청주사범중)

  감독 박석환, 주장 홍순민, 선수 전동북, 김상용, 송재준, 반창남
- 충남(남대천중)

  감독 조건행, 주장 황순희, 선수 김용경, 이승진, 서영석, 추기덕
- 경남(건국중)

  감독 김대경, 주장 이석은, 선수 황우하, 노재복, 김용호, 김승호
- 전주(전주서중)

  임원 3명, 선수 6명

〈일반부 현생존자〉
김재일, 양춘성

〈대학부 현생존자〉
• 충북
주장 오세억, 경북 주장 김재일

〈고등부 현생존자〉
• 충북 고규철
경북 주장 윤정길, 중견 박경팔, 2위 도재승, 후보 정승호
• 경남
이종림

제40회 전국체전 임원 선수명단과 연관하여

1953년도 최초의 한국 검도 시합이 부산 토평초등학교에서 있었고 그 이전 1933년에 일제시대 검도 종목이 채택되었다.

그 이후 끊기다 시피 하다가 1955년도 해방후 최초의 전국체전 종목에 채택된다.

1959년은 50년대 마지막 전국체전인 제40회 전국체전이 된다. 이때까지가 초창기 검도의 모습이라면 60년대 비로소 학교 검도가 활성화 되면서 국제 대회가 서서히 시작된다. 이때59년도는 서정학 선생님이 직접 검도 회를 이끌어 가시던 시기였다. 임원중에 8단 이상까지 생존 하시다가 작고 하신분이 호익용, 서정학, 김영달, 김영배, 이종구, 도호문, 정태민, 남정보, 황우혁 등이다. 현재 생존 중에 있는 50년대 일반부 선수는 경기의 김재일 충남의 양춘성 두 사람만

남아 있다.(2018년 현재) 50년대 대학부는 선수로 현재(2018년 11월) 생존자는 충북의 오세억, 경북의 김재일, 박경조, 50년대 고등부출전 선수로 현재(2018년 11월) 생존자는 충북의 고규철, 경북의 윤정길, 박경팔, 도재승, 정성호, 경남의 이종림이 생존해 있다. 이때 중등부는 충남의 김용경이 생존해 있다. 이것이 50년대 체전과 연관한 인물들의 전말이다.

제 41 화

1950년대 총정리

　이제 한국검도의 중요한 태동기의 이야기를 나름대로 당시의 필자의 일기장을 바탕으로 긴 당시의 검도역사를 정리했다. 50년 대미(大尾)를 정리하고 60년대로 넘어간다. 다행히 열심히 적어 두었던 그 때 일 가장이 큰 도움이 되었다.

　당시의 검도 계를 이끈 고단자의 서열과 선수 생활을 한분 한분들의 전국체전 기록을 근거로 해서 정리함으로 50년 이야기를 마무리한다.

　1920년 전조선 야구대회를 기점으로 시작된 전국체육대회가 몇 종목씩 더 추가되다가 1933년 검도가 추가된다. 그리고 끊어졌던 체전 검도 종목이 해방 후 1955년도 다시 전국체전에 채택된 것이다.

　참고로 1930년대 경북 중, 고등(구 대구고보) 유도, 검도부의 기록을 전재한다.

● **柔道部**

1930年 京城帝大豫科 主催의 全鮮中等學校 柔道大會에 出戰할 宿願을 이루게 되었다.

越場敎諭의 지도를 받은 選手들의 추첨 결과 9月 24日 서울 覇者인 京師와 맞붙게 되었다. 大邱高普軍의 先攻에 金賢泰가 나갔으나 投壓되어 마침내수포로 돌아 가버렸다. 그 다음에 秦相大가 나갔으며 세 번째로 金孝岩, 韓鈺이 進出했으나 승부의 판가름이 나지 않아 大將인 崔榮浩가 進出했으나 안타깝게도 惜敗하고 말았다.

그리고 敎內戰은 11月 17日 秋季大會로서 紅白으로 나누어 시합이 붙게 되었다. 紅軍의 大將에 李東壽, 副將은 金孝岩이고 白軍은 大將에 崔榮浩, 副將은 金賢泰로서 승부를 겨루었다. 紅軍에는 秦相大, 李定業, 白瀅基, 柳天佑, 李在景, 金泰鳳, 朴點達, 尹龍珍, 吳翊駿, 金昞敎, 徐金均, 徐錫泰, 金光燁, 李錫愼, 金文祚, 朴海楨, 具春德, 金宇永, 白泰奎, 孫翰柱, 金萬達, 裵信 등이고 白軍에는 李大林, 張海俊, 金炳漢, 金鍾來, 黃鏞柱, 洪英均, 申載錫, 李炳和, 鄭朱永, 李世鉉, 金震均, 金昑敎, 安世鍾, 崔達權, 金再根, 曺載浩, 柳益均 등이었다.

模範 5人 이기기에는 3단 鄭再浩 아래 秦相大, 金孝岩, 金賢泰, 崔榮浩, 金東壽가 있으며 3人 이기기에는 李東壽 아래 張海俊, 李定業, 白瀅基가 있었고, 崔榮浩 아래는 李大林, 金炳漢, 金鍾來 등이 있었다.

1931年 6月 24日 校內柔道大會를 개최하였다.

紅軍과 白軍으로 나누어 싸웠는데 紅軍에는 金孝岩, 秦相大, 張海

俊, 金泰鳳, 金鍾來, 權泰浩, 金成坤, 鄭朱永, 吳翊駿, 黃鏞柱, 陳宇燮, 李鍾發, 崔鍾泰, 金錫亨, 朴海禎, 金再根, 權寧晋, 金震杓, 金萬達, 姜錫瑢, 曺載浩, 金龍在, 孫翰柱, 柳基永, 朱亨煥, 崔光澤, 李光雨, 秦相雨, 朴澣坤, 郭元淳, 權泰懿, 許錕, 李達炯, 李在壽 등이 있었고, 白軍은 金命德, 姜仁晩, 金炳煥, 尹龍珍, 珍板岩, 柳志水, 李洪起, 申書錫, 洪淳宅, 朱載俊, 金昑敎, 禹鶴九, 李炳和, 李錫源, 崔達權, 朴時憲, 白贊旭, 白泰奎, 金宇永, 金萬達, 文明大, 金聲九, 金尹郁, 具春德, 韓達道, 權春鏡, 徐廷勳, 朴泰潤, 朴泳喆, 朴東根, 金昌模, 朴鳳鉉, 李永熙, 李完馥 등이었다.

그리고 5人 이기기에는 崔榮浩 아래 姜仁晩, 金炳漢, 洪淳宅, 尹龍珍, 金鍾來 등이 있었으며, 韓鈺 아래는 金泰鳳, 吳翊駿, 黃鏞柱, 申載錫, 鄭朱永 등이 있었다.

1932年 6月 25日 紅白으로 나누어 싸웠는데 紅軍大將에 尹龍珍 그아래로 柳志永, 崔鍾泰, 金炳敎, 崔達權, 朴海禎, 金昌환?, 金尙會, 李永熙, 金龍在, 金萬達, 朴澣坤, 朴永喆, 鄭昞澤, 南垣, 李文魯, 金洛元, 河聖護, 有炳奭, 安章鎬, 白光鎭, 金鍾洛, 宋安濟 들이었고, 白軍에는 申載錫, 鄭朱永, 洪鍾勳, 姜錫瑢, 白贊旭, 朴時憲, 白泰潤, 朴東振, 曺載浩, 秦相雨, 朴鳳鉉, 朴縣鍾, 許錕, 崔斗植, 裵錫禹, 申大植, 白南鳳, 石鍾洙, 李在實, 李永穆, 白在潤, 柳炳薰, 文奉七, 成玉煥, 金永生 등이 싸웠다.

1935年 6月 8日 2. 3年生의 個人試合에 申相求, 李鎬雨, 姜赫昌, 申載明, 金元植, 白炳院, 具滋鳳, 申秉均, 金榮澤, 申國鉉, 徐泳悳, 蘇柱永, 崔宗鉉, 金泰煥, 柳章錫, 全奉基, 李容鎬, 金東瀅, 李卓熙,

邊翊鎭, 徐正均, 李錫揆, 金庚東, 朴大鳳, 鄭武泳 등이 나갔고, 個人 時合에 出戰한 呂卜東, 徐舜圭, 河景珍, 李永奎, 李在撤, 柳時東, 吳相揆, 金台中, 殷永基, 李萬澈, 李昌洙, 蔡永基, 李漢國, 金鎭圭, 金洸柱, 都鍾煥, 裵相泰, 金相吉, 崔然浩, 李相國, 朴祥鎭, 黃仁奎, 李芝悟, 金元爕, 張琪珹, 郭在寬, 盧化卿, 安魯祚, 金東柱, 朴致鎬, 尹秉文, 崔俊鳳, 崔宇根, 裵萬植, 金洛熙, 金秉權, 禹聲九, 金東憲, 徐珏均, 盧相烈, 鄭景洙, 李始和, 李永奎, 崔錫昌, 權赫紹, 鄭文祚, 洪殷標, 鄭雲鴻, 高鎭台, 朴天淳, 成章煥, 文漢彩, 吳錫熙, 崔相福, 金世和, 權五憲, 金廷基, 金判錫, 金相鎭 등을 들 수 있다.

　紅白試合에선 4, 5年이 紅白으로 나누어져 紅軍의 先鋒에는 裵元基가 되어 朴東振, 李在鈺, 李鍾發 중견에는 金光烈이고 金洛元, 金元熹, 副將에 權春鏡, 大將에 金昌模였고 白軍의 先鋒에는 朴始觀이었으며 梁廈根, 權五煥, 石鍾洙, 中堅에 金兌井, 琴振태, 朴在仁 등이고 副將엔 李永熙, 大將에 鄭昞澤이었다.

　그 밖에도 東西 對抗試合이 2, 3年에 있었다.

　그리고 내서(耐暑) 유도훈련(柔道訓練)은 7月 21日부터 7月 31日까지 있었으며 第2學期 柔道大會가 11月 16日이었다. 1年 紅白試合에 紅軍의 大將에 鄭時範, 副將에 姜義求이고, 白軍에는 大將에 秋銖燁, 副將에 李海永이 되어 勝負를 겨루었다. 2年은 大將에 金世和, 副將에 崔俊鳳 紅軍이고 白軍의 大將에는 全東憲, 副將에는 裵萬植이 되어 對抗하였다. 그리고 3, 4年도 紅白試合이 있었으나 생략한다.

　1936年 1月 19日 武道大會가 大邱高普에서 開催된 바 있었다. 第1學期 部員大會의 紅白軍 시합이 있었고 이 때 紅軍에서는 大將 秋銖

燁, 副將 金鎭圭를 골랐으며 白軍에서는 大將 鄭時範, 副將 朴春澤이 되어 겨루었다. 3年은 紅軍에 大將 文漢민, 副將 朴致鎬, 白軍에 大將 全東憲, 副將 裵萬植이 서로 겨루었다.

● **劍道部**

1936年부터 대寒 武道訓練에 뒤따른 검도 紅白試合이 있었다. 1學年을 보면 紅軍의 先鋒에 朴敬烈이 되고 李樹燦, 尹大均, 李鍾秀, 李倫求, 權允赫, 安秉都, 李台洙, 朴相祚, 朴永浩, 蘇宇永, 朴興烈, 徐丙五, 邊明鎭, 吳成根, 徐錫戀, 徐東洙, 徐昶錫, 禹泰熙, 金世顯, 大將에 崔箕植, 副將에 金福得이 되고 白軍의 先鋒은 孫之憲이었으며 尹周泳, 李甲孝, 朴浩舜, 鄭仁傑, 李相福, 徐德洙, 金鍾熙, 李達洪, 金鍾瑃, 金成五, 林鎬俊, 李承條, 李應益, 柳元相, 鄭鐵鳳, 朴俊鎬, 洪鍾奭, 權泰欑, 朴東鎭, 崔星烈, 金秉坤 등이 한편인데 大將에 金在衡, 副將에 金榮鳳이 되어 겨루었다.

第2學年 試合에서도 紅軍에 孫永哲, 孫泰民, 許欽, 姜鎬俊, 吳相鎏, 吳鐸根, 金忠燮, 金正浣, 趙東宰, 徐燉珏, 李彦直, 秋敎淳 등이며 大將에 河成珍, 副將에 黃炳鈺이었다. 白軍은 張聖快, 申相均, 沈道燮, 權重德, 金世景, 金日泰, 徐相圭, 裵辰奎, 李達熙, 金渭祥, 徐一敎, 金容守, 徐軫圭 등이고 大將에 韓益根, 副將에 徐錫助가 되어 승부를 다투었다.

選拔試合에서도 紅軍의 大將은 鄭麟澤, 副將은 河成珍이 되고 白軍은 大將 韓益近, 副將에 安章鎬가 되어 서로 겨루었다. 劍道 階級에서 假3級에 朴成根, 鄭麟澤 4級에 韓益根 假4級에 安章鎬, 河

成珍, 黃炳鈺 등이 차지하고 級數는 8級까지 있었다

第3學年 1學期 紅白試合에서 紅軍 大將 韓益根, 副將 徐軫圭 그리고 金正浣, 韓東燮, 李圭澤, 徐燉珏, 李渭詳, 朱南鎭, 李根浩, 裵辰奎, 吳相鎏, 權重德, 孫泰民 등과 先鋒 孫永哲이 白軍 大將 河成珍, 副將 黃炳鈺을 비롯한 徐錫助, 秋敎淳, 徐壹校, 河晋源, 趙東宰, 李吉柱, 姜鎬俊, 李達熙, 金忠燮, 金世景, 吳台鎭, 許欽, 申相均 등에 곁들어 張聖快가 先鋒이 되어 싸웠던 것이다.

〈참고사항〉

● 유도부

최영호 선생은 경북유도의 대부이며 경북대학교 체육과 교수로 오래 재직하시었고 유도 10단 고 신도환 선생의 유도 은사이다. 김문조 씨는 경북 경산군 진량종고 창업주이다. 근 경북검도회 회장을 역임한 적이 있다.

1931년 6월 24일 유도대회 출전한 김성곤은 다 잘 아는 쌍용그룹 창업주로 유도선수였다. 김석형은 이북의 대표 사학자로 고인이 되었다.

1932년 유도부 박동진은 전 외무부 장관 바로 그분이다.

1935년 6월 8일 2,3년 개인 시합의 이호우, 소주영 등이 보이는데 이호우는 유명한 시조 시인으로 청마와 "사랑하였으므로 행복하였네라"란 말을 남긴 사랑의 상대인 이영도의 오빠이다. 소주영은 대구시내의 유명한 내과의사다.

● 검도부

1936년 모한연무참가자 중 2학년에 오탁근 전 법무부장관 전서울대 교수 동국대 총장을 역임한 상법의 권위자였던 서돈각, 그리고 법제처장이었던 서일교가 보인다.

당시 심사에 가(假) 3급 假 4급이 보인다. 이렇듯 경북고등 검도부의 역사가 길지만 해방 전 기록이다. 그리고 해방 후 최초의 검도부로 경북 고등이 최초로 창단되어 오늘까지 이어지는 역사 깊은 검도 학교이기도 하다.

검 농 일 지

제 42 화

조직 취미와 예술계 접근

당시에 검도 외에 조직 활동으로 오로라 예술 동인회를 이끌었다.

언제나 버릇처럼 끊임없이 만들고 창출하고 쉬지 않는 움직임은 지금도 계속되는 생리다.

그 동안 크고 작은 조직을 이끌어 왔고 나름대로 이루어 왔다. 경기도 검도 회를 현재 이끌고 있고 오래전에 대한 우슈협회 실질 운영자로 부회장을 맡아서 이끌어도 보았다. 그리고 고무도연구소를 개설하여 부단한 연구 노력도 게을리 하지 않았다.

그간 검도총서, 수컷키우기 외길 반세기, 조선세법, 장군 인명사전, 검도 무술 사전, 합동논문집 국무논총 1·2·3, 경검춘추 1·2, 경검문예 1·2, 이야기 장군학 1·2, 조선세법, 본국검, 제독검, 쌍수도, 쌍검, 장백수도 정법 등을 연구하여 책자와 영상교재를 출시한 바 있다. 국무논총은 고무도연구소를 배달국무연구원으로 개칭하여 3권의 연구논문집을 발표한 것이다.

주옥같은 논문들이 45편 정도 개재되고 현재 제4집 출간 준비를 하고 있다.

이어 전통권법인 수박을 찾아 정리하고 다시 민중무술인 도리께, 떡메, 다듬이 무술을 정리하였다. 위와 같은 연구 실적을 인정하여 경기도 체육회장이 추천하고 대한체육회가 인정하여 제54회 우수 연구 상을 수상한 바가 있다.

이 같은 조직으로 부지런한 연구 활동을 하게 되는 그 원동력은 바로 그 시절 그런 습관들이 오늘까지 이르게 된 것이다.

약관의 20대 한 조직의 대표로써 열정과 의욕을 보이던 모습이 지금은 대견스럽기만 하여 그 당시 취지서만 전재하는 바이다.

오로라 예술 동인회
취지서(趣旨書)

오늘의 한국예술계는 누구나 부진상태(不進狀態)에 있다고 합니다. 그 중에 떳떳하고 올바른 연예도(硏藝徒)의 집단마저 없다면 어느 누가 집단을 대신해서 예술계를 위한 발언(發言)과 때로는 실지 행동을 할 것입니까?

실은 어느 개인에게서도 그런 광범한 것은 기대할 수가 없을 것입니다. 그러나 아무리 헐벗어도 산 기구로써 "오로라"의 기능(技能)은 단순한데 그쳐서는 안될 것입니다.

상호 간의 친목(親睦)도모와 예술 탐구와 발전에 이바지 할 것이며 활동적인 기반이 잡히는 날에는 서로가 일심동체(一心同體)가 되여야 할 것도 사실입니다.

미래는 오고 있습니다.

책임 있는 자는 예견(豫見)합니다. 또 뚜렷이 예견했든 것입니다. 뿐만 아니라 앞에 있는 혼란 뒤에 오는 불안도 역사적 견지에서 의식하는 것입니다. 그러므로 예술의식에 오는 불안도 역사적 견지에서 의식하는 것입니다. 그러므로 예술의식(藝術意識)은 선행된 불길한 사실들을 예방해야 할 것입니다.

우리는 미래의 길을 다른 사람에게 빌지 말아야 할 것입니다. 이것은 한국 예술발전에 현실적(現實的) 우리 젊은 연예도 들의 과제(課題)라 믿습니다. "오로라"는 이 과제를 회원들의 상호친목과 총의(總意)로서 실천에 옮겨 걸어야 할 길을 걸어야 할 것입니다.

우리의 현재가 장차 어떤 과거가 될지 지나간 과거를 평가(平價)하는 방법으로 알아야 할 일이 "오로라"의 또한 책임성(責任性)있는 과제입니다. 발전을 위해서 우리는 인습에 대한 냉정한 비판과 극복하려는 강력한 의지(意志)가 필요한 것입니다.

"오로라"는 진보의 철학(哲學)을 믿습니다. 또한 우리는 진보의 철학을 신봉(信奉)합니다. 우리는 꾸준히 새 세대(世代)의 청년으로서 위대한 목표(目標)를 위해 앞으로, 앞으로 나아가기를 기약(期約)코저 하는 바입니다.

단기 4291년 7월 17일
오로라예술동인회 회장 김 재 일

초판 1쇄 _ 2018년 11월 30일
초판 발행 _ 2018년 12월 5일

지은이 _ 김재일
펴낸이 _ 양상구
펴낸곳 _ 도서출판 채운재
주　소 _ 100-861 서울시 중구 충무로2가 49-8(서울빌딩 202호)
전　화 _ 02-704-3301
팩　스 _ 02-2268-3910
손전화 _ 010-5466-3911
이메일 _ ysg8527@naver.com

ISBN 979-11-87623-46-5
값 20,000원

파손 및 잘못된 책은 교환해 드립니다.